本书为教育部一般社科基金项目结项成果

传播学视域下的"生命线"

张　傅　付长海　李静霞　编著

知识产权出版社

全国百佳图书出版单位

图书在版编目（CIP）数据

传播学视域下的"生命线"/张傅，付长海，李静霞编著. —北京：知识产权出版社，2017.8

ISBN 978-7-5130-5057-9

Ⅰ. ①传… Ⅱ. ①张… Ⅲ. ①高等学校-思想政治教育-研究-中国 Ⅳ. ①G641

中国版本图书馆 CIP 数据核字（2017）第 186129 号

内容提要

本书在用传播学理论对高校思想政治教育进行分析的基础上，选取了高校思想政治教育实践中的一些典型案例并进行了分析。本书对思想政治教育学与传播学进行了比较研究，对于运用传播理论和思想政治教育理论分析指导高校思想政治教育实践具有重要意义。

责任编辑：刘晓庆　　　　　　　　　　　　　责任出版：孙婷婷

传播学视域下的"生命线"
CHUANBOXUE SHIYUXIA DE "SHENGMINGXIAN"
张傅　付长海　李静霞　编著

出版发行：知识产权出版社 有限责任公司		网　　址：http://www.ipph.cn	
电　　话：010-82004826		http://www.laichushu.com	
社　　址：北京市海淀区气象路 50 号院		邮　　编：100081	
责编电话：010-82000860 转 8073		责编邮箱：396961849@qq.com	
发行电话：010-82000860 转 8101		发行传真：010-82000893	
印　　刷：北京中献拓方科技发展有限公司		经　　销：各大网上书店、新华书店及相关专业书店	
开　　本：720mm×960mm　1/16		印　　张：19.75	
版　　次：2017 年 8 月第 1 版		印　　次：2017 年 8 月第 1 次印刷	
字　　数：257 千字		定　　价：68.00 元	

ISBN 978-7-5130-5057-9

前　言

　　1934 年 2 月，王稼祥同志在红军第一次全国政治工作会议上总结红军的成绩和经验时指出："政治工作是我们红军的生命线，一切战争中如果没有政治工作的保障是不能达到任务的。"自此以后的 80 年间，思想政治工作在党和国家的建设中始终处于"生命线"的地位，发挥着"生命线"的作用。我党思想政治工作的重要经验是解放思想、与时俱进，今天，我们为这棵常青树引来了传播学之水，希望在传播学视域下重新审视思想政治教育诸要素，使我党的思想政治教育基业长青，更好地发挥"生命线"的作用。

　　高校思想政治教育是我国思想政治教育研究领域的一个研究热点，随着全球化时代的到来和我国改革发展的社会环境变化，以及科学技术的进步和大学生生源代际的变化，高校思想政治教育问题近年来倍受党和政府的高度重视。2004 年，中共中央国务院《关于进一步加强和改进大学生思想政治教育的意见》及配套文件颁布之后，各级政府对高校思想政治教育工作在人、财、物等方面都给予了大量的政策性支持，并在检查、培训及体制机制建设方面做了大量的指导性工作；高校思想政治教育工作者也以前所未有的热情抓住机遇，在改进创新上积极探讨和实践，确实对这项工作起到了积极的推动作用。但是改进和加强高校思想政治教育工作的呼声仍然不断，很多关键问题还有待进一步探讨。2010 年，我们以"传播学视域下高校思想政治教育改进与加强研究"为题申报了教育部社科基金一般项目，经过四年的学习和调查研究，形成了一批阶段性的认识，本书就是对这些认识的整理与综合。

我们认为，高校思想政治教育的加强与改进既可以在目前的模式中完善、调整，更需要转换观察角度，转变分析方法，不仅要在目前的问题中寻找破解之道，而且还有必要去重新认识和定义这些问题。随着全球化的深入和融合创新时代的到来，跨界研究已不仅仅是"时髦"，更成为一种必须。本书就试图从传播学的理论视角出发，针对思想政治教育的目的，重新分析思想政治教育的内容、渠道、效果及主客体的特点，分析思想政治教育活动变化发展的规律，从而更准确地把握这些构成高校思想政治教育活动的要素，更科学地将其有机结合，构建良性运转的模式。

本书由六章构成，首先探讨传播学与思想政治教育的关联性，然后进入该课题的重点研究内容，即高校思想政治教育"五要素"——教育的主体、客体、内容、渠道和效果的研究。每章分别包括对各个要素的现状描述、传播学角度的思考和启示、相应的对策和思路、相关案例分析等内容。

高校思想政治教育工作主体是一个由宣传部、学生处、团委、各二级学院党委和马克思主义学院等构成的工作队。其工作内容既包括"规定动作"，又有"自选动作"。本书力求反映出这个群体的工作面貌，以及作为思想政治教育客体的当代大学生对他们身边的思想政治教育的态度，特别是考虑站在传播学的立场，借用传者、受众和媒介等概念来解读高校思想政治教育的内容、渠道和效果。对于我们来说，虽然我们怀有美好的愿望并且有丰富的高校思想政治教育工作的实践，但是我们初学传播学，想努力找到两者结合的最佳点，还是一个很大的挑战，我们的解读还很青涩。

21世纪以来，围绕加强和改进思想政治教育这一主题，思想政治教育工作者和研究者开始自觉地运用各学科理论丰富和改进思想政治教育的学说，指导思想政治教育工作的实践。传播学因其所研究的对象——传播活动与思想政治教育有着密切的联系，而逐渐成为大家关注的热点。我们在前言部分对21世纪以来传播学视域下思想政治教育研究的情况进行了梳理，这既是向这些前辈和同仁的成果给予我们后续研究的启发致谢，也是对近年来跨界研究的一个梳理。

一、学术界研究的基本情况

（一）学术论文研究情况和成果

据检索中国知网期刊数据库得到的数据显示，1980—2015 年，以"传播与思想政治教育""传媒与思想政治教育"及"思想政治教育传播"为关键词检索到文章 300 篇左右，但是如果在全文中检索则有近 90 万篇文章。而输入传播学的其他名词，如"受众""意见领袖""把关人""噪音"等与思想政治教育关联的研究文章数量呈逐年上涨的态势；输入思想政治教育与电视、电影、广播、手机和报刊等平均检索情况要少于前者；输入"思想政治教育与网络"，检索到的文章有上千篇，其中，2012—2015 年发表的此类文章呈明显上升趋势，但是文章的题目和基本内容雷同。

（二）专著的研究情况和成果

2005 年，北京交通大学思想政治教育现代化研究所所长欧阳林教授撰写的《思想政治教育传播学》，是目前我国学术界唯一的一部将思想政治教育与传播学相结合的专著。其他相关著作还有李高海的《大学生网络思想政治教育研究》、姜国峰的《网络思想政治教育理想模式的构建研究》、夏晓虹的《高校网络思想政治教育》等。虽然此类专著的数量不多，但在近年出版或重印的思想政治教育方面的专著中则均有所涉及，如陈万柏、张耀灿的《思想政治教育学原理》、刘新庚的《现代思想政治教育方法论》等著作中都有专章或专节论述大众传媒作为思想政治教育的环境、载体和方法的内容。

（三）会议研究情况和成果

在中国知网的"全国重要会议论文全文数据库"中，尚没有检索到召开过以"思想政治教育与传播为主题"的全国或地方性的会议或论坛的记录。

(四) 国家哲学社会科学项目的研究情况和成果

笔者检索 2008 年、2010 年和 2011 年的马克思主义、政治学和新闻学三个科目国家社科基金项目的 786 个立项，尚没有以"思想政治教育与传播"为内容的研究立项。

二、学术界研究的主要内容和观点

(一) 关于思想政治教育传播过程的构成要素研究

思想政治教育的过程首先是一个信息传播过程，这已成为普遍共识。这方面的研究较多，研究集中于思想政治教育过程的构成要素，多以拉斯韦尔的"五 W"模式为指导，并形成了以下这样一些解读。

"三要素"说。岳金霞在《论思想政治教育信息的传播过程及模式》一文中认为，可以将思想政治教育传播的结构要素分为信源、信息和信宿。她指出这三个构成要素与一般信息传播的"三要素"不同，具体表现在信源的不固定、信宿的固定性和信息内容的丰富性和传播手段的多样等方面。❶

"四要素"说。李梁在《浅析思想政治教育信息传播及模式》一文中认为，思想政治教育传播结构应包括四个最基本的构成要素，即教育者、讯息、媒介和受教育者。他还指出，效果虽然是思想政治教育传播的主要任务，但不能构成思想政治教育传播的要素；因为效果只是思想政治教育信息传播目的的实现程度，构不成独立的要素。❷

"五要素"说。刘雷等人在《论思想政治教育传播过程及模式》一文中认为，思想政治教育传播过程是由教育者、受教育者、传播内容、媒介和反

---

❶ 岳金霞.论思想政治教育信息的传播过程及模式[J].广西社会科学,2004(2).
❷ 李梁.浅析思想政治教育信息传播及模式[J].上海大学学报(社会科学版),2003(2).

馈等五个要素有机构成的。这五要素之间交互作用、有机结合、缺一不可。❶

"六要素"说。王贤卿在《论传播学受众理论与思想政治教育创新》一文中提到，思想政治教育传播微观上可将其分解为传播模式、传播者、传播内容、传播媒介、受众和传播效果六个基本要素，以构成思想政治教育传播的完整过程。❷

"七要素"说。张晓波在《影响思想政治教育传播效果的因素分析》一文中认为，思想政治教育传播过程应由教育者、信息、通道、受教育者、反馈、障碍和环境七个要素构成。这些构成因素都是动态变量，这些变量的组合随时会因其中一些因素的变化而呈现出复杂多样的方式。❸

"隐含要素"说。李木柳在《高校思想政治教育信息传播模式探析》一文中提出，高校思想政治教育信息传播过程还存在着隐含要素，主要有下列四种：① 每个传播活动的介入者所追求的目标各是什么（价值）；② 传播活动在哪里完成（环境）；③ 有没有一系列传播和接受的社会公认的规则（规范）；④ 传受两者之间有没有大体一致的经验（编码译码、生活经验、文化背景）系统（经验）。这些因素都需要加以关注研究。❹

（二）关于思想政治教育传播过程的模式研究

学者们在研究中通过借鉴美国传播学者哈罗德·拉斯韦尔在其《传播在社会中的结构与功能》一文中提出的"5W"模式、赖利夫妇提出的"赖利夫妇模式"，以及马莱茨克的大众传媒过程等模式，对思想政治教育的过程提出了新的解读模式，并提出以下思想政治教育特有的传播模式。

单向型过程模式。刘雷等人在《论思想政治教育传播过程及模式》一文中指出，传统的思想政治教育传播过程是一种单向性过程模式。这种模式可

---

❶ 刘雷,马华芳.论思想政治教育传播过程及模式[J].广西社会科学,2008(5).

❷ 王贤卿.论传播学受众理论与思想政治教育创新[J].思想理论教育导刊,2009(11).

❸ 张晓波.影响思想政治教育传播效果的因素分析[J].广西师范大学学报(哲学社会科学版),2001(1).

❹ 李木柳.高校思想政治教育信息传播模式探析[J].教育与职业,2013(2).

以分为两种类型。第一种类型是直接型，见图1。它是指教育者与受教育者面对面地进行教育，如课堂教学、讲座和示范等。第二种类型是间接型，见图2。它是指受教育者通过中间媒介或间接途径从教育者那里获得教育信息的传播过程模式。这种单向型过程模式有利于教育者充分表达教育信息，但缺乏受教育者的反馈。因此，这种模式不利于教育者及时了解受教育者对教育信息的接收程度，也就无法对教育效果进行评估。

```
┌────────┐      ┌──────────┐
│ 教育者  │ ───▶ │ 受教育者  │
└────────┘      └──────────┘
```

图1 直接单向型过程模式

```
┌────────┐     ┌──────┐     ┌──────────┐
│ 教育者  │ ──▶ │ 媒介 │ ──▶ │ 受教育者  │
└────────┘     └──────┘     └──────────┘
```

图2 间接单向型过程模式

双向型互动模式。上海大学的李梁在《浅析思想政治教育信息传播及模式》● 一文中提出，应建立双向性互动模型，见图3。它是指教育者在传递给受教育者教育信息的同时，同时也能够获得受教育者的反馈信息的传播过程模式。这种模式，使受教育者在与教育者的直接接触过程中，既可以获得思想政治教育的信息内容，也可以获得各种非语言传播的信息。这种模式使教育者在把教育信息传递给受教育者的同时，也能够获得受教育者的反馈信息，这样做有利于教育者及时把握受教育者的思想动态和观点意见。

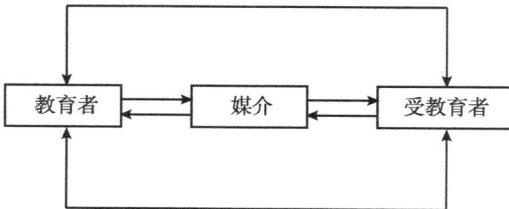

```
┌──────────────────────────────────────┐
│      ┌────────┐   ┌──────┐   ┌──────────┐ │
└────▶│ 教育者  │⇄│ 媒介 │⇄│ 受教育者  │─┘
      └────────┘   └──────┘   └──────────┘
```

图3 双向型过程模式

● 李梁.浅析思想政治教育信息传播及模式[J].上海大学学报(社会科学版),2003(2).

三角形式的建构模式。刘梅在《思想政治教育过程三角形模式解析》❶
一文中指出：通过社会主导思想、教育者、受教育者之间的三角关系，构建
了思想教育过程的三角模式，见图 4。模型中的各要素及其关系均受到社会
大环境的影响。作为一个开放系统动态思想政治教育的过程处于社会环境的
影响中，时刻与环境进行着信息和能量的交换。

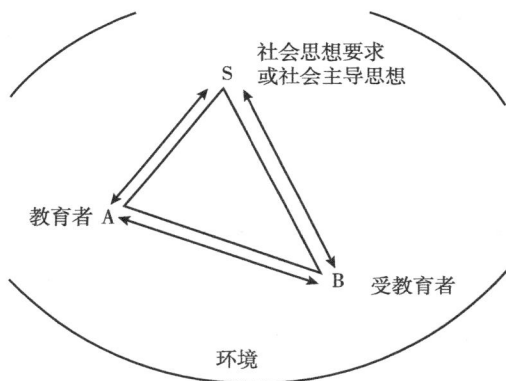

图 4　三角形模式

新媒体交互传播模式。任艳妮、叶金福在《大学生思想政治教育新媒体
传播模式的构建与优化》❷ 一文中提出了新媒体交互传播模式，如图 5 所示。
在新媒体传播中，传受双方彻底打破了其他传播模式中传受双方显在或隐在
的身份地位。新媒体两端的个人或者组织既可以接受信息，又可以发布信息，
既是传者，又是受者，甚至可以说是二者的统一。这种传播模式使传受双方
的地位更加平等，有利于信息在传受之间自由地流动与共享。

❶　刘梅.思想政治教育过程的三角形模式解析[J].学术论坛,2004(6).
❷　任艳妮,叶金福.大学生思想政治教育新媒体传播模式的构建与优化[J].西北工业大学学报,
　　2015(3).

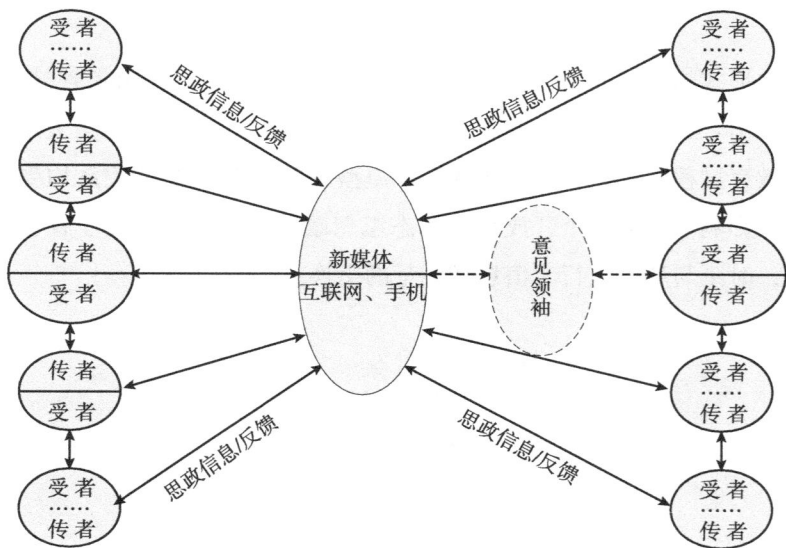

图5　大学生思想政治教育新媒体交互传播模式

（三）关于优化思想政治教育效果的研究

思想政治教育的效果研究一直是学者们研究的重点和难点问题，学者们吸收传播学过程理论和效果理论，从传播学的角度提出了一些具有针对性的优化措施。

黄明伟在《思想政治教育传播优化初探》❶一文中认为，优化思想政治教育传播的主要措施有：① 建设良好的思想政治教育的传递队伍；② 更新思想政治教育传播理念；③ 创新思想政治教育传播理念；④ 创新思想政治教育传播艺术；⑤ 开辟思想政治教育传播途径；⑥ 优化思想政治教育传播环境。

付长海在《论拓展思想政治教育的传播途径》❷一文中认为，当前拓宽思想政治教育传播途径是增强思想政治教育效果的重要途径，具体表现为：

---

❶　黄明伟.思想政治教育传播优化初探[J].理论探讨,2004(5).

❷　付长海.论拓展思想政治教育的传播途径[J].求实,2004(9).

① 巩固思想政治教育的组织传播优势；② 运用大众传播媒介，实现思想政治教育社会化；③ 研究互联网传播规律，发掘思想政治教育功能。

王韬在《论思想政治教育传播效果及优化对策》一文中认为，优化思想政治教育的措施有：① 优化主体素质；② 研究受众属性；③ 更新传播内容；④ 拓展传播途径；⑤ 开展媒介素养教育；⑥ 创新思想政治教育的传播艺术；⑦ 优化思想政治教育的传播环境。

王晓丽在《基于传播学理论模式的高校思想政治教育渠道研究》❶ 一文中指出，传播学的游戏论、议程设置理论、麦克卢汉的媒介理论、两级传播理论与意见领袖等理论研究，对于拓展改进高校思想政治教育渠道与开展创新研究都具有非常好的启示，在吸收传播学理论、推进思想政治教育方面上也拓宽了视野。

（四）关于思想政治教育对象的研究

相关研究认为，站在传播学理论视角，思想政治教育对象可以视为"受众"。它作为教育者实施教育的落脚点、教育传播的目标群体，对于开展思想政治教育活动，以及取得良好的效果都起着决定性的作用。传统的思想政治教育过分强调思想政治教育的社会功能，而忽略了其对于受教育者个人成长成才的功能，过分注重受教育者的政治方向、思想观念等意识层面上的问题，而忽略了受教育者的情感、意志、兴趣、需要和信念等个性素质方面的问题，因而往往导致受教育者出现逆反心理，而达不到预期的效果。通过对传播学中受众理论个人差异论、社会分化论、社会关系论等的研究与借鉴，有关学者希望对思想政治教育的对象有一个新的认识和指导。

邓志刚、吴文群在《大学生思想政治教育传播中的受众特点分析》❷ 一文中提出，大学生思想政治教育传播的受众（传播对象）所具有的独特特征。也就是说，大学生受众对传统的"传者中心"模式普遍持消极态度甚至

---

❶ 王晓丽.基于传播学理论模式的高校思想政治教育渠道研究[J].国家教育行政学院学报,2014(9).
❷ 邓志刚,吴文群.大学生思想政治教育传播中的受众特点分析[J].教育探索,2010(6).

怀有抵触情绪；对思想政治教育的态度反复易变，大学生受众对思想政治教育的态度倾向具有明显的因果关联的特点。同时，大学生受众在思想政治教育传播过程中容易受固有观念的影响，具有明显的选择性特征。

王贤卿在《论传播学受众理论与思想政治教育创新》❶ 一文中，在运用传播学理论分析受教育者（受众）心理需求时指出，当下的大学生选择性心理日益强烈，逆反心理越发突出，从众心理更为明显的基本表征，并提出增强思想政治教育实效性的创新路径。

腾贺园在《传播学中受众理论在大学生思想政治教育中的应用》❷ 一文中，分析如何将受众研究理论应用到大学生思想政治教育工作中，并提出"使用与满足"理论及"意见领袖"理论在大学生思想政治教育工作中的应用。

（五）关于信息时代思想政治教育的挑战和机遇问题的研究

近年来发表的网络和新媒体与思想政治教育方面的文章也有很多，但其一般不涉及传播学理论。当然，也有一些文章使用了传播学的一些术语和模式，但更多的是关注网络为思想政治教育带来的新环境和新方法。鉴于网络与思想政治教育的研究更多地涉及信息论、系统论和工程技术等理论，本书在此不再赘述，但可以肯定的是，这一研究对传播学视域下大学生思想政治教育的研究有着积极的借鉴作用。

三、思考与展望

以上关于高校思想政治教育与传播的研究现状和成果呈现出以下七个特点。

---

❶ 王贤卿.论传播学受众理论与思想政治教育创新[J].思想理论教育导刊,2009(11).
❷ 腾贺园.传播学中受众理论在大学生思想政治教育中的应用[J].网络财富教育前沿,2008(1).

（一）　研究涉及面较宽

论文显示，学者们的成果从理论研究看涉猎传播学的基本理论和模式，从应用研究看涉猎了传播的基本工具。例如，刘占祥、胡凯的《传播学视阈下的高校思想政治教育教师主体地位初探》，周燕琳、蒋立宏的《拟态环境建构与校园媒介思想政治教育功能》，郭蕊的《议程设置理论视角下的思想政治教育时效性探讨》，张方敏的《说服性传播理论在政治辅导员工作中的运用》，王贤卿的《论传播学受众理论与思想政治教育创新》，刘东建的《大众传媒的思想政治教育功能浅析》，赵利的《运用传播理论，强化宣传效果——对重视"意见领袖"在传播中作用的思考》，李峰的《从传播学视角解析大学生思想政治教育基本方法》，陆学杰、元林的《思想政治教育需重视与传播的交叉研究》，姜娜、于洋的《影视媒介素养与当代大学生思想政治教育创新的关系初探》，李梁的《浅析思想政治教育信息传播及其模式》，吴朝阳、贾伟杰的《浅析大学生思想政治教育的手机短信载体》，张法的《主流影视对大学生思想政治教育的作用》等。

（二）　研究的针对性较强

上述研究的出发点基本都是立足于推动改进和加强当前思想政治教育工作，是针对当前思想政治教育的薄弱环节而提出命题展开讨论的。例如，李木柳的《从传播学视角探求思想政治理论课的实效性》，李梁的《基于编码设计的社会主义核心价值体系有效传播研究》，涂刚的《"恶搞"对传统思想教育模式的消解与重构》，刘科荣、夏文津的《传播学视域中大学生思想政治教育的困境与创新》，杨瑞芬、郭丽平的《传媒功能与青少年心理特点透视下的思政工作研究》等。

（三）　研究的问题相对集中

研究的问题主要集中在三个方面：一是在传播学视野下对思想政治教育

框架的研究，这类研究侧重将传播学理论和思想政治教育理论进行比较研究；二是运用传播学理论对当前思想政治教育中存在问题的解读，主要是根据传播学理论所揭示的规律提出相关借鉴；三是关注大众传媒体特别是网络对思想政治教育的影响。

（四）思想政治教育一线工作者是基本研究主体

论文和相关著作几乎都出自思想政治教育的研究者和工作者之手，而鲜见传播学、新闻学、广播电视学学者的研究文章。这样一支研究队伍虽然有其对思想政治教育问题熟悉、对运用其他学科解读思想政治教育问题积极性高等特点，但是也存在对传播学理论的把握不够深入，所以运用的理论依据有陈旧之嫌，且多数文章有"两张皮"的现象，反映出学术跨界能力较弱。有些研究在潜意识里将传播学理论视为法宝，旨在以其对思想政治教育进行改造。

（五）研究的互动性不足

研究以运用传播学理论审视思想政治教育的研究为主，而鲜见丰富的思想政治教育理论与实践为丰富和完善传播学理论做出贡献的文章，这也从一个侧面说明传播学研究在我国的本土化程度还有待提高。

（六）研究的深度亟待加强

缺乏国家级社科基金项目和大型高水平学术会议的支持，以及研究人员的知识结构不合理，使这一问题所面临的挑战尤显严峻。此外，研究多数处于单枪匹马的状态，而且即便是个人研究也没有显示出持续性和深入性，缺乏领军人物，研究内容也以思想政治教育的问题和传播学基本理论的一般结合为主，鲜见高水平的研究报告和专著鲜见。

（七）运用传播学方法进行思想政治教育研究的成果较少

传播学理论中具有重要价值的内容之一是研究传播现象的方法论。在目前已有的研究成果中，鲜见运用传播学方法研究思想政治教育的文章。

总之，近年来，思想政治教育借鉴传播学学科的理论成果，对改进和加强思想政治教育方面的研究从无到有、从宏观到微观开辟了一些基本的论域，把握了主要的研究环节，取得了一定的研究成果，为进一步研究铺垫了基本的分析框架。但同时也应该看到，传播学与思想政治教育理论研究又是一个前沿性的课题，其研究尚处于起步阶段，总体看来还不够系统、深入，难以满足理论与实践的双重期待，还有很大的发展空间。特别是其研究还远远落后于现实的发展，亟待引起相关方面的高度重视。21 世纪以来，思想政治教育必须面对信息内容的生产和传播载体的迅猛发展的现实，高校更是如此，只有这样，才能保证其思想政治教育的实效性。

大传播时代不仅带来了挑战，同时也带来了很多机遇，积极利用已有的传播学理论，结合新媒体的特点，找到它与思想政治教育的契合点，对推动高校思想政治教育和大学生健康成长都具有积极的作用。我们也希望有越来越多的学者，特别是传播学学者能投身到这一研究领域，以更快、更好地推进这一领域的研究。这还需要我们不断探索和超越，努力实现思想政治教育与传播学研究的融合互鉴，以促进思想政治教育学科的不断完善和发展，提高思想政治教育的实效性；同时，还应将思想政治教育作为传播学的一个新领域，以我国思想政治教育研究的丰硕成果和大量实践，丰富传播学理论的和促进传播学理论的发展。我们有理由相信，伴随中国共产党走过九十多年的思想政治教育这条"生命线"，能汲取时代进步中的智慧，继续成为我们前行中的"生命之光"。

目　　录

第一章　思想政治教育与传播

从传播的视角研究加强和改进思想政治教育，需要深入分析思想政治教育与传播二者之间的内在联系。鉴于作为理论形态的思想政治教育学和传播学学科都形成较晚，而社会实践形态的思想政治教育和传播活动都有很长的历史，对思想政治教育和传播社会实践的历史和经验教训进行考察便成为一项必要的课题。思想政治教育学强调思想政治教育是一种用特定内容对一定社会成员施加影响的活动。传播学则把传播定义为社会信息的运行。二者同是人类社会实践活动。在内容上，思想政治教育显然是以思想认识、政治生活、道德修养为主，而传播活动所涵盖和传递的信息内容更丰富、更全面。在方式上，思想政治教育总是选择最有利于达到教育效果的方式，而传播活动的信息承载工具和传递方式所涵盖的范围则要广泛得多。由于思想政治教育具有政治活动的特殊性，一些思想政治教育的方式和成功做法也会成为具有普遍意义的传播模式。因此，历史地看，思想政治教育与传播活动有许多交集。

随着传播技术的飞跃，人类已经进入信息社会，正在迎接前所未有的全新的传播环境。这也是思想政治教育所面临的重要现实。来自各个传统学科的学者开始关注传播研究，并产生了形形色色的比较研究、交叉学科和理论。信息传播领域的理论和技术，已经有力地影响着各个国家的政治、经济和社会决策层面。信息传播机制正在发生深刻变化，这是中国思想政治教育所面临的重要形势。为应对这一形势的变化，思想政治教育要从机制层面探索如何在新的传播环境下更加有效地传播并产生教育实效的问题。

加强和改进新传播环境下的思想政治教育，需要从一种新的角度和高度来认识思想政治教育的组织传播属性。加强和改进思想政治教育，一方面要加强政党、团体等组织的作用，另一方面要变革。所谓加强，就是要挖掘运用政治组织开展思想政治教育的传统优势；所谓变革，就是在运用组织开展思想政治教育时要更加遵循组织传播规律，使政治组织传统教育变得更加科学和有效。话语问题应当成为加强和改进思想政治教育的一个重要着眼点。在过往成功的思想政治教育实践中，话语在其中发挥着重要作用。而对话语的关注也恰恰是传播领域关注的重点。如何看待话语、建构话语，对于思想政治教育至关重要。立足当下，新媒体的迅速发展及其对社会的影响，要求利用新媒体这一重要资源，推动思想政治教育向新媒体延伸，增强思想政治教育的实效性。

第一节　概念分析与历史考察

一、思想政治教育与传播的概念

思想政治教育"是社会或社会群体用一定的思想观念、政治观点、道德规范，对其成员施加有目的、有计划、有组织的影响，使他们形成符合一定社会或一定阶级所需要的思想品德的社会实践活动"。[1] 它是统治阶级为夺取和巩固政权，维护社会的稳定和促进社会发展，培养合格的阶级接班人和社会成员而进行的社会教化的重要方面。一切国家的统治者总会坚持用自己的意志培育人，宣传各种有利于加强统治的观点、理念，以使教育对象认同其

---

[1]　张耀灿,陈万柏.思想政治教育学原理[M].北京:高等教育出版社,2001:4.

政治体系。无产阶级的思想政治教育"是工人阶级政党以马克思主义思想体系，共产主义信仰教育人民，提高人们的思想道德素质，动员人们为建设社会主义、实现共产主义而奋斗的实践活动"。思想政治教育的内容十分广泛，包括政治教育、法制和纪律教育、道德教育、思想（世界观、人生观和价值观）教育、宗教教育和人格教育等，涉及思想意识、文化心理和行为模式等各个层面。其主要任务是在统治阶级领导下进行社会主导思想意识（或称"主流文化"）的灌输和规范行为的训导。

传播是"社会信息的传递或社会信息系统的运行"。❶它是人与人之间关系赖以成立和发展的机制——包括一切精神象征及其在空间中得到传递、在时间上得到保存的手段。作为人类的一项基本社会实践活动，传播是在一定社会关系中进行的信息共享活动。按传播的范围和规模，人类传播可分为自我传播、人际传播、组织传播和大众传播四种类型。所谓自我传播是个体对信息的加工过程，即个体自我进行的思维活动。例如思想、内心冲突、自言自语及发泄、陶醉等均是自我传播。人际传播是两个以上的个体之间进行的传播，如聊天、关怀、体贴、流言和时尚传布等均为人际传播。组织传播是组织内部及内部与外部的信息交流。组织内部传播是为了协调关系，提高内部运行效率。外部信息交流是为了适应环境，满足社会对它的需要，实现组织目的。大众传播是通过大众传播媒介进行的信息传播活动，是专业化的媒介组织运用先进的传播技术和产业化手段，以社会上一般大众为对象而进行的规模的信息生产和传播活动。大众传播从事信息的大量生产和传播，因其受众广泛、内容复杂和巨大的社会影响力，世界各国往往对其高度重视，并把它纳入社会制度的轨道加以控制。

思想政治教育是思想政治信息传播、教育、达成共识和形成观念的过程，是一种具体的传播活动。同传播一样，思想政治教育也包括主体、客体、信息和媒介等基本的构成要素，遵循信息传播的基本规律，符合信息传播的一般特征。从活动过程看，思想政治教育和传播都存在将信息如何传递的问题。

---

❶ 郭庆光.传播学教程[M].北京:中国人民大学出版社,1999:2.

它们都是双向的社会互动行为，活动过程的实现必然要求主客双方对交流内容拥有共通的理解；否则，无论是传播过程还是思想政治教育过程都不能成立，或传而不通，或导致误解。正如香农—韦弗传播模式所描述的，传播的顺利进行，有赖于对噪音的排除。克服噪音的办法是重复某些重要的信息。从活动目的看，任何传播活动都有一定的目的性，思想政治教育的目的更具体、更明确，就是不断提高人们的思想道德素质，提高人们认识世界和改造世界的能力，培育符合阶级统治的合格人才。从活动内容看，人类传播的信息包罗万象，思想政治教育所传播的内容是一定社会所要求的特定思想政治信息。从社会功能看，人类传播的首要社会功能就是政治功能。明人方孝孺在《答王秀才书》一文中写道："凡文之为用，明道立政二端而已。"❶ 在当代社会，传播活动必然要反映政治、表达政治、服务政治和参与政治。一位美国学者曾指出：传媒可把一国的生活思想规范教导人民，可提供一个团结全民的场合，来达到举国政治一致。传播的社会功能还包括教育功能。例如，大众传播可以直接传播知识，传播最新的、最常用的知识、最受公众欢迎的知识，从某些方面起到等同于学校的部分作用。相对于一般传播活动而言，思想政治教育的社会功能更具体、更细化，它重点强调"保证、导向、凝聚、调节"等功能，巩固主流意识形态，引导人民群众在重大问题上取得共识，增加执政的"合法性"资源。

二、思想政治教育与传播的历史考察

在人类社会的发展史中，思想政治教育和社会传播活动往往是相伴相生、水乳交融的。在古希腊，亚里士多德就注意到在思想政治教育过程中一些传播技巧的运用。他在《修辞学》一书里提出："我们把修辞学视为具有说服别人的力量。"❷ 他认为，最有效的说服取决于对话的三个要素——说话者、话题和听者，而决定对话目的和对象的要素是听者。因此，说话者不仅要明

---

❶ 邵培仁.传播学导论[M].杭州：浙江大学出版社，1997：117.
❷ 苗力田.亚里士多德全集(第9卷)[M].北京：中国人民大学出版社，1994：337.

确自己说所的内容，取得他人的信任，而且还要让别人了解自己的人格；同时，还应该注意听者的内心，要"能根据品德分析听者的性格，并且能分析各种情绪的本性和特质，进而利用使之激动的手段和方法"。亚里士多德强调说话者首先要让听众看来是"值得信任的"。"因为作为一项原则，我们越是觉得一个人诚实，就会越快地相信他。"他把说话者的品德和可信任性看做"所有说服的手段中最有力的"因素。

随着大众媒介的发展，近现代西方国家在社会发展进程中，传播与思想政治教育的互动联系日益深入和密切，尽管西方国家没有"思想政治教育"这一概念，但是一些西方传播学者对此早已有深入的研究和见解。例如，20世纪初，美国的芝加哥学派代表人物杜威、帕克和库利就已经指出："大众传媒尤其是报纸在社会生活中所扮演社会角色，是重建美国社会道德与政治舆论共识的代理人。"❶库利甚至认为，社会变革的进程"要通过各种影响的竞争，以及对思想和行为的适时改革的宣传来促成"❷，因此社会变革要由传播的状况所决定。正是在大众传播对现代社会思想、政治和经济等各领域都产生了重要影响的背景下，西方众多学者从前所未有的高度和细节开展传播学研究，形成了控制论、经验功能主义、结构符号等学派。现代传播构成了社会生产和知识更新的强大动力，同时也成为推动人类思想发展提升的助推器。

在我国历史上，类似的思想政治教育和传播也是相互促进、共同发展的。传播实践和传播形态的不断发展，使思想政治教育不断加强，同时不断积累的思想政治教育又丰富了传播的内容。春秋战国时期，孔子、孟子和荀子等儒家学者根据当时的传播状况，将传播与现实政治紧密相连，通过周游列国、设坛讲学、著书立说等方式以实现对道德的规范，影响社会舆论，进行思想政治教育。孔子周游列国，广泛接触上至国君、贵族和卿大夫，下至隐士、平民和奴隶，传播他的理想、观念和文化知识。学者们通过设坛讲学，讲习

---

❶　陈卫星.传播的观念[M].北京:人民出版社,2004:70.

❷　同❶。

当时的政治态势和应对权谋，以及在现实斗争中有关个人的"修身、齐家、治国、平天下"的伦理道德要求等。我国北宋苏轼也认识到舆论传播的重要作用，主张重传播轻武力，他认为："天下无事，则公卿之言轻于鸿毛；天下有事，则匹夫之言重于泰山。"❶在苏轼看来，作为"匹夫之言"的社会舆论比泰山还重。时至近代，传播媒介的发展往往与思想启蒙和思想动员结合在一起，人们把报刊称为"国民之舆论""社会之公器""国民之导师""文明之利器"或"国家之耳目""国民之喉舌"。思想政治教育总是伴随着政治思想、伦理道德、社会规范等思想政治教育信息的传递和播撒而进行的。一方面，思想政治教育承载于传播活动之中，构成了传播活动和传播媒介的重要内容；另一方面，成功的思想政治教育始终在不断认识并遵循客观的传播规律。

三、马克思主义思想政治教育的传播实践

马克思、恩格斯作为马克思主义的创始人，他们始终重视理论宣传在工人运动中的重要作用。马克思和恩格斯在创立科学的理论时，认为为了使无产阶级成为一个能够实现解放全人类伟大理想的自为阶级，就必须向他们宣传科学社会主义的革命理想。在马克思看来，"在工人阶级在组织上还没有发展到足以对统治阶级的集体权力（即政治权力）进行决定性攻击的地方，工人阶级无论如何必须不断地进行反对统治阶级政策的鼓动（并对这种政策采取敌视态度），从而使自己在这方面受到训练；否则，工人阶级仍然将是统治阶级手中的玩物。"❷恩格斯则把宣传和组织放在同等重要的地位。他认为，工人阶级在斗争中最有力的行动手段有两个，即组织和宣传。而在组织手段不成熟的时候，宣传鼓动则是唯一的行动手段。❸马克思和恩格斯还注意通过多种传播形态宣传马克思主义理论，进行思想政治教育活动。恩格斯

---

❶ 邵培仁.传播学导论[M].杭州:浙江大学出版社,1997:35.
❷ 中央编译局.马克思恩格斯全集(第33卷)[M].北京:人民出版社,1973:337.
❸ 中央编译局.马克思恩格斯全集(第17卷)[M].北京:人民出版社,1964:304.

说："我们通过口头、书信和报刊，影响最杰出的盟员的理论观点。"[1] 为了适应无产阶级的斗争需要，他们亲身参加工人运动，在斗争实践中直接向工人传播科学共产主义理论。1848 年 2 月，《共产党宣言》正式出版。此后，《共产党宣言》以多种语言出版了多种版本广泛传播。马克思和恩格斯在《共产党宣言》中指出："共产党人一分钟也不忽略教育工人尽可能明确地意识到资产阶级和无产阶级的敌对的对立，以便德国工人能够立刻利用资产阶级统治所必然带来的社会的和政治的条件作为反对资产阶级的武器，并在推翻德国的反动阶级之后，立即开始反对资产阶级本身的斗争。"[2]

1842 年 4 月，以马克思为总编辑的《新莱茵报》创刊号问世。马克思和恩格斯认为，应当把《新莱茵报》作为传达共产主义同盟的总指示和在德国宣传民主主义与社会主义思想的主要武器。马克思指出："报刊按其使命来说，是社会的捍卫者，是针对当权者的孜孜不倦的揭露者，是无处不在的耳目，是热情维护自己自由的人民精神的千呼万应的喉舌。"[3] 他认为，报纸最大的好处，就是它每日都能干预运动，能够成为运动的"喉舌"，能够反映丰富多彩的每日事件，能够使人民和人民的日刊发生不断的、生动活泼的联系。而杂志可以将详细和科学的研究作为整个政治运动的基础的经济关系。[4]

列宁在领导工人运动的过程中，一方面通过无产阶级政党的组织传播优势，另一方面利用报刊、广播等大众传播媒介进行思想政治教育。他认为，无产阶级政党"根据马克思主义原则形成的思想统一是用组织的物质统一来巩固的"。[5] 在思想政治教育与政党的关系上，他强调只有工人阶级的政党，才能成为团结、教育和组织无产阶级和全体劳动群众的先锋队；只有这个先锋队，才能抵制这些群众中不可避免的小资产阶级动摇性，抵制无产阶级中

---

[1] 中央编译局.马克思恩格斯选集(第4卷)[M].北京:人民出版社,1995:198.
[2] 中央编译局.马克思恩格斯全集(第1卷)[M].北京:人民出版社1995:306.
[3] 中央编译局.马克思恩格斯全集(第6卷)[M].北京:人民出版社,1961:275.
[4] 中央编译局.马克思恩格斯全集(第10卷)[M].北京:人民出版社,1998:115.
[5] 列宁.列宁选集(第1卷)[M].北京:人民出版社,1995:526.

不可避免的种种行会狭隘性或行业偏见的传统和恶习的复发，并领导全体无产阶级的一切联合行动。❶ 他指出，"党是自愿的联盟，假如它不清洗那些宣传反党观点的党员，它就不可避免地会瓦解，首先在思想上瓦解，然后在物质上瓦解"❷；要做无产阶级的思想领导者，就要在他们中间进行理论宣传工作的组织工作。列宁认为，党应当始终坚持不懈地扩大工人运动对现代社会的一切社会和政治生活领域的影响，不仅应当领导工人的经济斗争，而且应当领导无产阶级的政治斗争。党应当"时刻不忘我们的最终目的，随时进行宣传，保卫无产阶级的思想体系——科学社会主义学说，也就是马克思主义——不遭到歪曲，并使它继续发展。我们应当坚决地同一切资产阶级思想做斗争，不管它披着怎样时髦而华丽的外衣"。❸

在利用报刊、广播等大众传媒方面，列宁认为，报纸能够而且应当成为党的思想领导者，应当在理论上阐明真理，并能阐明策略原则，以及一般组织思想和全党在一定时期的一般任务。他认为，报刊在党和工人阶级之间建立了一种微妙的联系。这种联系无异于任何群众性的传达机关，是党每日每时向工人阶级讲话的最有力的武器，也是教育和团结真正先进阶级的工具。列宁还对当时先进的传播媒介——广播给予了高度重视。他认为，无线电广播是不要纸张、"没有距离"的报纸，该发明是一件大事。

中国共产党的思想政治教育与马克思主义科学理论的传播有着密不可分的联系。从"五四运动"到中国共产党成立的两年间，包括李大钊、陈独秀等在内的先进知识分子在中国传播马克思主义，为中国共产党的诞生奠定了思想基础。《新青年》杂志积极刊登宣传马克思主义和社会主义的文章，成为中国传播马克思主义的主要阵地。马克思主义科学理论的广泛传播，唤醒了中国许多先进的知识分子，教育了青年学生、工人等广大人民群众，促进了马克思主义与中国工人运动的结合，为中国共产党的创建提供了可能。在建党初期，党组织通过到工人和农民群众中宣传、办学校、办刊物、组织工

---

❶ 列宁.列宁全集(第41卷)[M].北京:人民出版社,1986:85.

❷ 列宁.列宁选集(第1卷)[M].北京:人民出版社,1995:665.

❸ 列宁.列宁全集(第5卷)[M].北京:人民出版社,1986:262.

会和共青团，以及党内教育等形式来开展思想政治教育。作为中国共产党历史上第一次广泛、生动的马克思列宁主义思想教育运动和思想政治教育的伟大创举，延安整风运动就是一次典型的、有组织的马克思主义宣传教育活动。这次活动经过分阶段、有层次的思想政治教育，系统地向全党有效传播了毛泽东思想，提高了党员干部的思想觉悟。

中国共产党的几代领导人历来都高度重视思想政治工作，为探索和运用传播规律开展思想政治教育做出了重要贡献。毛泽东同志认为，报纸特别是政党机关报，在政治斗争中具有巨大作用。他认为："报纸的作用和力量，就在它能使党的纲领路线、方针政策、工作任务和工作方法，最迅速、最广泛地同群众见面。"❶ 他指出："发行《参考消息》和出版其他反面教材，就是'种牛痘'，增强干部和群众在政治上的免疫力。"❷ 邓小平同志要求报纸要成为全国安定团结的思想中心，报刊进行更多的思想理论上的解释，要大力宣传社会主义的优越性。1983 年 10 月 12 日，邓小平同志在《党在组织战线和思想战线上的迫切任务》中说："思想战线上的战士，都应当是人类灵魂工程师。作为灵魂工程师，应当高举马克思主义的、社会主义的旗帜，用自己的文章、作品、教学、讲演和表演教育来引导人民正确对待历史，认识现实，坚信社会主义和党的领导，鼓舞人民奋发努力、积极向上，真正做到有理想、有道德、有文化、守纪律，为伟大和壮丽的社会主义现代化事业而英勇奋斗。"❸ 江泽民同志进一步深化了对思想政治教育与传播关系的认识。他第一次提出"新闻事业是党的生命的一部分"的论断，指出舆论工作就是思想政治工作。他认为，"虽然有许多新闻本身不带政治性质，但是从任何报纸、电台、电视台的总的新闻宣传来说，都不可能脱离政治。" 1994 年，他在《在全国宣传思想工作会议上的讲话》中指出："我们的宣传思想工作，必须以科学的理论武装人，以正确的舆论引导人，以高尚的精神塑造人，以

---

❶ 毛泽东.毛泽东选集(第 4 卷)[M].北京:人民出版社,1991:1318.
❷ 中共中央文献研究室.毛泽东新闻工作文选[M].北京:新华出版社,1983:185.
❸ 中共中央文献编辑委员会.邓小平文选(第 3 卷)[M].北京:人民出版社,1993:40.

优秀的作品鼓舞人，不断培养和造就一代又一代有理想、有道德、有文化、有纪律的社会主义新人，在建设有中国特色社会主义的伟大事业中发挥有力的思想保证和舆论支持作用。"❶ 这些论述在理论上进一步揭示了党的新闻事业与党的关系，赋予了新闻传播事业思想政治教育的使命。胡锦涛同志从全方位、全过程育人的角度，认为："要充分发挥大学生思想政治教育主阵地、主课堂、主渠道的作用，全方位推进大学生思想政治教育，多方面促进大学生全面发展。要坚持教育与自我教育相结合，既充分发挥学校的教育引导作用，又充分调动大学生的积极性、主动性。要坚持政治理论教育与社会实践相结合，既搞好课堂教育，又注重引导大学生深入社会、了解社会、服务社会。要坚持解决思想问题与解决实际问题相结合，既以理服人又以情感人，增强思想政治教育的实际效果。要坚持教育与管理相结合，把思想政治教育融入学校管理之中，建立自律与他律、激励与约束有机结合的长效工作机制，形成教书育人、管理育人、服务育人的思想政治教育强大合力。"❷ 习近平同志高度重视发挥党组织优势和教育主体的思想政治教育作用。他指出，"教师是人类灵魂的工程师，是青年学生成长的引路人和指导者。青年教师作为高校教学的重要力量，与学生沟通互动多，对学生影响很大。要把加强青年教师队伍思想政治建设作为高校党的建设一个重大问题来抓，深入细致地做好青年教师的思想引导工作，加大在青年教师中发展党员的工作力度，优化高校党员队伍结构。"❸ 几代党中央领导人的论述，是对我们党在不同历史时期思想政治教育传播实践的科学总结，体现了中国共产党对思想政治教育与传播规律认识的不断深化。

❶ 中央文献研究室.十四大以来重要文献选编(上)[M].北京:人民出版社,1996:647.
❷ 胡锦涛.胡锦涛在全国加强和改进大学生思想政治教育工作会议上发表讲话[EB/OL].(2012-03-12)[2016-01-07].http://www.wenming.cn/ziliao/zhongyaolunshu/hujintao/201203/t20120312_550903.shtml.
❸ 习近平.习近平在会见第二十次全国高校党建工作会议代表时强调为建设能够培养高质量大学生的社会主义大学提供坚强的思想政治和组织保证[J].党建,2012(2).

第二节　思想政治教育传播机制

　　思想政治教育面对的是一个由人际传播、组织传播、大众传播和国际传播各方面构成的信息环境。现代传播生态构成了思想政治教育过程的重要背景，对思想政治教育具有重要影响。传播环境通过改变思想政治教育活动的场景，营造思想政治教育传播活动的特殊氛围，作用于思想政治教育主体、客体、教育内容、教育的媒介、方式和途径，从而对思想政治教育效果产生不同性质的影响，客观上要求健全和完善思想政治教育的传播机制。

一、思想政治教育传播机制界定

　　机制原指机器的构造和工作原理，借指有机体的构造、功能和相互关系，也指由事物的内在规律及其与外部事物的有机联系所成型的系统。传播机制可以理解为信息传播的稳定系统。在传播理论与实践中，大众传播就是一个系统的集合，它既是社会系统的一个子系统，也是一个由多个系统组成的系统。在社会信息传播系统中，政治传播是一个重要的系统。在中国，思想政治教育是中国政治传播的重要的一个领域。与中国共产党政治传播基本机制相对应，思想政治教育也有其内在的传播机制。宋黎明认为，政治传播机制关注的就是政治过程中传播行为实现的渠道、途径、方式和手段等。他认为："政治传播机制是政治传播形式中的渠道、运行方式、具体形式、管理方法等的制度化，是稳定的、正式的、有组织的传播形式。"❶ 思想政治教育传播机制包含两层含义：一是思想政治教育传播的运行结构；二是思想政治教育传播结构的运行过程。思想政治教育作为政治传播的重要领域和形式，科学而有效地开展思想政治教育，必然要求深入研究其内在传播机制，既要研究

---

❶　宋黎明.中国共产党政治传播机制研究[D].北京:中共中央党校,2007:10.

思想政治教育传播的基本要素和结构，又要研究思想政治教育过程各基本要素之间稳定的、固有的相互联系。

二、思想政治教育传播面临的挑战和机遇

从世界角度来看，信息社会在经历了初级信息化阶段后，正处于向信息化社会快速发展的阶段。"2015 年全球信息社会指数为 0.5494，整体上处于从工业社会向信息社会过渡的加速转型期。有 51 个国家进入信息社会。"❶报刊、广播和电视等大众传播媒介更加发达，电话、录音、录像、摄像和传真等个人使用的媒介得到高度普及，广播电视进入数字化多频道和卫星跨国传播时代，微型电脑普及到家庭，并迅速成为个人进行综合信息处理的媒介，集多种媒介优势于一体的计算机、互联网和多媒体等新传播飞速发展。

在我国，"2015 年的全国信息社会指数（ISI）达到 0.4351""处于从工业社会向信息社会的加速转型期。预计 2020 年前后，全国信息社会指数将达到 0.6，整体上进入信息社会初级阶段"❷。原来，影响人们思想和行为方式的主要渠道，以及政策、观念、价值取向、信息的主要来源，是各级组织，由领导层层传达、层层动员，思想政治教育也自然带有"我说你听，我打你通"和组织强制灌输的特点。而在传播日益发展的当代社会，现代传播越来越成为影响思想政治教育的重要因素，并且其影响力还在不断强化。

现代传播信息综合性的特点，使大众传播媒体具有多种功能，即交流沟通功能、学习教育功能、娱乐消遣功能等。不同的人可以从中选择不同的信息，利用其不同的功能。它以惊人的能力储存信息，又以惊人的速度用各种不同方式把信息展现给每个人；它打破了既定的时空界限，使人们失去了必要的时间与距离的缓冲，可以全面接触信息；它能快速推进、涌动思潮和社会情绪的消长，引导社会倾向。现代传播媒介的信息，多数是一种形象化、艺术化的信息，具体、多样、生动。抽象的原则和内容蕴含在形象、具体的

❶ 国家信息中心信息化研究部.全球信息社会发展报告 2015[J].电子政务，2015(6).
❷ 同❶。

信息之中，具有很强的渗透力和感染性。而以概念、理论、原则为主要内容，以传授、说理为主要方式的传统思想教育与之相比，就显得单一、乏力，影响有限。传播方式多样化与传播环境复杂化使传统的思想政治教育显得与时代不协调。

信息来源多元化增大了受教育者对信息源的选择余地，使思想政治教育主体的权威性和可信性受到冲击。不同的价值取向和思想观念造成传播内容复杂化。来自现代传媒的负面信息往往具有影响面大、发生突然和难以预防的特点，具有隐蔽性而难以识别。目前，部分大众传播媒体过分追求数量，过分迎合某些人的需要而不适当地利用色情、凶杀、怪异、荒诞等具有刺激性的内容和方式，对缺乏社会生活经验的青少年产生刺激和影响，会使其产生慢性的、渐进的思想价值倾斜，误导他们的思想行为发生偏差。因此，需要认真分析现代传播环境对思想政治教育的正面和负面的影响，增强思想政治教育的时代性、针对性和有效性。

思想政治教育需要分析现代传播环境，探讨新的信息环境下思想政治教育的传播规律，开发和利用多种传播资源，完善思想政治教育过程体系，强化思想政治教育科学性、针对性和有效性。由于思想政治教育是人类社会传播的一个特殊领域，所以思想政治教育必然受传播规律的制约和影响，如大众传播规律、政治传播规律等。

第一，现代社会是一个以报刊、广播、电视和网络为代表的大众传播事业高度发达的社会。大众传播是伴随着近现代印刷、电子传播技术的发展而产生的一种特殊的社会信息系统，它与思想政治教育具有天然的和内在的联系。对此，霍克海默与阿多诺指出："（广播系统）已经代表了整个国家权力……切斯特农场不过是国家的烟草供给地，而无线电广播则是国家的话筒。"❶ 毫无疑问，诸如广播、电影等大众媒介是完全受国家权力控制的。它的功能是在国家控制下发挥的，它的力量就是国家的力量。马尔库塞更进一步指出："人们真的能将作为信息和娱乐工具的大众媒介与作为操纵和灌输

---

❶　霍克海默，阿多诺.启蒙的辩证法[M].曹卫东，译.重庆：重庆出版社，1993：150.

力量的大众媒介区别开来吗?"❶ 他进一步指出:"必须记住,大众媒介乍看是一种传播信息和提供娱乐的工具,但实质上不发挥思想引导、政治控制等功能的大众媒介在现代社会是不存在的。"❷ 从以上特点可以看出,大众传播既是社会互动系统,也是社会管理和社会控制系统,与思想政治教育具有很大的相通之处,可以说是思想政治教育的一个十分重要的途径。

第二,思想政治教育也是政治传播的基本领域。政治传播不能丢掉思想政治教育的基本职能。"政治传播在其功能实现上有两个层面:一是强烈的意识形态管控的工具性;二是社会政治生活意义的引导性。前者可简称为政治传播的工具理性,后者可简称为政治传播的价值理性。"❸ 中国政治传播理论研究,一方面强调坚持以党和国家的宣传为本位,另一方面又强调要把政治传播放到社会历史进程中去加以考察,研究政治传播对社会总体的意义。政治传播的研究对象是政治信息的传递与交流,与政治信息的传递与交流密切相关的问题就构成了政治传播的研究领域。当代政治传播研究主要领域包括政治修辞、政治语言、政治宣传、态度变迁与传播效果研究、媒介与政府的关系、政治传播的技术变迁、政治传播与政治发展等。在新的信息传播环境下,深入研究思想政治教育传播机制问题成为必要和可能。

第三,利用信息技术和传播优势对中国进行意识形态渗透已经成为西方国家的长期战略。互联网搭建技术、大数据技术、微电子技术、信息传输技术、"破网"技术和无线网络攻击技术领域的最新发展成果,可以轻而易举地用于开展对我国的意识形态渗透。以大数据技术为例,当前,全球的数据总量正呈指数增长。大数据被定义为:"无法在可承受的时间范围内用常规软件工具进行捕捉、管理和处理的数据集合。"❹ 数据正成为与物质资产和人

---

❶ 马尔库塞.单向度的人[M].刘继,译.重庆:重庆出版社,1993:9.

❷ 马尔库塞.单向度的人[M].刘继,译.重庆:重庆出版社1993:7.

❸ 荆学民,施惠玲.政治与传播的视界融合:政治传播研究五个基本理论问题辨析[J].现代传播,2009(4).

❹ 大数据[EB/OL].http://baike.baidu.com/link? url=S-wdOnjeB64e3JLIrwpPlHLC4p5z9LuI6PPT3JlDG2SJpm8jKlPinOkj7eoiTWof0ZINgxGHFHcARXcxx8dRWeKDfckmEtu7FzlXy8L87bu.

力资本相提并论的重要生产要素，大数据使用能力将成为国家竞争力的关键要素之一。美国政府于 2012 年 3 月宣布了《大数据研究发展计划》，以增强国家竞争力。"大数据的获取和分析正是美国'棱镜'计划的基础。"❶ 2014年，《中国国家安全研究报告（2014）》指出，在复杂的国际、国内环境下，中国意识形态安全面临着严峻的挑战，"特别是西方国家民主输出、西方国家文化霸权、网络信息舆论多元传播、宗教渗透等对中国意识形态安全构成严重威胁。"❷

三、完善思想政治教育传播机制的原则

（一）总结和继承思想政治教育的传播经验和规律

国际共产主义运动的发展史和马克思主义的传播史，为当前的思想政治教育积累了丰富的经验，特别是中国社会主义革命与建设理论与实践发展，为思想政治教育提供了丰富的经验和前提条件。这些经验包括：党的思想政治工作是经济工作和其他一切工作的"生命线"；党的思想政治工作是团结全党和全国各族人民实现党和国家各项任务的中心环节；思想政治工作必须坚持实事求是的原则；思想政治工作必须坚持"以人为本"的原则；尊重群众，依靠群众，为群众办实事的群众路线；干部以身作则、率先垂范、言传身教；坚持自我教育，认真开展批评与自我批评；全党动手，人人做思想政治工作等。

改革开放以来，中国共产党对思想政治教育进行了理论和实践探索，形成了一些基本经验。例如，坚持"生命线"地位，为社会主义现代化建设服务；立足党的理论创新，解决改革开放过程中干部群众的重大思想困惑；坚持"以人为本"，贴近实际、贴近生活、贴近群众；加强制度建设，实现思

❶　赵周贤,徐志栋.信息技术发展趋势与意识形态安全[J].决策探索,2015(1).
❷　常红.中国意识形态安全总体稳定,但面临着严峻挑战[EB/OL].(2011-05-06)[2016-05-17].ht-tp://world.people.com.cn/n/2014/0506/c1002-24981490.html.

想政治教育与管理相结合；坚持利益原则，把思想政治教育与物质利益相结合；区分层次，把先进性要求与广泛性要求结合起来；树立载体意识，重视大众传媒的载体作用；注重学科支撑，走思想政治教育科学化道路等。**❶** 对于这些重要经验，要认真加以总结并深入研究其中的内在规律。

（二）从社会系统的角度研究思想政治教育的传播机制

正如大众传播系统一样，要从社会系统的角度研究思想政治教育的传播机制。一方面要对包括思想政治教育系统集合进行研究，另一方面也要对思想政治教育系统的自组织问题进行研究。宋黎明认为，党的传播机制是围绕党的传播任务和传播需要来构建的，党的传播机制是环境的产物，需要根据所处环境的变化做出调整和发展，党的传播机制的具体形式受到传播资源的制约。**❷** 决定党的传播机制作用的根本因素在于党的传播内容适用社会发展根本需要的程度。人民群众之所以信任共产党、信仰马克思主义，就是因为马克思主义是科学，是为了解放人类社会，实现人的全面而自由的发展。要从社会经济、政治、文化体系中，特别是从社会主义社会体系中，全面考量和推进思想政治教育，完善其传播机制。思想政治教育传播机制必须围绕传播效果来建立、调整和改革，并以受众为中心，根据传播对象的水平和现实需要，采用合适的形式。在传播中，要能充分照顾到传播对象的利益要求。

（三）研究思想政治教育学与传播学的学科联系

现代传播学研究兴起于二十世纪二三十年代的美国。到二十世纪四十年代，传播学作为一门独立学科基本形成。自二十世纪九十年代起，传播学的分支研究逐渐活跃，先后出现了政治传播学、经济传播学、教育传播学、艺术传播学、组织传播学、新闻传播学、舆论传播学、大众传播学和人际传播学等多个分支领域。传播学以动态的整体的人类传播现象为研究对象，系统

---

❶ 胡飒.改革开放三十年思想政治教育的基本经验[J].思想政治工作研究,2008(5).
❷ 宋黎明.中国共产党政治传播机制研究[D].北京:中共中央党校,2007:120.

研究人类传播的发生与发展，研究人类传播的不同形态和人类传播的过程。传播学研究有助于指导传播者按照传播规律，联系具体实际，合理、科学地运用传播媒介、符号、谋略和技巧，使传播活动更加有效，也有助于帮助解决在传播实践中来自传播者和受传者的各种问题。思想政治教育学作为一种研究以世界观、人生观、价值观、政治观、道德观和法制观等为主要内容的传播活动内在规律的学科，在中国确立和发展的时间不长，它既是一门新兴学科，也是一门交叉学科。思想政治教育学的发展离不开对其他相关学科的借鉴。近年来，一些学者开始将思想政治教育学与传播学进行对比性研究，甚至提出了"论思想政治教育与传播的融合"的论断。从理论上对思想政治教育学与传播学进行对照研究，有利于从内在规律的层面认识二者之间的内在关系，有助于推动思想政治教育学和传播学的发展。

四、完善思想政治教育传播机制

思想政治教育是一个复杂的系统工程，完善思想政治教育的传播机制大体可以包括以下三个层面。

（一）传播效果的产生过程与制约因素层面

传播效果的产生是一个十分复杂的社会过程，从发出信息到受众接受信息，中间存在许多环节和因素，每个环节和因素都可能对效果的形成发生重要的影响。因此，对传播者来说，要想改进传播的效果，首先应该对效果产生的过程及制约因素有一个清楚的认识。传播学认为，传播主体、传播技巧和受众是影响传播效果的重要因素。

传播者是影响思想政治教育传播话语效果基本的、首要的因素。传播话语能否产生影响，影响力有多大，在很大程度上取决于传播者的条件。传播学认为，最佳话语传播者的条件起码包括以下两点：一是权威，二是自己人。

权威包括专家、领袖和成功人士等。权威人士能够具备领导优势、人才优势和知识优势，其传播话语所涉及的理论见解、思想观点、成功经历由于权威身份而容易被认同与接受。权威人士能够通过思想启迪、道德感化、知识运用、经验传递提高传播的效果和质量，从而在更大程度上弥补现代思想政治教育中信息优势不足的问题，更好地提升思想政治教育传播的有效性。发挥思想政治教育权威传播者的作用，一方面要增强传播主体的权威性。另一方面要优化传播主体构成。增强传播主体的权威性，可以通过提高思想政治教育者的知识水平和理论层次，克服阻碍思想政治教育话语传播者与时代相适应的"瓶颈"，注重解决思想政治教育话语传播者相关话语理论不足、传播知识结构老化、教育观念落后等问题，强化话语传播者的知识结构和理论水平，强化利用各种传媒进行思想政治教育话语传播的观念意识，培养传播者接受信息与处理信息的能力，积极探索思想政治教育话语传播技术和方式，以实现思想政治教育传播话语的理论与技术创新。优化传播主体结构，是要更新对思想政治教育主体认识的观念，拓展传播主体的范围，增强思想政治教育与社会生活的及时互动，强化社会正能量代表人物的思想政治教育功能，将政治领袖、社会精英、优秀领导干部、专家学者都纳入思想政治教育主体范围，使现实的社会权威人物成为思想政治教育主体。

所谓自己人，即为受众心目中了解自己、尊重自己，并能够被自己所信任的话语传播者。作为自己人的思想政治教育主体，强调的是传播者与受教育者的感同身受性，也就是中国共产党所坚持的重要作风"走群众路线"的内在要求。在思想政治教育中，传播者可以不是专家，但应该成为自己人。在思想政治教育中，受众在整个思想政治教育话语传播过程中具有特殊性、重要性，居于核心地位。思想政治教育主体必须站在受众立场，对受众进行深入研究与准确把握，把充分尊重受众的主体地位作为思想政治教育实施的基本要求，在教育实践中提高工作的预见性与主动性，真正使受众对教育者产生自己人的感觉，以增加和改善与受众的关系，提高教育效果。

传播技巧是在说服性传播活动中为有效达到预期目的而采用的策略方法。传播技巧包括的内容有许多。①"一面提示"与"两面提示"。这种方法在思想政治教育中，前者表现为完全向群众做正面宣传，后者表现为以正面表达为主，公正、客观地说明情况。② "明示结论"与"寓观点于材料之中"。很明显，前者是直接明确地表达立场和态度，后者则是把立场和态度寓于材料、数据和分析之中。③ "诉诸理性"与"诉诸感情"。一种是通过冷静地摆事实、讲道理、运用理性或逻辑的力量来达到说服目的；另一种是主要通过营造某种气氛或使用感情色彩强烈的言辞来感染对方，以谋求特定的效果。在思想政治教育中，以上方法都有可能用到，它们没有优劣之分，只是根据不同的场合、不同的人群、不同的议题采用适合的方法而已。此外，这些方法通常并不是单纯地发挥作用，大多数情况下是综合起来运用。

受众即传播对象。即便是同一个传播者，运用同一种方法传达同一内容的信息，在不同的对象那里所引起的反应也是不同的。这是因为，传播效果的形成是一个多种因素交互作用的过程，不仅传播主体、内容和技巧会对效果产生影响，传播对象自身的属性也起着同样重要的制约作用。传播对象属性通常包括以下五个方面：① 性别、年龄、文化程度、职业等人口统计学上的属性。② 人际传播网络。③ 群体归属关系和群体规范。④ 人格、性格特点。⑤ 个人过去经验和经历等。所有这些属性都作为人们接触特定媒介或信息之际的"既有倾向"或背景，规定他们对媒介或信息的兴趣、感情、态度和看法，同时对传播效果发生重要影响。例如，在把握个体特征时，要7注意根据受众不同的文化水平而分别对待。对文化水平高的受众，信息"编码"要严谨周密，信息量可以大一些，说理时要提供正、反两方面的材料，偏重理性；对文化水平低的受众，信息"编码"则应简单明了，信息量不能太大，说理时宜于单方面陈述、偏重情感。

（二）传播效果的机制和一般理论层面

传播对个人和社会究竟具有什么样的影响和效果？这些影响和效果是通过什么机制发生的？二十世纪六十年代末以后，许多大众传播学家致力于考察这些问题，并提出了一系列可供借鉴的理论。

（1）"议程设置功能"理论。该理论认为，那些关于当前大事及其重要性的认识和判断，通常来自大众传播。大众传媒不仅是重要的信息源，而且是重要的影响源。它暗示了这样一种媒介观，即传播媒介是一种有目的的取舍选择活动。传播媒介根据自己的价值，从现实环境中"选择"出它们认为重要的部分或方面进行加工。在现代社会里，由于大众传播是人们获得外界信息的主要渠道，不管这种"再构成"是对现实环境的客观反映还是歪曲反映，都会影响人们对周围环境的认识和判断。这一理论给思想政治教育的启示是，对特定理论的宣传要分清主次，各种媒介要统筹安排，做到心中有数，增强计划性和系统性，绝不能赶时髦、追时尚，否则群众就会无所适从，甚至会导致群众思想上的混乱，引起群众反感。

（2）"沉默的螺旋"理论。该理论认为，舆论的形成是大众传播、人际传播和人们对"意见环境"的认知心理三者相互作用的结果，经过大众传媒强调提示的意见由于具有公开性传播的广泛性，容易被当成"多数"或"优势"意见所认知。这种环境认知所带来的压力和安全感，会引起人际接触中的"劣势意见的沉默"和"优势意见的大声疾呼"的螺旋式扩展过程，并导致社会生活中占压倒优势的"多数意见"——舆论的诞生。这一理论对于思想政治教育有着重要的启示意义，如"以正确的舆论引导人"。这其中包含三个层面的意思：一是舆论必须是正确的，即要反映最广大人民群众的利益；二是必须善于做好引导的工作，促使群众自身认同正确的舆论；三是要特别注意做好"沉默"的人的思想政治工作，努力使其向正确的方向转化，绝不能因为其沉默就认定这部分人已经在内心里达成认同。当然，网络意识形态传播对这一理论带来了全新的情况。既要加强现实社会思想政治教育，又不能忽视虚拟网络中的思想政治教育。

（3）"培养"理论。传播内容具有特定的价值和意识形态倾向，这些倾向有的不是以说教而是以"报道事实""提供娱乐"的形式传达给受众的，它们在潜移默化中形成人们的现实观、社会观。这就是"培养"理论的核心观点。传播媒介的这种"培养效果"，主要表现在形成当代社会观和现实观的"主流"。而电视媒介在"主流形成"过程中尤其发挥着强大作用，它可以超越不同的社会属性，在全社会范围内广泛"培养"人们关于社会的共同印象。"培养理论"的研究成果受到了各国学者的重视，英、法、瑞典、日本、韩国、阿根廷等国的学者也都开展了类似的研究。研究对象也由最初的电视暴力和社会犯罪的关系扩展到家庭、职业、宗教、种族、政治和第三世界国家形象研究等各个领域。对于我们而言，一方面，必须牢牢把握住"以优秀的作品鼓舞人"这一原则，不论是"阳春白雪"还是"下里巴人"，都要反映主流意识形态，体现奋发向上的精神；另一方面，要注意贴近群众、贴近实际、贴近生活，让媒介精心"培养"的典型可亲、可敬、可学。例如，在社会主义荣辱观教育中，既要弘扬优秀党员、模范教师、荣誉军人、革命烈士的高尚精神，也要诚心敬重那些仍然保持健全人格、坚守着基本道德的普通民众，防止一味地宣扬高不可攀的典型。

（三）传播制度与媒介理论层面

大众传播是一个具有强大影响力的社会信息系统，任何一个国家和社会都会把它纳入社会制度的轨道，因此大众传播也是一种制度化的传播。考察和分析各种制度在大众传播活动中的作用，是大众传播学研究的一个重要领域，同时也是思想政治教育中一个极其重大的问题。这种研究在大众传播学上称为"控制"研究。它包括两个方面：一是考察外部制度对传媒机构及其活动的控制和影响；二是考察传媒机构的内部制度对信息的生产、加工和传播活动的制约。传播制度既包括媒介与政府的关系问题，也包括媒介与社会群体和广大受众的关系问题；既包括言论出版自由与权利问题，也包括言论出版者所应承担的责任和义务问题。总之，传播制度体现了全部社会结构和社会关系的复杂性。资本主义国家占统治地位的媒介规范是自由主义理论和社会责任理论，政府和司法机构主要通过这两种理论来协调和平衡国家内外的传播关系。以美国为例，美国在国内传播领域更强调社会责任理论，因为一方面它有助于维持传播秩序的稳定，强化资产阶级意识形态；另一方面，在跨国传播或全球传播领域，则更强调自由主义理论，主张信息流通的绝对自由，反对发展中国家对外来信息进行自主管理，进而进行意识形态的渗透和扩张。

思想政治教育是传播领域一个重要的组成部分。我国目前的传播制度及其基本规范体现在以下三个方面：第一，我国的新闻传播事业必须实行社会主义公有制，这是防止私人和资本垄断、保障传播媒介和传播资源掌握在全体人民手中的根本制度。第二，我国社会主义新闻传播事业必须坚持党性原则。在思想上，要宣传党的理论基础和思想体系，以党的指导思想为新闻工作的准绳；在政治上，要宣传党的纲领路线、方针政策，使之成为亿万人民的实际行动；在组织上，要接受党的领导，遵守党的组织原则和新闻宣传工作的纪律。第三，社会主义新闻传播事业具有经济功能，除了对社会经济发展起重要的服务作用外，还体现在新闻传播事业本身也是社会主义市场经济的重要组成部分，是新兴的信息和知识产业的骨干。我国社会主义传播制度及其规范体系还处在不断地改革、发展和完善过程中，我们必须着眼于巩固和加强思想政治教育，着眼于更好地承担传播媒介的社会责任，同时正确处理经济效益和社会效益的关系问题，在实践中不断摸索和总结经验，建设和完善符合中国国情、具有中国特色社会主义的传播制度及其规范体系。

第三节　构建思想政治教育话语

一、话语和思想政治教育话语

在语言学里，"话语可以简单地定义为句子以上的语言单位。话语是语言和思想的结合体。"● 二十世纪七十年代以后，西方语言学界出现了会话分析和篇章分析两个新的研究分支。会话分析研究口头话语，篇章分析主要研究书面话语。会话分析和篇章分析统称为话语分析。当代话语分析有四大研

● 纪程.话语政治［M］.北京：中国社会科学出版社,2011(1).

究取向：一是通过话语分解解决语法上一些棘手的问题；二是研究单个话语（包括句子）是如何组成话语的，探寻话语自身的构成规律；三是把话语分析当作研究社会问题的工具；四是研究话语作为社会活动的有机成分及其过程的展开规律。❶ 其中，第三个取向在西方叫批判性话语分析，第四个取向可以称为共生性话语分析。这两个取向都把话语活动视为人类生存活动的有机成分，研究范围都已经超了话语本身。例如，人们在"文革"期间的话语和改革开放以后的话语是不相同的。"文革"期间，人们经常讲"阶级斗争"，引用《毛主席语录》。批判性话语分析是要弄清楚是什么社会政治因素使人们这样说话。共生性话语分析则要描述人们是通过说什么样的话使和"以阶级斗争为纲"成为日常生活的现实。批判性话语分析研究取向为语言学与政治学的交叉提供了一个结合点，也为通过话语分析研究政治这一新的政治学研究路径的可行性提供了依据。作为一种权力秩序的表达，"话语天然地是政治的"。❷

福柯认为，话语是由符号组成的，但它们所做的要比这些符号所指物来得更多。正是这个"更多"，使它们不可能归结为语言和言语。陈晓明认为，话语恰恰不是一个单纯的语言学概念，它更主要的是一个多元综合的关于意识形态再生产方式的实践概念。❸ 福柯认为，话语是由陈述组成的，陈述是话语的单位，是话语的原子，陈述之于话语，就像句子之于本文。话语是一些陈述群。他说："我们在话语形成的名义下所描述的东西，严格地讲是一些陈述群，也就是说，是一些词语性能的整体。它们不是由语法关系（句法的或者语义的）彼此在句子的层次上连接起来，不是由逻辑关系（形式的协调或者概念的连贯）彼此在命题的层次上联结起来，不是由心理的关系（意识形式的同一性，心理的恒定，或者某个设想的重复）在表达的层次上连接

---

❶　纪程.话语政治[M].北京:中国社会科学出版社,2011(4).
❷　查尔斯·J 福克斯,休·T 米勒.后现代公共行政[M].楚艳红,曹沁颖,吴巧林,译.北京:中国人民大学出版社,2002:10.
❸　陈晓明.解构的踪迹:历史、话语与主体[M].北京:中国社会科学出版社,1994:64.

起来，而是在陈述的层次上连接起来。"❶ 文贵良认为，话语有三个层面：第一是语言和言语的层面，话语是语言和言语的话语；第二是陈述的层面，话语是陈述的话语；第三是生存的层面，话语是生存的话语。话语不同于言语，也不同于语言。话语的最底层是语言和言语。索绪尔认为，语言是言语活动中确定的部分，语言是社会集团所约定俗成的规则，具有社会性；而言语属于个人领域，是个人所说出的话语。对这一区分的进一步理解是：语言是社会的东西，而言语是个人的东西。同时，语言是固定的，言语是无尽的。"话语关涉着一个个具体的词、具体的句子，"关涉"不仅仅是说话语在意向上面对词和句子，也指词和句子在意向上面对话语，因此，我们不能说话语就是词和句子。"❷ 话语形成的标志在于话语形式和话语主体的结合。文贵良在对以毛泽东的言说为特质的政治话语的描述中，认为1937—1948年毛泽东在延安完成了自己的政治话语体系。而这种政治话语的形成在于，毛泽东的政论白话文写作和毛泽东作为话语权威的结合。❸ 他指出："毛泽东的政论白话文写作，目的在于布告一种意识形态的政治学理，按照他自己的说法就是中国化的马克思主义，用后来经典的说法就是毛泽东思想。这种学理，也可以说是一种政治实践哲学。在话语的意义上，它可以说是上文提到的陈述群落，它以'毛泽东思想'为外总括起来，构成了政治话语的文化后援，或者说意识支撑。"❹ 在战争性生长和政论白话文写作的互动中，一个话语建设者的毛泽东最终走向丰满和成熟。不过，话语建设者的毛泽东，由于战争中时势的需要，很快向权威转化，并最终于1943年共产国际解散之后立即被确立起来，这个话语权威是以"毛泽东"命名的。政论白话文的话语形式和话语权威的"毛泽东"的结合就形成了政治话语。

在符号传播的意义上，话语有两种基本的载体形式，即以听觉为基础的语音符号和以视觉为基础的文字符号。"我们把系统的、从而具有整体性的

---

❶ 福柯.知识考古学[M].北京:生活·读书·新知三联书店,2007:127.
❷ 文贵良.话语与生存[M].上海:上海世纪出版集团,2007:10.
❸ 文贵良.话语与生存[M].上海:上海世纪出版集团,2007:72.
❹ 文贵良.话语与生存[M].上海:上海世纪出版集团,2007:73.

文字符号组合称为文本。"❶ 杨正联认为，在话语表述层面，文字符号也总是会显示出某种形式的结构构成特征。对于文字间的这种结构性关联，可以从语词（包括具有独立概念意义的词组）、语句、语段和文本四个层面进行考察。其中，语词是构成公共政策话语的基本文字单位，而语句、语段的组合则反映了整体意义上的公共政策文本的结构面貌。在普通语言学中，语词通常只能称谓，不能描述事态。但在话语分析中，尤其是在系统化的话语领域，语词（尤其是词组）往往被赋予了特殊的意义，因此能够从概念的角度去揭示特定的社会政治现象，如"文革"、改革开放、社会主义改造等。❷具有相对独立的概念意义的语词只是在点的层面揭示了特定公共政策话语可能的利益关系意义。"更加准确和完整的表达还需要把语词放入其他证词的语法关联之中，这就是语句。"❸ 特定的语句在很大程度上可以看做某一语词的语境背景。

"政治语言（langue of politics）也叫政治话语、政治语篇（political text/discourse），是政治活动的参与者为达到某种交际目的而采用的一定形式的语言，是政治交流的工具，政治信息的符号载体。"❹ 威尔逊认为，政治话语分析主要关注的应该是"正式的、非正式的政治语境和政治参与者，特别是那些在政治环境中采取某种行为以获取特定政治目的的政治家、政治机构、政府、政治媒介和政治支持者等"，与这些人及其行为相关的话语就可看做政治话语。政治话语分析是指明确以上话语为对象，采用批评性话语分析进行研究的行为。❺ 有些学者从广义上界定政治语言，认为政治语言是含有政治信息的语言。有些学者从狭义的角度界定政治话语，认为政治话语是政治人物的话语。在这里，政治话语必须以说话者作为政治人物的职业身份和机构语境两者相结合构成。政治话语的基本特征概括为五个方面：第一，政治话

---

❶ 杨正联.话语与过程[M].北京：社会科学文献出版社，2011：7.
❷ 杨正联.话语与过程[M].北京：社会科学文献出版社，2011：9.
❸ 杨正联.话语与过程[M].北京：社会科学文献出版社，2011：11.
❹ 支永碧.基于语料库折政治话语语用预设研究[M].苏州：苏州大学出版社，2010：12.
❺ 支永碧.基于语料库折政治话语语用预设研究[M].苏州：苏州大学出版社，2010：13.

语具有很强的政治目的性。政治话语的目的性主要由政治本身所决定。政治是权威的反映，它构成话语目的性的基础。政治性是政治语言的本质特征，政治语言主要是为政治服务的，它的内容是政治的，它反映特定的政治生活和社会文化。此外，它的政治性还体现在它具有潜移默化的政治意识形态功效，影响人们的观念和行为，指导人们的政治实践活动。❶ 第二，政治话语具有明确的参与者和政治主体。政治话语的主体就是政治活动的参与者。从广义上讲，政治活动参与者包括与政治有关的活动的参与者，政治话语也应包括这些政治活动参与者的语言。从狭义上讲，政治活动的参与者只包括政治家本身。第三，政治话语有多样的体裁形式和特定的结构要素。政治家的演讲、答记者问，政党的宣言、标语和宣传粟，以及媒体关于政治事件的宣传报道，都属于政治语言。第四，政治具有权力工具性，是政治话语霸权的基础。政治话语首先是政治传播和交流的工具，不同形式的政治语言具有不同的政治意义和政治功效，各类政治语言构成福州或政治意识形态的技术，同时也是它们得以生成、存续和传递的手段。第五，政治话语具有时代性和社会公共性。政治话语为不断变化的政治活动服务，作为反映政治活动的政治话语必须适应其变化，不同历史阶段具有不同的政治制度和政治文化，政治语言也随之改变。政治话语的社会公共性指的是，政治话语在一般情况下主要处理大多数人所关心的公共事务，以及社会政治、经济和军事活动，这些问题广泛影响社会和个人生活。❷

二、思想政治教育话语的建构

作为传播领域的一个具体方面，思想政治教育如何看待话语、如何建构话语，对于思想政治教育效果是至关重要的。

首先，思想政治教育要重视话语。正如福柯所谓的话语是"权力"的表现形式之一，话语不仅是施展权力的工具，也是掌握权力的关键。福柯这句

---

❶ 田海龙.政治语言研究：评述与思考[J].外语教学,2002(1):24.

❷ 支永碧.基于语料库折政治话语语用预设研究[M].苏州：苏州大学出版社,2010:15-16.

话隐含一种前提假设：话语是一种资源。正是在这个意义上"话语即权力"。在思想政治教育领域，如何建构一套有效的话语，对于实现教育目的、实现教育有着显著的意义。从历史上看，中国共产党的领导人在宣传马克思主义、开展思想政治教育方面都高度重视话语的作用。毛泽东思想之所以能够深入人心，一方面，是因为毛泽东思想与中国革命和建设的具体实际相结合，集中代表和反映了最广大人民群众的根本利益；另一方面，是它独特的语言风格及其传播形式所产生的强烈感染力和吸引力。毛泽东的语言风格既通俗易懂又魅力无穷，其深邃的思想是以鲜明的大众化语言来表述和展现的，老百姓听得懂、记得住，很喜欢。毛泽东的口头语言、书面语言都极富特点和个性。例如，"星星之火，可以燎原""关心群众生活，注意工作方法""愚公移山""全心全意为人民服务""我们共产党人好比种子，人民好比土地""外因是变化的条件，内因是变化的根据""自己动手，丰衣足食""你要知道梨子的滋味，你就得变个梨子，亲口吃一吃""惩前毖后，治病救人""实事求是""放下包袱，开动机器""扫帚不到，灰尘照例不会自己跑掉""搬起石头打自己的脚""前途是光明的，道路是曲折的""夺取革命的胜利，只是万里长征走完了第一步""警惕'糖衣炮弹'的袭击""没有调查就没有发言权""群众是真正的英雄""从群众中来到群众中去""世间一切事物中，人是第一个可宝贵的""政治路线确定之后，干部就是决定的因素""党委的同志必须学会'弹钢琴'""没有正确的政治观点，就等于没有灵魂""青年人朝气蓬勃，好像早晨八九点钟的太阳""虚心使人进步，骄傲使人落后"等。这些经典名言，让人耳熟能详、口口相传。在毛泽东的文章和讲话中，名言、俗话、故事比比皆是；比喻、拟人、排比等修辞方法的运用处处可见。旁征博引，时有马克思、恩格斯、列宁、斯大林、鲁迅、孔子、孟子、孙子、老子、朱子、韩愈、柳宗元，以《左传》《山海经》《史记》《淮南子》《三国演义》《水浒传》《西游记》《红楼梦》《资治通鉴》《聊斋志异》《伊索寓言》等内容的引用和活用，可谓通俗易懂、贴近百姓；形象生动、言简意赅；诙谐幽默、妙语连珠。读之听之，入耳、入脑、入心，让人终生难忘！毛泽东思想是大众价值内涵和大众化语言风格的完美统一，是马克思主义思想宝库中巨大的精神财富，教育和影响了一代又一代人。[1] 毛泽东于二十世纪四十年代在延安发起了整顿文风的"反对党八股"运动，迫切地要求全党改进文风与语言，将"文以载道"的优良文化传统继承下去。毛泽东认为，"党八股也就是一种洋八股"，"从历史上看，党八股是对于五四运动的一个反动"。"洋"即不是"土"，不是本土固有的东西，因而它不是一种"旧"，而是一种"新"，是一种"新八股"。这种东西之所以会成为"八股"，在很大程度上是由于其既"洋"且"新"的本性所决定的。"新"说明它尚未成熟，"洋"则意味着它还没有完成"中国化"与"化中国"的过程。外来的现代意念在很大程度上还处在概念化的阶段，像一个尚未附体的幽灵在中国大地上游荡，向往它、认同它的人们还停留在照抄照搬、鹦鹉学舌的水平，出现党八股是必然的。但存在并非都是合理的。党八股面目可憎，即使不被它毒害和俘虏，也会被窒息得喘不过气来。毛泽东为它罗列的八大罪状，在"空话连篇，言之无物""语言无味，像个瘪三"这类朴素而传神的嬉笑怒骂中，对党八股的切齿之恨溢于言表，从抨击其"到处害人"到"妨害革命"再到"祸国殃民"。当今，中国处于西方价值观念和政治制度"普世化"、国际舆论"西强我弱"的背景下，正面临着种种话语陷阱，需要加以警惕。加强思想政治教育和意识形态工作，就是要坚持走中国道路，防止西方话语陷阱。

其次，要建构思想政治教育话语体系。当前，在思想政治教育话语建设方面存在着一些现实问题。"有些思想政治教育报告十几年一贯制，拿着一张旧船票，每天都在重复着昨天的故事，实在乏味。"思想政治教育话语必须走出脱离实际、刻意制造"话语体系"的困境，多说真话、实话、心里话；多说言之有物、入情入理的"家常话"，用不同特色、不同风格的话语体系开展思想政治教育工作，增强其亲和力、感染力及解释力、影响力。思想政治教育要说明白话。思想政治教育容易出现的问题是，把本来并不难懂

---

[1] 李美玥.毛泽东思想的大众化语言风格[EB/OL].(2011-05-25)[2016-05-17].http://www.sxdaily.com.cn/data/llxw/20110525_97695512_5.htm.

的问题，经过理论"提升"，搞得谁都听不懂了。因此，思想政治教育就是要通俗易懂、深入浅出。深入而不深奥，浅出而不浅薄，生动而不生硬。思想政治教育要说管用的话，也就是要讲真话、实话，不要刻意追求一种什么样的语言风格，应是一种自然、真实的情感流露。既讲"大道理"，又讲"小道理"；既讲理，又动情，达到情通理顺，润物无声的效果。思想政治教育要会讲故事。思想政治教育是心灵与心灵的沟通，灵魂与灵魂的撞击。讲故事可以用生动的情节诠释情感，用最直白的语言传递信息，用质朴的方式碰撞心灵，拉近教育双方心理距离，增加亲近感、减少反感，增加感悟、减少灌输，增加情趣、减少刻薄，增加感同身受、减少居高临下。要把讲道理与讲故事结合起来，讲好、讲活、讲深人生故事，讲好、讲活、讲深中国故事，讲好、讲活、讲深世界故事，用生动故事、深刻道理，激励人们对真善美的追求，达到沁人心脾的效果。❶

第四节 思想政治教育的组织传播属性

一、思想政治教育的组织传播属性

从本质上说，思想政治教育是一种传播活动。传播可以分为自我传播、人际传播、群体传播、组织传播和大众传播五种类型。从思想政治教育的实践看，思想政治教育带有强烈的组织传播属性。

组织是"人们为实现特定目标而建立的共同活动的群体。它具有以下五个本质特征：一是有特定的组织目标。二是有一定数量（至少两个）的相对固定的成员。进入或退出一个组织必须按照一定的程序进行，特别是组织成员资格的取得一般都要经过组织的考核与审查。三是有制度化的组织结构。

---

❶ 田建国.思政教育需要清新话语［EB/OL］.（2013-05-17）［2016-05-18］.http://theory.people.com.cn/n/2013/0517/c107503-21518535.html.

四是普遍化的行为规范。它一般是以章程的形式出现，并作为组织成员进行活动的依据。五是具有开放性。人类社会组织包括政治组织（政党、政府、群众团体等）、经济组织（各种企业）、军事组织、教育组织（学校）、宗教组织等。其中，政党、政府、群众团体是典型的政治组织。组织传播是指"某个组织凭借组织系统的力量所进行的有领导、有秩序、有目的的信息传播活动"。❶ "组织传播的历史比大众传播早得多，大众传播出现后，有的组织有时会利用大众传媒发挥组织传播的作用。"❷ 组织传播最主要的特征就是传播必须凭借组织自身的系统进行，信息传播通道与组织系统是同一的，并且是以组织系统自身所固有的强制力为保证的。组织传播是以组织系统自身固有的强制力为保证的，从传播内容到传者和受传者之间的关系，都要符合组织的一定规范，这不同于两个人自由交谈那样的人际传播，愿意谈就谈，不愿意谈就走开，愿意谈什么就谈什么，组织传播不存在那样的自由。

思想政治教育作为某一阶级或政治集团有目的地对人们施加意识形态的影响以转变人们思想和行动的社会行为，它有着鲜明的阶级性和政治性。在阶级社会，统治阶级总是坚持用自己的意志培育人，宣传各种有利于加强统治的观点、理念，以期使教育对象认同其政治思想。在近、现代社会，随着西方政党政治的发展，资产政党的主要职能就是争取成为执政党，然后通过领导和掌握国家政权来贯彻实现党的政纲和政策，使自己所代表的阶级或阶层、集团的意志变为国家意志。同时，政党还应处理和协调与国家和与其他政党、社会团体及群众之间的关系。在政党完成其任务的过程中，思想政治教育是这一政治组织的重要职能之一。共产党是共产主义运动的组织者，也是对工人阶级及广大群众进行思想政治教育的主体。无产阶级政党成立后，就把对无产阶级群众进行思想政治教育和理论宣传，启迪无产阶级的思想政治觉悟，作为重要职能。无产阶级思想政治教育是工人阶级政党以马克思主义思想体系、共产主义信仰来教育人民，提高人们思想道德素质，动员人们

❶　郭庆光.传播学教程[M].北京：中国人民大学出版社，1999：81.
❷　魏永征.关于组织传播[J].新闻大学，1997（秋）.

为建设社会主义、实现共产主义而奋斗的实践活动。列宁指出，党不仅要"积极地对工人阶级进行政治教育发展工人阶级的政治意识"，而且要对来自非无产阶级阵营的人加以改造。也就是说，要"重新教育千百万农民和小业主，数十万职员、官吏和资产阶级知识分子，使他们都服从无产阶级的国家和无产阶级的领导，战胜他们中间的资产阶级的习惯和传统"。❶ 中国共产党从早期的共产主义组织到目前成为执政大党，始终把思想政治教育作为党组织的重要职能，坚持不懈地开展马克思主义的学习、研究和宣传，用马克思主义对自己的成员和进步群众进行积极的思想政治教育。

思想政治教育的组织传播属性体现在以下三个方面。

第一，思想政治教育传播对象是特定的。组织传播的受传者总是特定的。多数组织的传播对象是固有的，大至组织的全体成员，小至组织内的有特定身份的部分人群或个别人。例如，政党的文件，就有全体党员阅读、党的一定级别的干部阅读和最高领导层阅读等严格区分。教育组织的传播，其对象的特定性也是显而易见的。也有组织传播的对象是临时设定的，如开会、作报告，出席者总是事先按会议要求拟定的，有时还不限于某一组织；但是一经拟定，出席者就成为特定的受传者，有的会议对出席者有严格限制，不得任意更改，有的会议虽比较宽松，但仍然有一定的范围。除群众集会外，没有既定的出席对象的会议是不存在的。组织传播的传播范围总是有限的和有界的。思想政治教育中强调发挥党组织的作用，建立党、政、工、团全方位的工作格局，开展系统的党内教育实践活动，发挥党组织、学校、群众组织的战斗堡垒作用和党员的先锋模范作用，这些都体现出思想政治教育强烈的组织传播特征。

第二，组织信息传播带有一定的规约性。正式的组织有一定的领导和被领导、管理和被管理的统属关系和各种规范（纪律和规章制度等），对组织中的成员具有约束力和强制力。组织传播活动总是凭借组织的自身的系统进行，信息传播通道与组织系统是同一的，传播的动力来自组织本身具有的强

❶ 中央编译局.列宁全集(第4卷)[M].北京:人民出版社,1996:93.

制力。在组织传播中，受传者必须接受组织传来的信息，而不允许对接受还是不接受、接受这些信息或不接受那些信息作自由选择。如果受传者不接受或没有接受，往往会承担不利的后果。例如，如果党政干部要是不阅读上级文件，那么就势必发生失职行为；如果企业职工不听取管理人员的指挥，那么生产就无法进行；如果学生不认真听课读书，那么就不可能完成学业等。因而这类不接受组织传播的行为，有时本身也会遭到组织的制裁。思想政治教育的受教育者分为党组织内部的党员、政府机关的干部和党组织、政府以外的群众。在组织内部，对于党员、团员和官员的思想政治教育要求具有刚性的规约性特点。

第三，思想政治教育更多地强调传播的互动性。大众传播的信息走向是单向的、发散的，传播者只是通过媒介同受众发生间接联系，受众一般无法直接即时提问或发表异议，有时没有反馈是因为根本没有接受，有时接受了也不一定有反馈，传播者难以得到受众及时、完整的反馈，除非主动进行系统的调查。而"组织传播则可以也应该是双向的，这是以组织传播固有的双向通道为基础的"。❶ 那些以组织传播为任务的组织，如学校，则有着严格的反馈制度，如利用测验和考试来检验传播的效果。思想政治教育非常强调教育者与受教育者的双向互动。思想政治教育中的主体间性理论能够充分说明这一特点。根据马克思主义的交往理论，主体间性作为主体间关系的内在规定，"是指主体之间在语言和行动上相互交流、相互理解和双向互动、双重融合的关系，是不同主体间在实践中形成的发展共识，是不同主体通过共识关系表现的相关性和一致性"❷，主体间性以个人主体性为基础。如果人不成为主体，不具有主体性，人与人之间就不会有主体间性。主体间性意味着主体双方的彼此了解、彼此承认、彼此尊重、墨守共同规则，是主体与主体在交往活动中所表现出来的以共同主体性为中心的和谐一致性。一些学者对主体间性思想政治教育进行了界定："主体间性思想政治教育是指两种关系的

❶ 魏永征.关于组织传播[J].新闻大学,1997(秋).
❷ 徐承英.主体间性视域下的当代中国马克思主义大众化[J].毛泽东思想研究,2010(9).

统一：一种关系是教育者与受教育者都作为思想政治教育的主体，二者构成了'主体—主体'的关系；另一种关系是教育者与受教育者二者都是思想政治教育的主体，是复数的主体，把教育资料作为共同客体，与教育资料构成'主体—客体'的关系，这样的思想政治教育就是所谓的主体间性思想政治教育。"❶ 从这一视角出发，研究思想政治教育，使教育者和受教育者作为思想政治教育活动中共同存在、相互依赖的主体，教育资料则作为双方共同的客体，表现为"主体（教师）—客体（思想政治教育活动）—主体（学生）"的模式。教育者不再是教育活动的主宰，受教育者也不再是完全服从和依赖，双方通过平等的沟通和交流，促进双方思想品德的提升，从而使受教育者主动接受思想政治教育的内容，并内化为自己的思想、信念和价值取向等。

二、发挥组织传播属性，加强思想政治教育

无论是在夺取政权以前，还是在夺取政权之后，思想政治教育都被赋予了强烈的组织传播特征。思想政治教育始终是无产阶级政党的重要职能。而思想政治教育之所以产生显著的效果，除了其所传播的内容具有科学性外，关键在于无产阶级政党、政府、社会团体等为其提供了有力的组织保证。组织赋予思想政治教育具有了独特的政治属性。马克思和恩格斯在《共产党宣言》中指出，"共产党一分钟也不忽略教育工人尽可能明确地意识到资产阶级和无产阶级的敌对的对立。"❷ 习近平同志强调："意识形态工作是党的一项极端重要的工作。""领导干部特别是高级干部要把系统掌握马克思主义基本理论作为看家本领，老老实实、原原本本学习马克思列宁主义、毛泽东思想特别是邓小平理论、'三个代表'重要思想、科学发展观。"

组织使思想政治教育具有规约性。中国共产党党内整风、党内主题教育实践活动等实践都充分体现了思想政治教育的这一组织内部的规约性特

---

❶ 张耀灿,刘伟.思想政治教育主体间性涵义初探[J].学校党建与思想教育,2006(12).

❷ 中央编译局.马克思恩格斯全集(第1卷)[M].北京:人民出版社,1995:306.

征。思想政治教育强调实事求是，坚持走群众路线，把思想政治教育与解决实际问题相结合等要求是思想政治教育组织传播属性的重要体现。因此，面向当下和未来，应当充分认识到组织对于思想政治教育的重要作用，科学把握思想政治教育的组织传播属性，发挥党团组织优势，增强思想政治教育效果。

首先，要把思想政治教育作为党组织建设的重要任务。要进一步建立和完善学校党委统一领导，完善领导机制和工作机制，经常研究学生党建和社会主义核心价值体系建设工作，及时分析新形势，解决新问题。邓小平同志曾指出："我们说改善党的领导，其中最主要的，就是加强思想政治工作。"❶他还指出："党是搞什么的？工会是搞什么的？共青团是搞什么的？妇联是搞什么的？还不都是做政治工作的？政治工作是要做的，而且是要好好地做。"❷要将党建工作与思想政治教育工作有机结合起来，与推动经济发展和社会进步有机结合起来，与实现人的全面发展有机结合起来，切实发挥党组织的政治核心作用，充分发挥党的政治优势和组织优势，培养中国特色社会主义事业的合格建设者、可靠接班人和合格公民。

其次，要使共产党员努力成为学习实践社会主义核心价值观的模范。《中国共产党章程》规定，中国共产党党员是中国工人阶级的有共产主义觉悟的先锋战士。中国共产党党员必须全心全意为人民服务，不惜牺牲个人的一切，为实现共产主义奋斗终生。党员要认真学习马克思列宁主义、毛泽东思想、邓小平理论、"三个代表"重要思想和科学发展观，学习党的路线、方针、政策和决议，学习党的基本知识，学习科学、文化、法律和业务知识，努力提高为人民服务的本领。要发扬社会主义新风尚，带头实践社会主义荣辱观，提倡共产主义道德，为了保护国家和人民的利益，在一切困难和危险的时刻挺身而出，英勇斗争，不怕牺牲。党员要在生产、工作、学习和社会生活中起先进模范作用。这些是作为一名共产党员必须遵守的义务。党组织

---

❶ 中共中央文献编辑委员会.邓小平文选(第2卷)[M].北京:人民出版社,1994:365.
❷ 中共中央文献编辑委员会.邓小平文选(第2卷)[M].北京:人民出版社,1994:195-196.

在党员教育管理过程中，要从严要求，加强教育管理，使党员成为中国特色社会主义的高度认同和积极实践者。要严格党员标准，把政治标准放在首位，正确把握党员发展工作中培养与发展、质量与数量、思想入党与组织入党的关系，规范党员发展程序，制定科学规范的发展党员操作流程，充分挖掘党员发展工作中的思想政治教育功能。

最后，要发挥党组织在思想政治教育中的组织优势。要优化党组织设置，将党的基层组织延伸到社会生活的各个领域，发挥党员的榜样作用，增强中国特色社会主义理论、制度的吸引力和针对性。要加强党支部建设，健全和完善党支部的组织生活制度，创新党支部活动内容与方式，把思想政治教育的要求和标准贯穿其中，充分发挥党组织在学习、生活、工作实践中的组织作用。要突出发挥党组织的组织优势，完善党建工作制度和机制，促进党组织与社会群体、党员与群众的良性互动。要健全完善创先争优长效机制，组织党员深入开展群众路线教育实践活动，发扬党的优良作风，牢记党的宗旨，在学习实践中国特色社会主义理论体系方面，做到真心认可、热心支持、衷心拥护。

第五节　思想政治教育向新媒体延伸

新媒体的迅速发展及其对社会的影响要求必须重视新媒体，充分认识到新媒体的特点，深入分析新媒体给思想政治教育带来的机遇与挑战，利用好新媒体这一思想政治教育重要资源，推动思想政治教育向新媒体延伸，增强思想政治教育的实效性。

一、新媒体及其主要特点

近年来，新媒体在我国迅猛发展。新媒体对社会的影响越来越大，人们对新媒体的关注和研究也越来越深入。关于新媒体比较流行的定义是：新媒体是利用网络技术、数字技术，并通过宽带局域网、卫星、无线通信网和互联网等途径，以及电脑、数字电视、手机等终端设备，向大众提供各种信息与娱乐服务的一种传播形态。当前，网络媒体、手机媒体和广播电视新媒体是具有代表性的几种主要新媒体形态。网络媒体包括搜索引擎、门户网站、网络视频、网络广播、网络报纸/杂志、网络出版、网络社区、SNS、即时通信/电子邮件、PSS、博客、播客、微博、微信、网络游戏、网络动画和网络文学等一系列网络媒体形态。手机媒体包括手机报纸、手机杂志、手机出版、手机电话、手机广播和手机游戏等形态，手机向用户提供语音通话、文字短信、图铃彩信、音视频收听和无线网络通信等服务，使用户随时随地获取信息，因其高度的便携性、互动性、隐私性，以及多样化的信息服务等特点，被人们誉为继报刊、广播、电视、网络之后的"第五媒体"。广播电视新媒体是依托数字技术、互联网技术、移动通信技术等新兴科技，经过技术升级换代而产生的向大众提供信息服务的新形态，主要包括互联网广播电视、IPTV、手机电视、多媒体交互点播、公共场所视频载体等。截至 2016 年 6 月，中国网民规模已达到 7.10 亿，位居世界第一；互联网普及率攀升至 51.7%；我国手机网民达 6.56 亿。同时，当前我国正在积极推进宽带通信网、数字电视网和下一代互联网的"三网融合"。"三网融合"将导致各类媒体边缘淡化并相互渗透融合，使人们更加方便和快捷地使用文字、话音、数据、图像、视频等多媒体综合业务，大大加速新媒体的融合化与社会化的发展进程。

作为媒体领域一种新的技术，新媒体的信息传播有着与众不同的特点：一是超媒体，用户通过"点击"不仅可以获得相关的文本信息，还可以获得相关声音、影像信息。二是交互性，信息发送者和接收者之间的信息交流是双向的。信息的接收者也可以是发送者，真正实现了信息的双向交流。三是超时空性，新媒体利用全球互联网和通信卫星完全打破了地理区域的限制，使人们在地球的任何角落都可以接收到信息，提高了信息交互传播速度，实现了"零时间"即时传播。四是个性化信息服务，新媒体提供"点对点"的信息传播服务，使信息传播者可以针对不同的受众提供个性化服务。在新媒体环境下，信息传播者可以根据地址确定一个或多个受众向其传播特定信息。同时，受众对信息具有同样的控制权，受众可以通过新媒体定制信息、选择信息、检索信息。五是虚拟性，新媒体可以利用数字技术模拟制作真实世界信息，同时传播者与受众的角色大部分是虚拟的，彼此难以断定对方信息的真实性，建立在虚拟交流基础上的人际关系也因此而具有一定的虚拟性。

二、新媒体对思想政治教育的影响

《中国新媒体发展报告（2010）》指出，互联网正在全面渗透至政务、媒介、商务、医疗、教育、金融、农业等行业和领域，形成了一种崭新的社会文化形态——网络文化。这种网络文化改变了传统的信息产生和存在方式，深刻影响着社会、政府及公民的组织和行为方式。在此基础上，新媒体必然对思想文化领域，特别是思想政治教育领域产生重大影响。

（一）新媒体影响思想政治主客体的关系

一是教育者中心地位有所淡化。以往，思想政治教育在利用传统媒体进行教育的过程中，教育者不仅决定教育过程的存在与发展，而且决定信息内容的数量与质量、流量与流向。教育者是思想政治信息的主要传播者，充当"守门人"的角色，掌握着教育的决定权、主动权。在新媒体环境下，教育者难以对信息传播过程进行有效控制。新媒体不仅拉近了教育主体与客体的距离，而且二者在传播中还会发生换位，从而淡化了传播者的中心地位。二是受教育者主体性进一步突显。新媒体传播虚拟性的特点，使教育者的身份和信息是隐匿的，受教育者根据自己的价值判断对信息资源进行选择、加工、重组，从而更加平等地、主动地接受思想政治教育。同时，在虚拟空间中，受教育者容易摆脱各种顾虑，可以更加自由地表达自己的意见、张扬个性、抒发情感，从而显得更加"自我"，具有通过新媒体获取资讯的主动性。三是主、客体真正地良性互动成为可能。思想政治教育活动是一种双边活动，主体与客体的思想、信息、情感双向交流、交互作用，应建立在双方民主、平等、教学相长的基础上。在新媒体环境中，崇尚自由、平等和个性化的价值取向，打破了思想政治教育传统的主、客体形态和单一主、客体关系，形成了信息引导者和追随者的主、客体形态和多极交互主体性的关系。

（二）新媒体塑造了新的思想政治教育环境

"人创造环境，同样环境也创造人。"环境对思想政治教育有着重要的影响。思想政治教育环境既包括经济环境、政治环境和文化环境等宏观环境，又包括学校环境、家庭环境、企业环境等微观环境；既包括直接被人们所感知的实体性现实环境，又包括借助于传播媒介间接地意识和体验客观世界的虚拟环境。新媒体的环境塑造功能，主要体现为：一是新媒体会有力地塑造社会舆论。新媒体在现代社会话语传播结构中扮演着越来越重要的角色。一些新媒体事件因其具有传播速度快、受众参与程度高、社会轰动效应强的特点，而能够形成强大的社会舆论。在"华南虎""躲猫猫""郭美美""温州动车追尾"等新媒体事件中，充分展示了新媒体在揭露新闻事实、反映公共意见、发动舆论、营造舆论方面的作用。新媒体正是通过这一功能，对经济、政治、文化等现实问题进行放大和强化，形成强大的舆论环境，从而影响思想政治教育。二是新媒体冲击政治文化。在传统媒体环境下，人们关于政治组织、政治过程、政治关系、政治形式等政治认知的来源相对比较有限，国家能比较容易地控制传媒，用统一的内容塑造统一舆论和政治文化。新媒体打破了信息控制，极大地拓展了人们获取政治信息的渠道，改变了人们的政治认知和参政方式，推进了人们观察政治现象、政治活动参政、议政的深度和广度，影响人们的政治价值观。新媒体传播更多地体现了自由、开放、平等的理念和原则，创造了全新的、平等的、没有强权和中心的信息空间，为文化的多元传播创造了条件，统一的舆论可能会很快瓦解。同时，新媒体舆论对问题与矛盾的无限放大，对于当前重建社会主义核心价值观，树立共同的社会理想，无疑具有巨大的负面影响。从国际角度看，新媒体正在成为西方敌对势力攻击社会主义政治文化的最新武器。英国广播公司和美国之音向新媒体业务的"转身"，集中体现了西方国家利用网络和新媒体争夺话语权，掌控国际舆论新手段的政治意图。三是新媒体成为社会道德风尚的新推手。新媒体作为道德讨论平台，会迅速放大和强化社会道德事件，特别是对于网络欺诈、暴力、色情等诸多不道德信息的传播，会形成强大的道德舆论环境，直接影响社会道德状况，对青少年的成长特别有害。

（三）　新媒体催生着新的思想政治教育方式

经过长期的实践，我们党积累了丰富的思想政治教育工作经验，总结形成了理论教育、实践教育等多种教育方式和方法。在新媒体条件下，仅仅依靠传统的思想政治教育方式，显然已经不能满足工作的需要。以大学生思想政治教育为例，传统的思想政治教育方式，主要包括思想政治理论课堂、辅导员及班主任与学生面对面地沟通、通过党校和团校的实践活动等。但是，如今大学生正面临着不同以往的新媒体环境。据统计，目前，我国高校上网人数几乎达到高校学生数的100%；其中，有90.5%的大学生将互联网作为重要的信息渠道。校园里不用微博或者不看微博的学生，会被同学们视为"外星人"。社交网站、微博……这些新媒体已和当代大学生形影不离。新媒体营造的虚拟空间已成为大学生的"第二生存空间"。新媒体对于当代大学生来说，已不再是一种工具，而是一种环境，一种学习生活方式。传统的教育方式与当今大学生的生活方式已不适应，大学生思想政治教育正面临着"教育者的脚步落后于受教育者"的挑战。

三、推动思想政治教育向新媒体延伸

2014年2月27日，习近平同志主持召开中央网络安全和信息化领导小组第一次会议。他在讲话中强调，"网络安全和信息化是事关国家安全和国家发展、事关广大人民群众工作生活的重大战略问题。要从国际国内大势出发，总体布局，统筹各方，创新发展，努力把我国建设成为网络强国。"❶ 新媒体日益突显的重要性及其巨大影响，决定了要在深入研究新媒体背景下加强和改进思想政治教育的新思路，推动思想政治教育向新媒体延伸，占领这一思想政治教育新阵地。

（一）借助媒介整合趋势，加强主流新媒体建设

2013 年 8 月，习近平同志在全国宣传工作会议上强调要掌握网络舆论战场上的主动权。他指出："很多人特别是年轻人基本不看主流媒体，大部分信息都从网上获取。必须正视这个事实，加大力量投入，尽快掌握这个舆论战场上的主动权，不能被边缘化了。"❷ 为了适应媒体融合的新形势，2014 年 8 月 18 日，中央全面深化改革领导小组第四次会议通过了《关于推动传统媒体和新兴媒体融合发展的指导意见》。习近平同志指出，要强化互联网思维，坚持传统媒体和新兴媒体优势互补、一体发展，坚持先进技术为支撑、内容建设为根本，推动传统媒体和新兴媒体在内容、渠道、平台、经营和管理等方面的深度融合，要形成立体多样、融合发展的现代传播体系。当前，各传统媒体正在加快新媒体化，报纸、广播、电视、通讯社等传统媒体主导新闻传播和舆论宣传的状况也在发生根本性的变化。传统主流媒体和各种新兴媒体相互交融互动，协同发展的新格局正在形成。这为发挥主流新媒体的思想政治教育功能创造了宏观外部条件。思想政治教育工作者要按照社会主义文化发展的内在要求，主动把思想政治教育与国家文化事业相对接、与主流新媒体信息资源与实践资源相对接，形成思想政治教育的有效合力。

---

❶ 习近平.把我国从网络大国建设成为网络强国［EB/OL］.（2014-02-07）［2016-05-18］.http://news.xinhuanet.com/politics/2014-02/27/c_119538788.htm.

❷ 习近平.着力打造一批新型主流媒体［EB/OL］.（2014-08-18）［2016-06-02］.http://cpc.people.com.cn/n/2014/0818/c64094-25489714.html.

（二）运用新媒体，开发思想政治教育资源

在网络融合、媒介融合的发展态势下，新媒体发展的社会网络化和网络社会化趋势，使新媒体正在成为一种重要的思想政治教育资源。因此，首先要确立资源意识，充分认识新媒体对于思想政治教育的重要意义。要强化"阵地意识"，用科学的理论、健康的思想文化信息占领网络阵地。要开发新媒体思想政治教育资源，利用新媒体信息资源丰富的特点，丰富新媒体思想政治教育内容体系，保持社会主义主流意识形态的强势地位。可以利用新传媒的特色优势，通过创办"手机党报""手机电视台""微博""微信公众号"等数字化、网络化媒介，搭建起传播理论、交流思想、辨明真理、表达情感的新平台，把工作的触角延伸至基层，增强思想政治教育的针对性和覆盖面。

（三）健全工作机制，将新媒体纳入思想政治教育整体格局

站在新历史起点上，特别是面对新媒体迅猛发展的时代背景，需要在原有工作经验的基础上，充分考虑新媒体对思想政治教育的影响，强化阵地意识，健全相关工作机制，完善思想政治教育工作格局。在形成党委、行政、工会、共青团、妇联等齐抓共管的工作格局的基础上，积极创造条件，提供必要的政策和物质保障，鼓励思想政治教育主管部门搭建新媒体沟通、服务、教育平台，保证新媒体思想政治教育作用的有效发挥。同时，要提高教育主体运用新媒体开展思想政治教育的能力。新媒体打破了旧的限制，为思想政治教育主、客体沟通搭建起了方便的桥梁。通过新媒体方式，可以及时了解和掌握客体的思想动态和实际需求，对群众关心和困惑的问题、焦点问题、热点话题和实际问题，因势利导，及时解答、交流和沟通，帮助他们解决最关心的就业、工作、学习和生活等问题，从而使工作真正贴近群众、服务群众。运用新媒体开展思想政治教育要更多地体现主体、客体之间平等、民主、自由的交流原则，使受教育者能真正敞开心扉、自由交谈、畅所欲言，增强教育的吸引力、感染力、针对性和实效性。

（四） 加强媒介素养教育

在思想政治教育过程中，受教育者在接受教育的角度是主体，是新媒体使用过程中接受信息的主体。要通过媒介素养教育，使受教育者正确判断媒介信息的价值、意义和作用，并有效地使用和传播信息。特别是对于在校的大、中、小学生而言，可以利用学校教学科研优势，开设媒介素养教育专业课程和选修课程，提供生存于信息时代的技能，增强学习理解大众文化的能力，提高学生解读媒介信息的掌控能力，选择健康、正确媒介信息的能力。通过媒介素养教育培养学生对媒介信息的独立思考与批判的能力，使学生了解媒介再现现实、重构现实的功能，学会判断媒介信息的多重意义，学会有效地利用和控制媒介信息，为自身的全面健康成长和成才服务。

第二章 传播学视域下高校思想政治教育主体研究

无论是传播学还是思想政治教育的研究，主体都是其研究的一个起点和重要面向，因为在社会实践中，主体的地位和作用是无可替代的。如果把高校放在社会大环境之下，传播者和思想政治教育主体就有相当大的重合度，而如果把传播现象放在某个高校这样一个小型社会范围之内来研究，那么传播者和思想政治教育主体几乎可以合二为一。可见，传播学对传播者的研究为思想政治教育主体的研究提供了多方面的观察视角和理论借鉴。

第一节 高校思想政治教育主体研究

以传播学的视角来观察高校思想政治教育主体的现状，是在传播学视域下创新高校思想政治教育理论与实践的逻辑起点。

一、高校思想政治教育主体研究概述

（一）传播主体研究概述

传播学的主体，即传播者。对传播主体的研究就是对传播控制的研究。

众所周知，传播学的学科基础之一就是"三论"，即信息论、控制论和系统论。对传播主体的研究其实质就是对传播现象的控制研究。

这种控制研究体现在两个方面：一是传播者对大众传播过程的控制，是指传播者对信息的选取与传播方式，也包括以传播效果为导向传播学研究等。二是传播者所受的社会因素的控制，这种制约既包括宏观的社会背景，如政治、经济、社会、文化发展状况，也包括中观上的与个体传播者有关的媒介机构和社会组织、体制和制度等，以及微观上一定社会环境下传播者个体之间的互相影响。

例如，在"9·11"和伊拉克战争中，美国的许多职业传播者和机构就大量撤销了与当时环境不相符合的商业广告，而换上了爱国广告或较严肃的广告，尽管这一举措使电视网损失了10亿美元的广告收入。再比如，中国广电总局对"超女""非诚勿扰"等娱乐节目的干预，限制娱乐的出台等，都说明传播主体不可能是孤立存在的。

传统传播学研究把传播主体分成不同的层级：个体传播者、媒介机构和组织、社会体制和制度。所谓个体传播者指的是各种传播角色，如记者、编辑、导播、播音、演员、节目主持人、作家、撰稿人、教师和学者等；所谓媒介组织，是指专门从事大众传播活动，以满足社会需要的社会单位或机构，如通讯社、报社、杂志社、电视台、广播电台和电影制片厂等；传播体制和制度则是直接或间接地对大众传播起控制和制约作用的社会规范体系。

1956年出版的赛伯特、彼得森、施拉姆等传播学早期学者的著作《报刊的四种理论》，分析了不同社会性质下的传播制度，并把世界上的传播制度分为如下四种。

第一，集权主义理论的传播制度。学者们认为，这种理论发展于十六世纪、十七世纪的英国，现在在很多地方仍被广泛接受并采用。这种理论的思想源泉是君主和政府绝对权力的哲学思想，它的主要目的在于支持、推进现政府的政策，为国家服务。它的特点在于传播媒介的所有权归独裁统治者所有，实行严格的新闻检查和言论控制制度。例如，柏拉图曾经在他的"理想国"中试图证明社会制度必须以三个等级的存在为基础：第一等级即最高等级负责管理国家；第二等级负责维持国家秩序；第三等级从事生产劳动。柏拉图认为这种等级支配制度是自然的、不变的，完全否认民众具有参与国家政治事务的能力和权利。

第二，自由主义理论的传播制度。学者们认为，这一理论发展于 1688 年之后，为英、美等西方国家采用，也影响世界其他地方。他们认为，这种理论来源于弥尔顿《论出版自由》、米尔《论自由》等人的启蒙性思想著作，来源于理性主义和自然权利等基本哲学思想。学者们认为，这一传播制度的主要功能在于了解真相、监督政府。自由主义的传播制度的特点在于大众传播不受政府控制，传播者具有传播的自由，具有多样化、多元化，具有反映和代表多种不同的意见、能够自由竞争，自由营业等特点。有必要说明的是，人们在传播实践中很快发现，在自由主义传播制度下，大众传播媒介可能不受政府控制，但是不可能逃避资本的控制。在资本的控制下，媒介所有者逐步形成了垄断，使其他声音的发出者根本无法进入这个领域，实际上也就不可能真正实现意见的自由竞争。事实上，大众传播媒介为了获取利润，大量报道肤浅和刺激性的新闻事件，娱乐内容也缺乏积极性和创造力。

第三，社会责任理论的传播制度。这一理论发展于 20 世纪的美国，1947年美国"新闻自由委员会"出版《自由和负责任的报刊》成为这种理论的思想源泉，这一理论还源于美国社会媒介从业者的实践和媒介自律守则。社会责任理论强调大众传播媒介对社会和公众应该承担一定责任和义务，它是对自由主义理论的一种修正。但是，由于社会责任理论的传播制度仅仅把希望寄托于"媒介自律"，因此它在传播实践中取得的效果是微乎其微的，记者和编辑的各种错误也导致人们对媒介组织的可信度降低。实际上，美国对这一传播制度也是在不断的修订之中。例如，美国在 1996 年颁布了《1996 年电信法》，这部法律就规定了限制暴力和色情内容的"V 芯片"制度和节目内容分级制度。

从目前的状况而言，西方尤其是美国政府对自由主义理论和社会责任理论的实用主义态度很明显：一方面，在国内传播领域更强调社会责任理论，因为它有助于维持国内传播秩序的稳定；另一方面，在跨国传播或全球传播领域，则更强调自由主义理论，主张信息流通的绝对自由，反对发展中国家对外来信息进行自主管理。由此，人们可以得出结论，所谓信息流通的自由，只能是少数传播大国的自由。很多学者认为，今天的自由主义理论，实际上已经蜕变成了个别传播大国推行文化帝国主义的工具。2013年爆发的"斯诺登事件"，即美国监控丑闻，更加说明了这个问题。

第四，极权主义理论的传播制度。这几位学者认为，这一理论发展于苏联，是集权主义的变体。他们认为，极权主义理论的传播制度的主要目的是为苏维埃社会主义制度的成功和发展做贡献，特别要服从政党的专政。他们认为，这一传播制度的特点表现为所有媒介归国家所有，为人民服务。在这一传播制度下，传播属于上层建筑，应当从属于经济基础并且反映经济基础，应当从属于一定的阶级并且维护该阶级的利益。例如，1918年，第五次全俄苏维埃代表大会通过了第一部苏联宪法，其中第14条规定："为保障劳动者享有真正表达自己意见的自由，俄罗斯社会主义联邦苏维埃共和国消灭出版事业对资本的从属关系，技术与物质手段一律交归工人阶级与农民掌握并保障此等印刷品在全国自由地传播。"

从制度传播的角度看，今天的学者们普遍能够比较客观地看待前人们所总结的报刊的四种理论。

以阿特休尔为代表的学者们，发表了《权力的媒介》《权力代言人》等著作。他们一般认为，在《报刊的四种理论》中，施拉姆等人的观点为："自由主义"和"社会责任"蕴含褒义，"集权主义"和"共产主义"则蕴含贬义，这实际上反映了作者的世界观，显然也反映了当时东西方世界冷战的格局。这些学者认为，由于历史与社会情境的不同，在不同的国家，即使社会制度相同，传播体制也可能大相径庭，而施拉姆等人显然是忽略了垄断性商业力量对媒介的重要影响。阿特休尔等人认为《报刊的四种理论》是冷战思维的产物，已经过时不再适用了。他们得出这样六点结论。第一，在所有的报业体系中，新闻媒介都是那些实施政治、经济权力者的代言人。因此，报纸、杂志、广播并非独立的行为者，尽管它们存在实践独立权力的潜力。第二，新闻媒介的内容总是反映资助报纸的那些人的兴趣。第三，所有报业体系都依据自由表达的原则，但是自由表达是用不同的方法定义的。第四，所有报业体系都赞成社会责任的教义，宣称自己可以满足人民的需要和兴趣，并声明它们愿意提供让人民参与的渠道。第五，新闻院校传播该社会的意识形态与价值取向，他们生活于其间，并不可避免地帮助权势者继续控制新闻媒介。第六，新闻实践与理论总是不同的。阿特休尔得出结论："报业的历史表明，报纸及其现代变种已越来越趋向满足那些自私的资助者的利益；与此同时，媒介还在制造不朽的假象，仿佛新闻是为广大消费者服务的。期望新闻媒介发生戏剧性的逆转，指望它们嘲弄那些资助报业的大财阀，就是陷入了最狂热的乌托邦式幻想。"❶

尽管《报刊的四种理论》已经过时，甚至在开始时也并不十分符合事实，但它在传播学历史上仍然起到了奠基性作用。后来学者们对传播控制——传播主体的研究，基本从借鉴《报刊的四种理论》开始，从而创新出了新的传播主体研究理论。如信息生产理论、符号学、把关及把关人理论、新闻专业主义、舆论学、话语权研究等，都与此不无关系。

（二）思想政治教育主体研究概述

中共中央、国务院颁发的《关于进一步加强和改进大学生思想政治教育的意见》（中央十六号文件）指出，思想政治教育工作队伍是加强和改进大学生思想政治教育的组织保证，要全面建设大学生思想政治教育的三支队伍，即大学生思想政治教育工作队伍主体是学校党政干部和共青团干部，思想政治理论课和哲学社会科学课教师、辅导员和班主任。中国共产党十六大以来，不仅从学科建设和学术研究的角度对高校思想政治教育主体有了更深的认识，在实践上，主体建设也取得了长足的进步，三支队伍建设都取得了很大的

---

❶　赫伯特·阿特休尔.权力的媒介[M].黄煜,裘志康,译.北京:华夏出版社,1989.

成绩。

高校思政教育者扮演着政治上的引导者、思想上的教育者、行政上的管理者、广大高校学生的服务者和心理健康知识的传播者等多重角色。这决定了高校思政教育者必须具备较高的政治素质、良好的文化素养和较强的业务能力、执着的敬业精神和高尚的道德情操，以及健康的心理素质和基本的心理学知识。主体居于高校思想政治教育工作的主导地位，在传播学视域下，主体的传播行为已经是人们一种基本的生存方式，对传播效果发挥着决定性作用。高校思想政治教育主体作为思想政治教育的组织者和实施者，这支队伍的状况与思想政治教育实践效果密切相关。可以说，对主体的研究一直是思想政治教育学科体系和教育实践中的重要内容。梳理主体研究的发展历程，对于充分认识传播学视域下思想政治教育主体的概念、地位和作用都有着重要意义，对于高校思想政治教育主体队伍建设，以及素质不断提高都有着重要意义。

在思想政治教育研究中，持"三要素说"的研究者认为，思想政治教育系统是由教育者、受教育者和教育要求三个要素组成，或由教育者、受教育者和教育环境三个要素组成。也有持"三体一要素说"的研究者认为，思想政治教育是由教育者、受教育者和教育环境三个独立的实体和媒介要素组成的。受教育者所处各种环境的总和，主要包括社会环境、单位环境、家庭环境和社交环境，是思想政治教育的决定性条件。媒介要素包括教育目的、教育内容、教育手段和教育活动四个方面。还有持"四要素说"的研究者认为，思想政治教育是由教育者、受教育者、教育环境和教育介体四个要素组成的。教育介体包含教育内容和教育方法，这种观点同"三体一要素说"大体相当。可见，无论哪种说法，都把教育者和受教育者视为思想政治教育的组成要素，这是思想政治教育领域百家争鸣中为数不多的无分歧问题。❶

就思想政治教育学科体系而言，教育者和受教育者这一对概念是先在性的一对研究范畴，但思想政治教育过程是一个动态的实践过程和认识过程，

---

❶ 祖嘉合.对思想政治教育主体及其特性的思考[J].教学与研究,2007(3).

它与马克思主义哲学的认识论和实践论紧密相连。在思想政治教育学科体系内，"当我们着手分析思想政治教育者和受教育者在这一过程中作用的性质时，在描述它们生动丰富的相互作用和相互转化的情景时，教育者和受教育者这对概念就显得有些词不达意了。引进哲学认识论中的主体和客体的概念构成思想政治教育的主体和客体及其相互关系，可以更清晰地表达思想政治教育中的教育者和受教育者相互作用的性质和相互转化的情景"。❶

在思想政治教育学科体系引入哲学意义上的主体和客体这一对研究范畴，极大地丰富和拓展了思想政治教育的理论与实践，也使思想政治教育主体的研究日益丰富，涌现了多种主体说，如"单一主体说""双主体说""多主体说""主体际说"和"主体间说"。

"单一主体说"是思想政治教育领域关于主体和客体讨论中一种具有代表性的观点。"单一主体说"可以分为教育者主体说和受教育者主体说。前者认为，教育者是思想政治教育活动的发动者，因而教育者是主体。后者则认为，教育者是为受教育者的成长、发展服务的，因而受教育者是主体。

思想政治教育领域中的"双主体说"也有两种说法：一种观点认为，教育者和受教育者互为主、客体，从施教过程看，教育者是主体，受教育者是客体；从受教过程来看，受教育者是主体，教育者是客体。这种观点是"双主体说"最普遍的说法。另一种说法是，教育者和受教育者都符合哲学认识论中关于主体的界定，即双方都是有意识、有目的、并在一定社会关系中从事实践活动、认识活动的现实的人。因此，教育者和受教育者都应该成为主体。

"主体际说"认为，思想政治教育过程是在教育者与受教育者的互动交往过程中，通过"主体—客体—主体"的转化过程实现的。在这个转化过程中，教育者和受教育者结成"主体—主体"的关系，即一种主体际关系。"主体际说"中的客体是受教育者在接受教育过程中由客体转化为主体，与教育者构成主体—主体的关系，这种转化是在空间中的实在的转化。

---

❶ 祖嘉合.对思想政治教育主体及其特性的思考[J].教学与研究,2007(3).

"主体间性思想政治教育是指两种关系的统一：一种关系是教育者与受教育者都作为思想政治教育的主体，二者构成了'主体—主体'的关系；另一种关系是教育者与受教育者二者都是思想政治教育的主体，是复数的主体，他们把教育资料作为共同客体，与教育资料构成'主体—客体'的关系。这样的思想政治教育就是主体间性思想政治教育。"❶

北大祖嘉合教授认为，"由于思想政治教育的主、客体双方，都是在社会中生活着的人，实际活动着的主、客体关系，是相互的、双向的关系。客体也具有主体的属性，主体也兼有客体的属性，从而双方都各具有主体、客体二重性。这样，从地位来说，思想政治教育者处于主体地位，受教育者处于客体地位；从属性来说，思想政治教育主体是'客体性'的主体，受教育者是'主体性'的客体，这就构成了世间主、客体关系中最为特殊的一类。这就是思想政治教育认识论研究的特殊问题。"❷

"传者—受众"的关系也是传播学中的一对重要的研究范畴，也有传播学者把哲学上"主体—客体"的概念引入传播学研究中，他们指出传播者与受众地位的同等重要性，以及他们之间的互动和相互转化是非常重要的。这样的研究观点与思想政治教育主体研究有异曲同工之处。本项目赞同"客体性"主体和"主体性"客体的观点。但是在研究和表述的过程中，本章主要是研究和强调"客体性"主体，并从效果的角度反观思想政治教育实践，拓宽视野，将高校思想政治教育主体界定为以下三个科层：一是中央十六号文件中所说的"三支队伍"，我们称之为"个体主体"；二是这三支队伍所各自依托的机构和学校，我们称之为组织主体；三是思想政治教育所依靠的社会体制与制度、主流意识形态等，我们称之为制度主体。习近平同志在2013年8月19日—20日召开的全国宣传思想工作会议上强调，意识形态工作是党的一项极端重要的工作。他要求党校、干部学院、社会科学院、高校、理论学习中心组等都要把马克思主义作为必修课，成为马克思主义学习、研究、宣

---

❶ 张耀灿.思想政治教育学前沿[M].北京:人民出版社,2006.
❷ 祖嘉合.对思想政治教育主体及其特性的思考[J].教学与研究,2007(3).

传的重要阵地。2013 年 12 月，中组部常务副部长陈希在第二十二次全国高等学校党的建设工作会议上强调，高校党委要肩负起抓好意识形态工作的政治责任，强化自觉性、增强坚定性、提高战斗性。坚持马克思主义在高校的指导地位，加强马克思主义理论体系学习教育，广泛开展社会主义核心价值观学习教育，深入开展"中国梦"的宣传教育，着力培养社会主义事业合格建设者和可靠接班人。要努力建设高素质的教师队伍和思想政治工作队伍，加强教育教学阵地建设和管理，建好、管好、用好网络阵地，不断创新意识形态工作话语体系，创新思想政治工作方式方法，创新高校新闻宣传方式。习近平等中共领导人的讲话，在某种程度上，从高校思想政治教育传播实践的角度，也进一步印证和诠释了高校思想政治教育主体的三个科层，以及它们的地位与相互间的关系。

我国传播制度基本上本着坚持党的领导、正面宣传为主、正确舆论导向与监督、真实性等原则，所建立起来的传播制度起维护、巩固和发展中国特色社会主义社会制度的能动作用，与其他有中国特色社会主义的各项社会体制和制度一道，协调互动，促进整个社会的和谐、良性运行。如果传播制度与社会发展不相适应，乃至失控则可能影响社会其他制度乃至根本制度的稳定。传播学与思想政治教育在本质上同属于社会科学，虽然其自身的发展规律有各自的特点，但在深层次上，它们遵循着相同的发展规律。必须认识到，中国高校思想政治教育的主体任务和责任是中国特色社会主义的伟大实践所赋予的，而这与中国特色社会主义传播学主体研究在目的与目标的层次上又是一致的。可以说，传播学为思想政治教育主体研究提供了全方位的可供借鉴的视角。

二、高校思想政治教育主体的现状描述

二十世纪八十年代，我国在高校设立思想政治教育专业。30 年来，思想政治教育人才培养的规格、层次、目标等不断完善和拓展。时至今日，全国思想政治教育专业学科已经有博士点 75 个、硕士点 282 个、本科办学点 271

个，共招收、培养硕士生 5.9 万人、博士生 7900 多人，学科领域涵盖了学士、第二学士、硕士、博士、博士后等各学位层次的人才培养体系。全国高校辅导员人数从 4 万多人已增长到 12 万多人，大多数学校编制基本达标。2006 年教育部发布的《普通高等学校辅导员队伍建设规定》，对辅导员队伍建设作出规定并制定出规划，全国建立教育部高校辅导员培训和研修基地 21 个（各省还有更多辅导培训基地），均设在有思想政治教育专业博士点的高校；组织编写并出版了辅导员培训系列教材；每年还拿出 100 个博士生指标、1000 个硕士生指标，专门招收辅导员攻读学位，辅导员的学历结构和整体素质正在稳步提高。[1] 在思想政治教育主体队伍中，不乏敬业爱生、倾心育人的先进模范。如，活跃在新媒体平台学生最信赖的"50 后"辅导员彭凌，架起手语沟通桥梁的听障学生辅导员刘海涵，开拓就业市场，帮助 5000 多名学生顺利就业的皇晓东……他们只是全国 12 余万名高校辅导员的缩影。高校辅导员作为学生的人生导师和知心朋友，表现出了良好的政治素质、业务能力、工作作风，成为一支受学生欢迎的育人队伍，经过他们的潜心努力，促进学生全面发展、健康成才。

思想政治教育主体的发展离不开党的重视和教育行政部门的支持。2013 年 6 月 25 日，教育部印发了《普通高等学校思想政治理论课教师队伍培养规划（2013—2017 年）》的通知（教社科〔2013〕4 号）（以下简称为《通知》）。《通知》指出，该培养规划的指导思想是坚持以邓小平理论、"三个代表"重要思想、科学发展观为指导，紧密结合教育规划纲要实施，紧紧围绕深入推进中国特色社会主义理论体系进教材、进课堂、进学生头脑，实现高校思想政治理论课教学状况明显改善的目标，不断增强思想政治理论课教师推进中国特色社会主义理论体系"三进"的责任感、使命感和荣誉感，建设一支"让党放心、让学生满意"的高校思想政治理论课教师队伍。该规划要达到的目标是：进一步完善教育部、地方、高校三级既分工负责又相互衔接的思想政治理论课教师培养培训体系，以加强师德建设和提高教师业务水

---

[1] 张耀灿.十六大以来大学生思想政治教育的回顾与瞻望[J].思想政治教育,2013(4).

平为中心，以提高理论素养为基础，以创新方法为载体，以强化科研能力为支撑，以完善制度措施为保障，以提高教育教学质量为目的，通过全员培训、骨干研修、在职攻读学位、国内考察、国外研修、以项目选人和选人给项目等多种途径，努力造就数百名政治坚定、理论功底扎实、善于联系实际、具有较高教学水平和科研能力的领军人物、中青年学术带头人；培养数千名思想政治理论素质高、业务精湛、具有发展潜力的教学一线骨干教师；建设数万名坚持正确方向、师德高尚、业务熟练、结构合理的专业化教师队伍。为加强和改进大学生思想政治教育，培养德智体美全面发展的中国特色社会主义事业合格建设者和可靠接班人做出贡献。该规划还制定了详尽的计划、途径和措施，宣传推广计划和组织领导措施等。

从整个社会宏观的角度来看，与中央和教育行政部门的重视、支持形成比较强烈对比的是，市场经济与思想政治教育的价值取向产生的一时难以解决的矛盾。例如，市场经济求利、赢利、效率第一、优胜劣汰的竞争原则与思想政治教育重理想、信念、道德、责任，平等互助、团结合作、共同进步等价值取向之间矛盾突出，以及市场经济强调等价交换原则与思想政治教育强调奉献牺牲精神之间的矛盾突出……这当然是多年来市场经济与社会主义要素之间的融合度不高造成的，是社会主义市场经济发展过程中一定会遇到的问题，也是在进一步深化改革的过程中一定会解决的问题。但是，高校思想政治教育主体不是生活在真空中的，由于工作对象和内容的特殊性，思想政治教育主体无时不在这社会大潮的漩涡中打转，没有相当程度的定力，就会彷徨、迷茫，甚至迷失方向，必然在思想政治教育主体的整体水平、从业态度、职业行为、教育理念等方面产生负面影响。多项调查研究的结果都显示，在全国高校思想政治教育工作者当中，认为压力大、收入低、现实社会认可与回报不足、感觉竞争激烈的大有人在，对目前工作的满意度不高，职业倦怠感明显的也不乏其人。

从高校这一中观层面来看，从中央到地方各级教育行政部门，对思想政治教育工作都很重视，但是具体到各个高校，情况则大有不同。一些高校思想政治教育处于人们所说的"说起来重要，做起来次要，忙起来不要"的状态当中。在某些高校领导心目中，思想政治教育工作往往被置于无足轻重的地位。有些思想政治工作者表示没有受到应有的尊重。政策制定与资源分配上的不公，教学研究经费不足和职务晋升困难等都成为思想政治教育工作者的困扰。

从人际传播的微观角度看，高校思想政治教育工作者常常感受到来自社会、同行其他专业教师，甚至受到教育对象（大学生）的轻视。"人天生就是社会的生物，那他就只有在社会中才能发展自己的真正天性。"大多数教育工作者都会认为工作最大的成就是获得社会的认可和肯定，思想政治教育工作者也不例外。这种轻视对高校思想政治教育工作者来说是致命的，对他们献身教育事业的理念，他们的职业道德感和职业认同感都造成很大冲击，这终将导致思想政治教育队伍的不稳定。

上述现状亟须改变，而改变必须对环境有充分、全面和深刻的认识，诚如中共十六届六中全会《决定》所指出的："我国已进入改革发展的关键时期，经济体制深刻变革，社会结构深刻变动，利益格局深刻调整，思想观念深刻变化。"高校思想政治教育环境的日益复杂，机遇从来都与挑战并存，危机往往孕育着生机。2014年4月，在纪念思想政治教育学科设立30周年的学术研讨会上，教育部思政司司长冯刚在论及思想政治教育学科发展时指出："当前，思想政治教育学科建设面临难得的发展机遇，也遇到很多热点、难点和前沿性问题，具有普遍性、集中性和迫切性的特点，我们需要从世界眼光、中国情怀、时代特征三个维度统一上来推动思想政治教育创新发展。"2014年，"思想政治教育中青年杰出人才百人计划"启动实施。社会对思想政治教育工作者寄予了更高的期望。在纪念学科建设30周年的学术研讨会上，中国人民大学马克思主义学院博士生导师、"长江学者"刘建军教授提出："思想政治教育工作者要追求思想家的高度、政治家的深度、教育家的温度。"这应该是对社会关切的一种回应。"他山之石，可以攻玉。"借鉴传播学的理论和方法，创新思想政治教育主体队伍建设的思路与方法，对高校思想政治教育的理论与实践都具有重大意义。

三、高校思想政治教育主体存在的问题分析

马克思主义认为："人创造环境；同样，环境也创造人。"不同历史时期的思想政治教育主体因时代背景不同而呈现出不同的特征。同时，在思想政治教育传播过程中，思想政治教育主体的权威性、政策水平、理论素养、学识层次、人格魅力等，都会影响到大学生的接受程度，以及高校思想政治教育的实效。把思想政治教育主体置于传播学的理论框架内来分析，会开拓人们的视野，加深人们对环境与思想政治教育主体之间关系的认识，找到问题的症结所在，使问题得到真正解决。

从传播学的视角来看，思想政治教育活动是一种重要的传播活动，是思想政治教育传播者有意识、有目的对受教育者施加影响，通过思想政治教育信息（内容）的传递、接受与反馈，以达到彼此共享、互动、共识的社会行为、活动和过程。随着信息传播技术的迅猛发展，新媒体层出不穷，环境发生了极大的改变，研究思想政治教育传播者如何面对机遇，迎接挑战，提高自身素质，以及对增强思想政治教育的实效性都具有重要意义。从传播学的视角来观察思想政治教育主体存在的问题，大致体现在如下五个方面。

第一，从思想政治教育主体的传播观念的角度来看，主体责任意识淡化，缺乏主体间的协同与互动。按照传播控制理论，传播者既要控制传播过程，如选择信息、运用传播方法、研究传播效果，也要受媒介组织机构和传播体制制度的控制。这是一个复杂的社会系统，各要素之间的良性互动，是高效传播的必要前提。如前所述，高校思想政治教育主体也包括三个科层，由低向高依次为：个人——机构或组织——体制和制度。处于最高层的思想政治教育体制和制度，通过中央和各级教育行政部门，表达出思想政治教育工作的极端重要性，并为提高思想政治教育主体的最低科层（个人）的理念、兴趣、素质和能力等，想了许多办法，制定了具体、详细的政策、计划、方案和措施等。然而，由于受到改革开放以来市场经济大潮的冲击，思想文化领域，世界观、人生观和价值观领域，都呈现出越来越多元多样多变的色彩。

当这些具体而详细的政策、计划、方案、措施等传达下来，由于缺乏对思想政治教育重要性的深刻领悟，认识水平提高不上去，高校对思想政治教育重视不够，措施乏力，贯彻上级指示流于表面和形式，面对检查和评估更是处于"临时抱佛脚"的应付状态。所有这些因素反映到思想政治教育工作者身上，便给他们造成了很大、很多的困难和困扰，甚至是困惑。他们对自己所从事的工作难以上升到事业的层面来认识，工作压力大和认可程度低的反差，使处于最低科层的三支队伍中的一些人感到身心俱疲，并使其工作的主动性、积极性和自觉性都受到打击，责任意识下降。这些现状的产生固然有其客观性，但显然三个科层之间沟通交流不畅，高层意志难以得到高效传播和贯彻执行，各科层之间，各科层内部之间缺乏良性互动，表现在工作上不仅难以形成主体间的协同和创新，而且还常常出现相互掣肘的情形。这个问题是存在于高校思想政治教育主体中的根本性问题，它触及各方利益，涉及主体本身的思想政治教育理念、态度、情感和行为，如果不能有效解决，势必殃及高校思想政治教育的本质与核心。

第二，从思想政治教育主体的传播素质来看，思想政治教育主体的媒介素养参差不齐。当我们把思想政治教育的过程看成传播过程时，思想政治教育主体作为把关人，其媒介素养直接影响高校思想政治教育的大局，进而辐射到整个社会的思想政治教育情形。当前，世界范围内传播环境发生了极大改变，由于数字鸿沟的客观存在，各科层的高校思想政治教育主体对新媒体、自媒体、全媒体的把握程度存在很大差异。例如，有的老教师甚至不会使用电子邮箱，更不用说微博、微信等新的媒体形态，甚至还有相当一部分中老年教师直到今日还患有"技术恐惧症"。笔者曾为本课题在问卷星上设计了一个调查问卷，目的是调查高校思想政治教育工作者利用网络开展工作的情况。这个调查在网上挂了一个多月，没有人主动填写，后经笔者用链接网址的方式推送给相熟的同行，京、哈两地共有 40 名高校思想政治工作者接受了此项调查，其乐于并擅于运用网络进行工作的比例因年龄增长而呈现较大幅度的递减趋势。而大学生群体是接受技术进步最快的一个群体，他们往往比教师更先了解新闻资讯，更先了解社会热点、焦点问题。如果高校思想政治教育主体在复杂多变的网络传播环境下未能占据主动，对社会热点、焦点问题未能做出正确的编码、读码和释码，则大学生群体很容易受到社会负面因素的影响，产生错误的思想认识，从而使高校思想政治教育大打折扣。伴随着信息传播技术的飞速发展，信息化社会的到来，传播日益成为人类一种重要的生存方式，可以说每一个公民都是媒介公民。而在网络新媒体环境下，主体与客体的地位很容易发生变化，传者很容易变成受者，而受者也可以是传者。作为高校思想政治教育的主体，理应不断提高自身的媒介素养，始终走在时代发展的前列。在这个传媒空前发达的时代，一方面自身要做到对媒介产品始终保持清醒的认识，不断增强对不良媒介信息的批判意识和免疫力，要忠于事实、坚持真理，担当起社会道义和服务公众的责任，做一名合格的思想政治教育传播者；另一方面也要帮助大学生提高媒介素养，帮助大学生做一个"耳聪目明"的"受众"。在这个信息社会里，在与各种媒体的互动过程中，客体性主体（高校思想政治教育传播者）和主体性客体（高校思想政治教育受众）都能成为负责任的媒介产品的制造者和传播者。

第三，从思想政治教育主体的传播能力来看，整体水平不高。《辞海》（1999年）对"能力"的解释为："成功地完成某种活动所必需的个性心理特征，分为一般能力和特殊能力。前者指进行各种活动都必须具备的基本能力，如观察力、记忆力、抽象概括力等；后者指从事某些专业性活动所必需的能力，如数学能力、音乐绘画能力和飞行能力等。人的各种能力是在素质的基础上，在后天的学习、生活和社会实践中形成和发展起来的。"作为调节和适应环境的一种本领，"能力"（competence）长期以来都被视为人类一种必不可少的素质。人类依靠"能力"建立联系和同盟，从而使社会得以生存和延续。作为一种状态，"能力"是指在日常生活中有效地将自我与他人进行联系的学习本领。传播能力尤其重视所使用的行为技能：如何设定和完成传播目标，如何在社会网络中与他人进行有效的合作，以及如何妥善适应情景与环境的变化。❶ 可见，传播能力的概念与内涵应包含素质和行为两个维度。只有把"素质"和"行为"结合起来，才能取得传播的实际效果。这与对思想政治教育主体的要求是相一致的。不论哪一科层的思想政治教育主体，即思想政治教育这一特定传播内容的传播者，在这传播环境大发展、大变革的时代，都必须不断提高自身的传播能力，充分展现自身的素质和行为能力，才能取得思想政治教育传播的实效。而现在思想政治教育主体三个科层体现出来的传播能力都存在一定的问题，如应对媒体和社会舆论的滞后性、主体间缺乏联系与互动等，都是主体传播能力不足的一种表现。

第四，从思想政治教育主体的传播方法来看，方法单一、亟待拓展。思想政治教育传播不是一个简单地把思想政治教育的内容通过理论讲授和其他多种媒体加以传达就能实现预期效果的活动，思想政治教育传播讲求规律和技巧。高校思想政治教育工作者能否掌握传播方法，直接关系到思想政治教育的实效性。在思想政治教育传播过程中，要选择传播通道和传播载体的方法、编码的方法、吸引受教育对象的方法等，在准确理解和把握思想政治教育的实质和精髓的同时，运用多种多样的传播方法把思想政治教育内容传达给高校大学生。可见，提高思想政治工作者的传播技能，丰富其方法，是提高思想政治教育效果的重要手段。在当前新媒体环境日益形成的条件下，高校思想政治工作者更要努力创新思想政治教育传播的方式、方法、手段和途径，尤其要善于驾驭新型社交媒体，如微博、微信等，积极进入即时在线的网络生活世界，平等地与大学生一起分享互联网思维带来的理念和价值，把握网络话语主动权。只有这样才能在思想政治教育实践中占据主动，实现教育思想与新媒体环境的深度融合，从而实现更灵活的思想政治教育的整合与教化功能。

第五，从思想政治教育主体的传播效果来看，缺乏评估监测体系，亟待借鉴传播学理论，以研究制定科学有效的评估体系。

---

❶ 陈国明. 论全球传播能力模式 [J].浙江社会科学,2007(7）：131-139.

第二节　传播学相关理论及启示

一、媒介素养理论

(一) 媒介素养理论概述

《辞海》(1999 年) 将"素养"定义为：① 在长期训练和实践中所获得的技巧或能力；② 平时的品行、气质等修养。这里也把素养归纳为由后天训练和实践而获得的技巧、能力以及思想、品行、气质等修养。

媒介素养是人们生活在社会上认识和使用媒介的一种能力。1933 年，英国文学批评家利维斯和他的学生丹桑普森发表了文化批评论著《文化和环境——培养批判意识》，学界一般认为这是媒介素养理论的发端。随后，在欧美地区，有关媒介素养理论的研究和媒介素养教育的实践便风靡开来。

伴随着信息传播技术的发展和人类传播方式的改变，媒介素养理论日臻成熟和完善，大体上经历了各具模式特点的四个发展阶段。

媒介素养理论发展的第一个阶段的特征，可以概括为：印刷媒介时代的"甄辨抵御模式"。这一阶段以工业文明的蓬勃发展为背景，学者们认为，工业文明的进步，印刷媒介在信息传播方面的广泛运用，并不必然地带来文化的进步。利维斯和桑普森在《文化和环境——培养批判意识》一书中指出，新兴的大众传媒在商业动机的刺激下所普及的流行文化，往往推崇一种"低水平的满足"。这种低水平的满足将误导社会成员的精神追求，尤其会对青少年的成长产生各种负面影响。(消除负面影响的) 主要方式是通过对青少年进行媒介教育让他们有能力抵御大众传播媒介的毒害。[1] 这种抵御模式的

---

[1] Frank Raymond Leavis & Denys Thompson, Culture and Environment[M].Connecticut:Green Wood Press, 1977.

学说在当时得到了普遍的认可。

媒介素养理论发展的第二个阶段的特征，可以概括为：电子时代的"鉴赏批判模式"。雷蒙·威廉斯是二十世纪中叶英语世界最重要的马克思主义文化批评家，文化研究的重要奠基人之一，其主要著作有1958年出版的《文化与社会：1780—1950》《漫长的革命》《乡村与城市》《电视：科技与文化形式》等。他在著作中表示，希望能建构起一种有用的文化与传播的关系，改善传播体制，为创造更完美的民主共同体服务，最终实现文化共同体。这些思想直接影响着媒介素养内涵的转变，即从对大众媒介与"大众文化"的甄别与抵御，转变成对"大众文化"进行审美的鉴赏。❶

到了二十世纪六十年代，英国学者斯图亚特·霍尔在他的著作《大众艺术》中否定了工业革命前英国的传统文化和工业时代大众文化之间的对抗。同时，也批判了美国大众媒介研究中采取的功能主义视角。霍尔认为，美国的大众传播研究是建立在对当前的社会制度、秩序、结构与组织上的认同之上的；而霍尔从媒介和社会的动态关系中来考察大众媒介及传播活动，认为媒介可以透过其意识形态的表意作用参加对文化霸权的争夺。由此，媒介素养理论逐渐从抵御媒介影响转向意识形态批判。他说："种族主义和媒体直接涉及的就是意识形态问题，媒体的主要运转意义就在于其对意识形态的生产、运转和输送，对媒体种族建构的干预就是对意识形态领域的干预。"霍尔提出的观点是英、美两个不同的学派——批判主义学派和经验主义学派的"分水岭"。

二十世纪六十年代至二十世纪七十年代，电视已在美国普及，成为美国人获取文化信息、形成观念意识的源头之一。与此同时，美国社会上各种暴力事件频发，如肯尼迪总统遇刺、反战游行、女权运动等。在此背景下，伯格纳及其同事在美国"全国暴力成因及预防委员会"的资助下开展了名为"文化指标"的大型研究项目，其核心部分发展为涵化理论（也称"培养理论"）。伯格纳认为，接触电视较多的人比接触电视较少的人更容易认同电视所描绘的世界，而电视所描绘的世界又基本上存在一种普遍的规律，即都

---

❶ 李兆前.雷蒙德·威廉斯的"文化"概念透视［J］.文学前沿,2005(1):63-70.

在灌输社会的主流意识形态和文化价值。其中，受电视影响最大的是儿童与青少年群体。二十世纪八十年代之后，涵化理论受到一些学者的质疑，伯格纳对研究进行了调整，不再注重观众看电视多少与他们认知行为之间的关系，而是将重点放在电视内容对其他方面态度的影响，并称之为"主流效果"研究。他认为，每个人的审美、信念和价值观都不尽相同，这种多元化的倾向，因为观赏电视而变得与电视上呈现的主流意见相认同。因此，电视在社会文化传播中能够发挥整合作用。❶

二十世纪七十年代以后，媒介素养理论及媒介素养教育在美国社会越来越得到重视。

媒介素养理论发展的第三个阶段的特征，可以概括为网络时代的"赋权模式"。这一变化主要是因为二十世纪末以来，信息传播技术的革命性发展，互联网逐渐覆盖全球，改变了社会的媒介生态和人们的媒介观念，各行各业、各类人群都逐渐认识到要在互联网上寻求生存之道。媒介素养的学者们也逐步认识到："媒介素养的研究者不应该以自己的判断和体验代替受众的判断和体验，而是应该在双方互动的交流与学习中一起理解媒介的内容与影响，帮助受众发展一种认识媒介、建设性使用媒介的能力。"❷ 美国传播学者马斯特曼形象地将这种媒介素养理念称为从"家长制"到"赋权"的过渡。媒介素养理论的这一转变，恰好也契合了当时传播学以传者为研究中心向受众为研究中心的转变。

媒介素养理论发展的第四个阶段的特征，可以概括为新媒体时代的"参与模式"。进入新世纪，随着信息传播技术的进一步更新，媒介融合的进一步实现，新型社交媒体不断推陈出新，新媒体环境日益形成。在新媒体环境下，人们在享用互联网带来的便捷与福利的同时，负面效应也不断地大量涌现。这些负面效应体现在经济、政治、文化、社会的方方面面，体现在教育上，受影响最大或者说受害最严重的群体则是青少年。简单粗暴的封堵方法

---

❶　姚劲松.中国发展新闻学新闻价值观的系统建构[J].当代传播,2010(3):29.

❷　毕玉.境外媒介素养教育的理论与实践探究[J].新闻界,2008(1).

于事无补，于是，人们在媒介赋权模式之后，又对媒介素养有了新的要求——媒介参与。这实际上是人类社会在先进生产力的引领下已经迈出的步伐。各国除了要从本国实际出发，立法制规，开展互联网治理之外，与之并重的是要从理论和实践上开展本土化的媒介素养理论研究和教育实践。

经过八十多年的发展历程，媒介素养理论内涵不断充实、发展，在美国和西欧已成为一个比较成熟的学科。1997 年，卜卫在《论媒介教育的意义、内容和方法》一文中系统地介绍了国外媒介素养教育的起源与发展、媒介素养教育的意义、内容与途径，这是中国媒介素养理论研究的起点。经过 20 世纪九十年代末学者们的介绍和引入，二十一世纪初，媒介素养理论研究和教育实践在中国逐渐开展起来。当然，还存在着很多问题。例如，更多停留在介绍西方发达国家已有研究和实践成果，一些关键性的核心概念和方法基本上是借用西方国家的界定与理解等。这些显然是不合适的，因而很多学者提出了从我国实际出发，建构本土化的媒介素养理论体系。

从抵御到批判到赋权再到公民参与，媒介素养理论是一个具有强大生命力的知识体系，它随着时代的发展不断地发育出更新的理念和更高的要求。媒介素养理论蕴含着与时俱进的丰富内涵，媒介素养的动态发展既切合了科技进步和社会发展的时代要求，又符合人类追求民主与自由的文化诉求，因此具有极强的前瞻性、兼容性和普适性。❶

那么，到底什么是媒介素养？对这个问题的回答有很多种，各个国家的学者根据本国情况的不同，给出了具有本国特色的定义。1992 年，美国媒体素养研究中心明确了媒介素养的定义：媒介素养是指在人们面对不同媒体中各种信息时所表现出的信息的选择能力、质疑能力、理解能力、评估能力、创造和生产能力和思辨反应能力。❷ 也有国外学者认为，媒介素养是"在印刷媒体或非印刷媒体等各种形式媒体中获得信息、分析信息、评估信息、传

❶　汤书昆,孙文彬."媒介素养"演变的历史与文化探析[J].东南传播,2009(1):172.
❷　张玲.媒介素养教育——一个亟待研究与发展的领域.[J].现代传播,2004(1).

播信息的能力"。❶ 中国学者张开认为，媒介素养是传统素养（听、说、读、写）能力的延伸，它包括人们对各种形式的媒介信息的解读能力，以及批判性地观看、收听，并解读影视、广播、网络、报纸、杂志、广告等媒介所传输的各种信息的能力，当然还包括使用宽泛的信息技术来制作各种媒介信息的能力。❷ 中国学者陈力丹则认为，媒介素养分为两个层次：一个是公众对于媒介的认识和关于媒介的知识，另一个是传媒作者对自己职业的认识和一种职业精神。它主要包括以下四层含义：① 正确认识媒介的性质和功能。② 培养对媒介信息的批判意识和批判能力。③ 提高对不良信息的辨认能力和免疫力。④ 学会有效利用大众传媒为自己的生活、工作和发展服务。这两种定义基本上涵盖了媒介素养理论的基本要素。

可以说，媒介素养是教育学和传播学的交叉衍生物，它从产生的第一天起就有明确的目标——改善人的媒介生存环境。媒介素养教育学者詹姆斯·波特（James Potte）在他的《媒介素养》一书中就媒介对人们的影响做了形象的比喻："媒介传播效果对人的影响就像天气对人的影响一样，无处不在，无时不有，并且有着各种各样的存在形式。例如，有时使人发抖，有时使人浑身湿透，有时还会使人灼热无比。依据现代科学，人们尽管对天气的特性和变化有了一定的认识，但仍然很难精确地预测或控制天气的变化，尤其无法知道什么时候、什么人会被雨淋着、会被寒流冻着。无论气象局如何先进，它也控制不了天气的变化。然而，就个人来说却能有效地控制气候对自身的影响。例如，我们可以携带雨具或躲在屋子里，等阳光明媚时再走出房子拥抱灿烂的阳光。"❸ 这个比喻朴素而贴切，说明了现代社会个人拥有媒介素养的重要性。

（二）媒介素养理论对思想政治教育主体建设的启示

如前所述，媒介素养理论是传播学和教育学交叉融合的产物。高校思想

---

❶ David Considine：An Introduction to Media Literacy：The What，Why and How To's［J］．The Journal of Media Literacy，Volume 41.

❷ 张开.媒体素养教育在信息时代［J］.现代传播，2003（1）.

❸ W.James Potter.Media Literacy［M］.London：Sage Publication，2001：260.

政治教育是人类教育的一种，又何尝不是人类传播活动的一种？要实现思想政治教育的目的和目标，就必须实现思想政治教育的有效传播，提高思想政治教育主体的媒介素养。媒介素养理论给思想政治教育主体的启示是多方面而且是重要的。

第一，高校思想政治教育主体提高媒介素养符合事物发展的规律，具有客观必然性。媒介素养从本质上来说是主体的知识和能力的组成部分，它是人类实现传播的基础和保障，因而也是思想政治教育主体实现思想政治教育有效传播的基础和保障。加拿大传播学者麦克卢汉曾经说过："任何媒介都有力量将其假设强加在没有警觉的人的身上。预见和控制媒介的能力主要在于避免潜在的自恋昏迷状态。为此，唯一最有效的办法是懂得以下事实：媒介的魔力在人们接触媒介的瞬间就会产生，正如旋律的魔力在旋律的头几节就会施放出来一样。"❶ 这就给思想政治教育主体一个非常重要的启示，即作为思想政治教育主体，一定要与时俱进，不断提高自身的媒介素养。因为价值理性上的认同，反过来也能够促进人们工具理性的提高，从而帮助自身更好地积累知识，了解和把握媒介，能够正确理解、建设性地享用大众传播资源，提高自身媒介批评能力，在接受和传播信息的过程中自觉甄选、抵制错误的信息，提高辨别能力，自觉做到不造谣、不信谣、不传谣，使自身能够充分利用媒介资源提升传播能力，完善自身知识结构，传播正能量。

第二，高校思想政治教育主体提高媒介素养具有广泛性。在当前社会，提高媒介素养应成为每个公民的自觉要求，高校思想政治教育主体更应该属于高度自觉的群体。媒介素养理论研究和教育实践，已成为一个国际性的公共议题。当前，通过媒介素养教育的手段使公众得以抵御媒介所产生的种种消极影响，已是世界各国通行的做法，它使受众能够在欣赏媒介所传播的丰富信息的同时，批判性地认识传媒系统的运行机制，不断地更好地促进媒介发挥自身的积极功能，从而丰富社会文化，最终推动国家的经济发展、政治进步和文化繁荣。1982 年，联合国教科文组织在德国慕尼黑召开的国际媒介

---

❶ 马歇尔·麦克卢汉.理解媒介——论人的延伸[M].何道宽，译.南京：译林出版社，2011：26.

教育会议上公布的《媒介素养宣言》中宣称："我们生活在一个媒介无处不在的社会，与其单纯谴责媒介的强大势力，不如接受媒介对世界产生巨大影响这一事实，承认媒介作为文化要素的重要性。"如果我们不想在新一轮国际软文化的竞争中再次失去机遇和机会，如果我们希望通过提高文化软实力来提高我们国家的综合实力，那么，通过提高国民的媒介素养来打造并提升文化软实力的竞争力，就是一条必经之路。

第三，高校思想政治教育主体提高媒介素养具有长期性。这种长期性体现在媒介技术迅速发展上，体现在新媒介不断变化推陈出新的过程中，体现在人类社会发展的过程中。形式与内容相结合，人类的传播形态也将千变万化。正如陈卫星教授在解读麦克卢汉的相关理论观点时所指出的："传播中最本质的事情不是表述，而是媒介自身……一种新的媒介的产生就会引起人类社会生活的变化，引起社会结构的变化，不管这种媒介传播什么内容……传播技术的任何进展都会引起人类事务的规模、步伐或类型上的变化。"[1] 因此，提高高校思想政治教育主体的媒介素养也是一个无止境的教育和自我教育过程。只有认识到这一点，高校思想政治教育主体才能在思想上、理论上和实践上为提高媒介素养做好全面的准备。

二、把关人理论

（一）把关人理论概述

"把关"的概念是由美国传播学四大奠基人之一卢因最先提出来的。他认为，食物从生长到变成餐桌上的佳肴这一进程中存在着一些"把关人"，这些把关人在每一个环节决定着食物的去留。1947 年，卢因在他的《群体生活的渠道》一文中再次提出"把关人"的概念。他认为："信息总是沿着含有门区的某些渠道流动，在那里，或是根据公正无私的规定，或是根据'守

---

[1]　陈卫星.麦克卢汉的传播思想[J].新闻与传播研究,1997(4):31.

门人'的个人意见,对信息或商品是否被允许进入渠道或继续在渠道里流动做出决定。"❶ 也就是说,只有符合群体规范或把关人价值标准的信息内容,才能进入传播的渠道。

正式将"把关人"概念引入新闻传播学领域的却是美国传播学者怀特于1950 年发表的一篇名为《把关人:新闻选择的个案研究》的论文。该论文出自这样一项研究:怀特用一周的时间,对美国一家早报公司电讯主编选择报道内容的方式进行了调查。怀特认为,大众传媒的新闻报道不是"有闻必录",而是一个取舍选择的过程,并提出了著名的公式:输入信息−输出信息=把关过滤的信息。这种取舍具有高度的主观性,并基于主编自己的经验、态度和预期定式得出。从新闻事实到稿件与读者见面这一过程中,存在决定是否刊出新闻稿件的把关人,而怀特的研究正是强调了这一过程中编辑个人的主观因素。

后来的学者开始不断地发展与完善怀特的研究。麦克内利的"新闻流动"理论(1959 年),认为在信源与信宿、新闻事件与受众之间存在一系列把关环节,这一系列把关环节组成一条对信息进行层层筛选的"把关链",能够畅通无阻地通过的信息便没有多少了。盖尔顿和鲁奇的"选择性把关"理论(1965 年)认为,在一般的情况下,编辑在选择一则新闻是否进入下一步的流动领域,主要是审视新闻是否具有如下因素:时间跨度、强度或阈限价值、明晰性、文化相近性、一致性、出乎意料、连续性、组合性和社会文化价值观念。除了上述的新闻因素外,社会或守门人的社会观念和文化价值也会影响选择。巴斯的"双重行动"理论(1955 年)在确定媒介的把关地位后,他将媒介把关过程分为前后相连的两个阶段,即"双重行动"。其中,第一重把关行动是新闻采集(记者),第二重把关行动是新闻编辑(编辑)。他认为,真正的"把关人"是从事新闻采集的人或组织。❷

"把关人"理论后来逐渐受到质疑。之后一些学者提出,一些机构和制

---

❶ 郭庆光.传播学教程[M].北京:中国人民大学出版社,1999.
❷ [英]丹尼斯·麦奎尔.大众传播模式论[M].祝建华,译.上海:上海译文出版社,1987.

度规范也会影响新闻稿件的取舍，强调把关活动的组织性。吉贝尔在他的论文《新闻是报人们创造的东西》（1964 年）中提出："新闻并不是一个独立的存在，新闻是人的一个产物。这些人是某家新闻采集（或新闻原创）机构的成员。记者的个性在很大程度上受到个人之外的因素的调节。"也就是说，"把关人"并不似怀特所说的那样，是完全按自己的主观意志行事的，新闻"把关人"的个人态度的重要性，在有关创作和编辑稿件方面，仅次于新闻机制和官僚制度。他要承受两方面的压力。一是信源的压力。因为信源的目的就是要传播自己的价值观念并劝说公众与自己一致，所以它并不理会新闻传播规律和职业特点；二是新闻机构的压力。雇主的价值是必须接受的整个新闻制作环境中的一个部分。因此，决定新闻取舍和强有力的因素不是对新闻本身性质的评估，而是随着这条新闻而来的压力，夹在这一中间的"把关人"，实难有很大的作为。❶ 因此，"把关人"并非孤立的个人，参与"把关"的实际上是一个组织。

随着研究的深入，"把关人"理论逐渐向组织、社会体制的扩展和演化，带动了整个"把关人"研究的全面变化，转变为对社会控制的研究。基本支撑理论是大众传媒作为社会系统的一部分，必然会受到来自社会系统其他部分的影响。社会体制系统中存在着各类"把关人"，不仅仅是编辑和记者，如图 2-1 所示。

总而言之，信息在传播的过程中并不是自由流动的，从采集、写作、编辑到发布，每一个流程都存在"把关人"。他们决定什么信息可以传播，以及怎样传播。他们直接掌握着信息发布的权力，导致最终通过筛选进入公众视野的信息是有限的，其原因有以下三个方面。一方面，他们个人的知识结构、意见和态度影响报纸的版面和内容，记者在采集和制作新闻的时候，可以选取自己感兴趣的话题，从自己的立场、观点出发采集资料并把这些观点融入新闻作品中以影响受众。编辑可以在编辑新闻的时候通过一些特殊的编排手段，如字体的大小、色彩的深浅、标题的制作，以及配发评论等多种手

---

❶ 黄旦."把关人"研究及其演变[J].国际新闻界,1996(4).

段来传递自己的观点。另一方面，新闻编辑和记者作为新闻机构的成员，也会受到来自组织和行业规范的约束和压力，他们在新闻价值的指导下进行信息的编辑和发布。最后，媒介机构作为整个社会系统的一部分，由于政治体制、经济制度和法律规制的不同，也会形成独特的媒介体制，最终影响记者和编辑的行为。

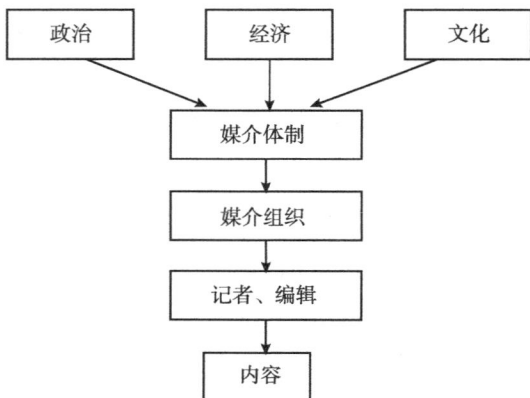

图 2-1　社会体制系统中的各类"把关人"

（二）"把关人"理论对思想政治教育主体建设的启示

第一，思想政治教育主体同传播主体（把关人）一样，在特定的社会系统中地位重要并发挥主导性作用。可以说，思想政治教育主体和传播主体（把关人），都是统治阶级意识形态的维护者和宣传者，都具有鲜明的阶级性。马克思曾经指出："统治阶级的思想在每一时代都是占统治地位的思想，这就是说，一个阶级是社会上占统治地位的物质力量，同时也是社会上占统治地位的精神力量。"❶ 因此，"既然他们作为一个阶级进行统治，并且决定着某一历史时代的整个面貌，那么不言而喻，他们在这个历史时代的一切领域中也会这样

❶　中共中央马克思、恩格斯、列宁、斯大林著作编译局.马克思恩格斯选集(第一卷)[M].北京:人民出版社,1995:98.

做。这就是说，他们还作为思维着的人，作为思想的生产者进行统治，他们调节着自己时代的思想的生产和分配。"❶ 可以说，思想政治教育主体和传播主体一样，都是"调节自己时代的思想的生产和分配"的中坚力量和职业队伍。他们的职业使命都是用符合统治阶级要求的思想和理论对被教育者（也即受众）进行产生实际效果的教育（传播），用活跃于欧美之间的著名传播学者丹尼斯·麦奎尔的话说就是："媒介必须把国家的发展目标（经济、社会、文化和政治的）放在最重要的位置上……媒介的社会责任优先于媒介的权利和自由。"❷ 在高校思想政治教育实践中，思想政治教育主体就是把关人。

第二，新闻把关人和思想政治教育把关人（主体）一样，应具备很高的素质和能力。就思想政治教育主体而言，可分为制度主体、组织主体和个人主体；就把关人而言，可分为制度把关、组织把关和个人把关。三个科层的主体之间的关系并不是平等的，三个科层之间自上而下地上一科层涵盖了下一科层，起到决定其属性的作用，自下而上地下一科层存在于上一科层所"设置"的环境之中，起到维护或破坏的作用。三者之间的关系不是孤立静止的，而是互动变化的，三个层次的主体之间是辩证统一的关系。

"把关人"理论告诉我们：第一道把关人——新闻记者、编辑需要有很高的素养和能力。因为它决定传播活动的存在与发展，决定传播内容的质量与数量、流量与流向，以及对受传者的反应起着主导作用。它在整个的传播过程当中担负着搜集、整理、选择、处理、加工和传播信息的重任，并根据传播目的、信息和受众的具体情况等，对信息进行把关、过滤，最后再将过滤好的信息编码传递给受传者，对受传者产生影响。

在思想政治教育实践中，很多时候制度主体、组织主体的功能和作用，要靠个体主体表达出来，这就对个体主体的素养和能力也提出了很高的要求。

---

❶　中共中央马克思、恩格斯、列宁、斯大林著作编译局.马克思恩格斯选集(第一卷)[M].北京:人民出版社,1995:98-99.
❷　姚劲松.中国发展新闻学新闻价值观的系统建构[J].当代传播,2010(3):29.

因为它是主导因素，是思想政治教育过程的组织者和引导者，起着控制、选择、加工和传导的作用，需要依据一定社会或阶级的要求有目的地对受教育者施加教育影响，它是思想政治教育实践的直接"把关人"。与新闻把关人一样，思想政治教育把关人一定要敏感，具有洞察力，这是至关重要的。新闻记者的政治敏感是指新闻记者对宏观形势和宏观政策的理解和把握，是新闻记者发现新闻线索的洞察力、判断新闻价值和把握舆论导向能力的综合体现。新闻工作者应该时刻保持对社会生活敏锐的观察反应能力，从当前的事物之中预见到它的发展趋势。高校思想政治教育个体主体也应该具备并保持这样的敏感与洞察力。与新闻把关人一样，思想政治教育把关人也必须具备正确的世界观、人生观、价值观和辩证思维方法。对把关人而言，新闻框架理论认为，"新闻的构建，同时为受众构建了一种解释的框架，因为它表现了事实"。同样，思想政治教育主体在教育实践中也会影响教育对象的世界观、人生观、价值观和思维方法。再比如，高尚的社会公德和职业道德，以及广博的知识储备和媒介素养，也是新闻把关人和高校思想政治教育把关人所必须具备的。

第三，"把关人"理论还告诉我们，说到底，在人类传播活动中起决定性作用的是特定历史时期特定的社会制度。也就是说，制度传播、组织传播的力量很大，在人类传播活动中发挥着主导性作用。如果我们把思想政治教育看成一种传播实践，那么制度主体和组织主体，当然也包括制度主体和组织主体的代表者个体主体，在其中发挥着强大的主导性作用。这也再一次证明了搞好高校思想政治教育主体的建设是非常必要的，高校思想政治教育主体要擅长利用制度传播、组织传播的力量，推进高校思想政治教育实践取得实效。这就要求在思想政治教育实践过程中，思想政治教育三个科层主体之间要保持良好的互动、交流和沟通关系，在思想政治教育实践中协同创新，不断把高校思想政治教育推向前进。

三、议程设置理论

（一）议程设置理论概述

"议程设置"这一概念,由美国学者麦克斯维尔·麦库姆斯唐纳德·肖一起,在1968年美国总统选举期间提出的。❶ 当然，学者们也指出，这一思想源于李普曼的《公众舆论》，尽管他并没有提到"议程设置"这样的概念。他们通过对1968年美国总统选举期间查普尔希地方媒体对选民的投票态度影响的实证研究发现，得出这样一个结论：即媒介议程对公众舆论具有强大的议程设置能力。如果大众传媒集中报道某个议题（或人物），那么这些议题（或人物）就会成为受众重点关注的对象。他们的研究印证了传播学者伯纳德·科恩的观点："在多数时间，媒体在告诉人们该怎样想（what to think）时可能不成功；但它在告诉读者该想些什么（what to think about）时，却是惊人的成功。"❷ 这一研究也突破了新闻传播学界长期以来的流行观点，即大众传媒对受众的影响力十分有限，从而开创了一个新的研究领域和研究时代。这就是议程设置研究。

以麦库姆斯为代表的一大批传播学者深入研究的媒介议程设置理论，可以概括为两个层级五个研究领域。

两个层级的第一个层级是指各类媒介（报纸、电视、电台和网络等）是如何通过新闻传播将媒介议程（media agenda）转化为公众议程（public agenda）的。第二个层级是指媒体不仅能够成功设置公众议程，而且通过对议题（或人物）的属性描述，影响受众对该议题（或人物）态度和判断。媒介议程设置的两个层级已大大修正了科恩的观点。麦库姆斯等人认为，媒体

---

❶ 麦克斯韦尔-麦库姆斯.议程设置理论概览:过去,现在与未来[J]. 新闻大学,2007(3).
　　蔡雯,戴佳.议程设置研究的历史、现状与未来——与麦库姆斯教授的对话[J].国际新闻界,2006(2).

❷ Bernard Cohen.The Press and Foreign Policy[M]. Princeton：Princeton University Press,1963:13.

的议程设置功能不仅体现在告诉人们想什么，还能影响人们怎么想。❶

第一个研究领域即"议程设置的基本效果"研究。得出的重要结论就是发现了媒介议程和公众议程之间存在较强的相关性。这一领域还包括对影响媒介议程设置效果强度变化的因素是什么的研究。在什么情况下媒介效果较强？在什么情况下效果较弱？为了回答这一问题，学者们将"导向需要"（need for orientation）的概念引入了议程设置理论，即需求小产生弱效果，需求大则产生强效果。

在网络媒体充分发展起来以后，2007年，麦库姆斯针对一些学者对"网络媒体议程设置的基本效果"的质疑，对这一问题进行了进一步的论证。他认为，要否认网络媒体的议程设置的基本效果，有两个主要假设有待检验。

第一个假设是，许多人上网并经常到各种网站去浏览新闻、信息与评论，因而网络上存在大量细分的网络受众，网民将广泛地分散在各种各样的网站中。

但麦库姆斯等学者们通过研究认为，当前，虽然当下社会中的信息富裕者与信息贫困者之间的差异——数字鸿沟正逐步得以克服，但并没有消失，传统新闻媒介仍然繁荣，并仍然是公众习以为常的新闻来源。

第二个假设是，与人们接触各家传统新闻媒介上大同小异的议程不同的是，人们在网络上接触到的议程会高度分散。而麦库姆斯等人的结论是：许多受欢迎的新闻媒介网站都是传统媒体的网络版，是网上的报纸、杂志、电视网和有线电视新闻频道。网站所呈现的议程在很大程度上和传统新闻媒介议程相匹配，与传统媒介形成"交响"之势。

---

❶ Maxwell McCombs.Setting the Agenda:The Mass Media and Public Opinion[M].2004.David H. Weaver,et al..Media Agenda-Setting in a Presidential Election: Issues, Images, and Interests. New York: Praeger, 1981.Maxwell E. McCombs and Donald L. Shaw.The Evolving of Agenda-Setting Research:Twenty-Five Years in the Marketplace of Ideas[J]. Journal of Communication, 1993,43（2）:58-67. Dietram A. Scheufele.Framing as a Theory of Media Effects[J]. Journal of Communication,1999,49（1）:103-122. Joe Job Hester and Rhonda Gibson. The Economy and Second-Level Agenda-Setting: A Time-Series A-nalysis of Economic News and Public Opinion about the Economy[J]. Journalism and Mass Communication Quarterly,2003,80（1）:73-90.

由此，麦库姆斯等人否认了以上两个假设，得出结论：在媒介系统持续变化的情况下，无论新闻媒介的议程设置基本效果是否会与几十年前基本相同还是会最终消失，检验议程设置效果都将至少是未来一段时间里重要的研究议程。

第二个研究领域即"属性议程设置"研究。在传统议程设置效果关注的主要领域——注意力层面，"议程"被抽象地定义为一系列客体，而这些客体也各有自己的"属性"（attributes），就是可以用来描述它们的很多特征和特性。当新闻媒介报道一个客体时，以及当人们谈论和思考一个客体时，客体的一些属性被突出强调，而另一些属性则被一带而过。对议程中的每一个客体来说，都有一个属性议程，而这个属性议程会影响到我们对该客体的理解。

传统议程设置效果和属性议程设置效果均涉及显著性的转移。这个研究领域有一个核心命题，即随着时间的推移，媒介议程中报道对象的显著性会转移到公众议程上，媒介不仅能成功地告诉我们去想什么，而且能成功地告诉我们如何去想。

第三个研究领域即"议程设置效果的心理学"研究。公众在对媒介议程做出反馈时，存在相当大的个体差异。这些差异很大程度上可以由"导向需求"（need for orientation）这个概念来解释。这个概念基于这样的观点，即人们对自己周围的世界具有天生的好奇心。新闻媒介提供了对广泛的各类公共话题的这种导向作用。通过媒介了解公共事务和接受媒介议程，这两种行为通常都会随着导向需求的提高而增加。从理论上讲，导向需求可以用两个概念来定义，即相关性（relevance）与不确定感（uncertainty）。相关性低意味着导向需求低，相关性高与不确定感低导致中等导向需求；而相关性高与不确定感也高则意味着高导向需求。举例来说，选举新闻对那些有意在总统选举中投票的人来说，相关度是高的；而由于这些选民尚未做出决定，他们的不确定感也很高，因而他们的导向需求也高。

第四个研究领域即"媒介议程的来源"研究。一些学者提出："如果媒介设置了公众议程，那么谁来设置媒介议程呢？"麦库姆斯等学者认为，来自于新闻实践的规范与传统，新闻组织之间的日常互动，以及新闻机构与诸多消息源议程之间的持续互动。而且，由于记者们常常通过留意新闻界同行的作品来印证自己对新闻的判断，特别是参考精英媒体的议程设置，即新闻媒体彼此之间的相互影响。但是，"在什么条件下由谁来设置谁的议程？"这仍旧是一个尚无定论的问题。在很长一段时间里，在第一层级和第二层级里发生的媒体间议程设置，可能仍旧是新闻研究议程中的前沿话题。

第五个研究领域即"议程设置效果的后果"研究。议程设置效果（即议题、政治人物，以及其他话题等客体与属性的显著性从新闻媒介转移到公众）对人们的态度和意见会产生重要的影响。议程设置理论的这个领域由影响人们态度和意见的三种后果组成：形成一种意见；通过强调有关公众人物的一些特定议题来铺垫意见；以及通过突出一些特定属性来构成一种意见。议程设置对一些"可见行为"也会产生影响。

总之，在这五个领域的研究演进中，还存在更紧密整合这五个领域的机会。议程设置理论也吸纳或融合了一些其他成熟的传播概念与理论，如"地位赋予""刻板印象""形象建构"和"把关"等概念，以及"教养分析"与"沉默的螺旋"等理论。在当代议程设置学术研究中，还有两个凸显的趋势。一个趋势从1968年发展至今，是在议程设置理论已有经典作品（关注重点是公共议题与公众人物的议程，而这些正是公共舆论的基础）的内部发起的，一些学者正在重新审视和拓宽有关议程设置理论的基本概念知识。另一个趋势在议程设置理论传统经典的外部发起，正在把议程设置理论的核心观点，即显著性转移，扩展到公共舆论之外新的更为广泛的情境中。如今，在麦克斯维尔·麦库姆斯的推动下，议程设置理论基本概念与观点已应用在更多新的领域，如企业声誉、教育、宗教组织等，这些新领域已远不是议程设置理论最初生成的公共事务领域了。议程设置理论已经涵盖了不同的理论范畴，并跨越地域和政治的限制，成为一个被全世界的新闻传播学者关注的研究领域。

（二）议程设置理论对思想政治教育主体建设的启示

第一，议程设置理论对高校思想政治教育主体的教育传播实践意义重大。"议程设置功能涉及传播的环境监测和共识形成，唤起社会关注当下新的和主要的议题，并且影响这些议题先后缓急的排序。"❶ 大学生群体是最具发展潜质、最富生机活力的群体之一，在思想政治方面其不确定性和多元性也是非常突出的。古人讲："凡事预则立，不预则废。"其实，"议程设置"作为一种传播方法就是一种"预"。面对大学生群体，通过"议程设置"不断增加和强调事物（或人物）的显著性，把大学生的注意力和关注度都聚焦在所设置的议程上，影响他们对事物本质属性及其他特性的认知，从而取得思想政治教育实践的效果，这是高校思想政治教育主体应该掌握的本领。尤其在网络新媒体环境下，传播环境发生了巨大的变化，其虚拟性和自媒体的特性使得主体和客体很容易发生转化。高校思想政治教育主体更应该掌握这样的本领，在纷繁复杂变化多端的网络环境中稳住阵脚，发挥其主体作用。

第二，高校思想政治教育主体掌握议程设置的资源，可以更好地进行议程设置。传统的议程设置理论研究的领域如前所述，大体分布在议程设置的基本效果、属性议程设置、议程设置效果的心理学、媒介议程的来源、议程设置效果的后果，议程设置理论的掌门人麦库姆斯指出："特别转回到新闻实践，无论作为新闻从业者还是研究者，我们都需要始终监测新闻媒介在履行其社会职能时的表现。通过媒介议程这样一个比喻，媒介议程中的空间与时间，以及公众对媒介议程的关注，这些都是稀缺资源。毋庸置疑，对于新闻记者而言，最根本也极重要的伦理问题是他们处置这些资源的技艺水准如何。设置议程是一种令人敬畏的责任。"❷ 综合分析麦库姆斯的这段话，以及议程设置理论研究已经取得的成果，至少在两个方面对传统的议程设置理论可以提出质疑。第一个疑问：媒介议程设置是否整合了个人议题，是否反映了社会性议题？换言之，媒介通过议程设置形成了主要的社会性议

---

❶ 麦克斯韦尔-麦库姆斯.议程设置理论概览:过去,现在与未来[J].郭镇之,邓理峰,译.新闻大学, 2007(3).

❷ 麦克斯韦尔-麦库姆斯.议程设置理论概览:过去,现在与未来[J].郭镇之,邓理峰,译.新闻大学, 2007(3).

题，并影响到这些议题的先后缓急的排序，但是它真的客观公正真实地反映了公共议题（社会性议题）及其先后缓急的顺序了吗？第二个疑问：诚如有学者提出的："如果媒介设置了公众议程，那么谁来设置媒介议程呢？"传统媒介议程设置理论认为是新闻记者，尤其是精英性记者，以及其背后的新闻机构之间、新闻机构与诸多消息源之间的持续互动，还有新闻实践的规范与传统等；但是，个体主体和组织主体背后的体制主体、社会意识形态是否能设置议程？又应当怎样设置议程呢？难怪麦库姆斯感慨："设置议程是一种令人敬畏的责任！"在科学研究中，如果刻意地忽略某一因素，得出的结论就有可能偏颇，传统议程设置理论得出结论"新闻记者的确在相当程度上影响了受众头脑中的世界图景"，有些学者就把新闻记者"处置这些（媒介议程设置的）资源的技艺水准如何"，看成"最根本也极重要的伦理问题"了，而没有深入追究新闻记者背后的组织因素和制度因素。把两个疑问是连接在一起，即"谁怎样才能把议程设置做得更好？"对于思想政治教育实践当中的"议程设置"，"追求思想家的高度、政治家的深度、教育家的温度"的思想政治教育主体及其三个科层间的协同创新，一定能够做得更好。

第三，高校思想政治教育主体掌握议程设置这一表达方式，可以更好地创新思想政治教育实践。习近平同志指出："宣传思想工作创新，重点要抓好理念创新，手段创新，基层工作创新。理念创新，就是要保持思想的敏锐性和开放度，打破传统思维定式，努力以思想认识新飞跃打开工作新局面。手段创新，就是要积极探索有利于破解工作难题的新举措新办法……占领信息传播制高点。基层工作创新，就是要把创新的重心放在基层一线，扎实做好抓基层，打基础的工作。"❶高校思想政治教育实践中的议程设置具有更强的针对性和实效性，能够更好地整合个人议题，反映社会议题，推动高校思想政治教育工作向前发展。

---

❶ 习近平.中共中央关于全面深化改革若干重大问题的决定[N].人民日报,2013-11-16.

四、"意见领袖"理论

（一）"意见领袖"理论概述

"意见领袖"并不是一个新名词。这一概念最早是由美国传播学者保罗·拉扎斯菲尔德于二十世纪四十年代时提出的。二十世纪四十年代初，在美国传播学界关于媒介传播效果的研究中，"魔弹论"和"皮下注射论"还占据着重要的地位，影响人们的观念和学者们的研究。拉扎斯菲尔德等在《人民的选择》一书中明确提出"Opinion Leader"这一名词，中文意思为"意见领袖"，也称为"舆论领袖"，是传播学的一个经典概念。意见领袖指的是人们所认识和信赖的人，往往跟他们有相同的社会地位，被认为具有某些专长和对某些问题见解深刻。意见领袖能够向人们提供建议和解释，改变他们的态度并影响他们的行为。与社会正规组织的领导人物不一样，舆论领袖是非正式的领导，给人出谋划策，其影响力常常比大众传媒更大。在人际传播网络中，意见领袖经常为他人提供信息，同时对他人施加影响的"活跃分子"，在大众传播效果的形成过程中起着重要的中介或过滤的作用。研究证明，传播要取得良好的效果，就必须重视"意见领袖"的存在。

在1940年美国总统大选期间，拉扎斯菲尔德等学者围绕大众传媒的竞选宣传，对选民进行调查，意在证实大众传播媒介在选民投票方面的影响是巨大的，但调查研究的结果却出乎研究人员的意料：大多数人早在竞选运动之初就已经做出了怎样投票的决定，只有约8%的人在竞选运动中改变了投票的意向，而这批人之所以改变主意，也并不是听从了大众传媒的宣传或劝服，主要是因为受到亲戚、朋友、团体的劝服影响。拉扎斯菲尔德认为人群中的意见领袖往往表现为以下四种：一是舆论领袖，是"影响较为普遍的人"，常给他人以建议和咨询的人；二是影响他人态度变化的人；三是常与他人交谈，在潜移默化的过程中间接地影响其他人；四是愿意给他人提供建议，或有意影响他人的。意见领袖对某一个问题的看法远比一般人全面、深刻，但他又生活在人们中间，而不是高高在上。

拉扎斯菲尔德由此还得到了另一个完全出人意料而且意义重大的发现，即传播过程中的两级流动传播现象。调查表明：大多数选民获取信息并接受影响的主要来源并不是大众传播媒介，而是一部分其他的选民。这一部分选民与媒介关系密切，他们频繁地接触报刊、广播、广告等媒体，掌握大量的相关信息，并能明确预测事态的发展，于是那些经常与他们交往的大多数选民便从他们那里间接地获得了竞选的重要信息，并听取他们对信息的解释。这一部分活跃的选民就被拉扎斯菲尔德等人称为"意见领袖"。也就是说，大众传播并不是直接"流"向一般受众，而是要经过"意见领袖"这个中间环节，再由"意见领袖"转达给相对被动的一般受众，其模式如下：大众传播—意见领袖——一般受众，这就是传播过程中的两级流动传播。讯息和影响先由大众传播媒介传播给意见领袖，然后再由意见领袖扩散给社会大众。媒介的作用是间接的，并且会受到意见领袖的影响与削弱。在这个过程中，意见领袖所起的作用是非常巨大的，影响整个传播过程，进而影响传播的效果。意见领袖也是普遍存在的，并不局限于特定的阶层和群体中，社会的各个领域和群体都广泛存在意见领袖。

应当指出，意见领袖并不集中于特定的群体或阶层，而是均匀地分布于社会任何群体和阶层中。每一个群体都有自己的意见领袖，他们与被影响者一般处于平等关系，而非上下级关系，并且意见领袖也是不断发生变化的。随着时空条件的变换、人际关系的变化、社会地位的升降、社会参与频率的增减、人员背景的改变等，这些都可能促使此时、此地、此事的意见领袖成为彼时、彼地、彼事的被影响者。

当前，国际国内的学者越来越多地把精力投入对网络意见领袖的研究，尤其是微博意见领袖，重点基本集中在新媒体环境下意见领袖的新特点及作用的研究上。在肯定很多正面影响的同时，研究者们也关注了由此产生的问题和它的负面效应。

（二）"意见领袖"理论对思想政治教育主体建设的启示

与社会中的其他群体一样，大学生中也有意见领袖。应该注意，大学生群体中的"意见领袖"往往在学生中的威望高，具有较高的个人魅力，对其他同学的影响力深远，是公认的有思想、有主见的人。他们往往知识丰富，综合能力和素质都比较强，善于沟通和交流，交际能力强，信息灵通，接近信息源。他们有可能是学生会、班委会的干部，也有可能是社团的负责人，或学校 BBS 中的网络意见领袖。高校思想政治教育工作者为了更好地传播思想政治教育思想，必须要重视学生中的"意见领袖"，充分地利用"两级传播理论"，使学生中的"意见领袖"成为传播政治思想的有利媒介，从而更好地实现教育的目的，以达到预想的教育传播效果。

第一，意见领袖的身份地位与思想政治教育的个体主体极为相似。意见领袖与被影响者一般处于平等关系而非上下级关系。意见领袖未必都是大人物；相反，他们是我们生活中所熟悉的人，如亲友、邻居、同事等。正因为他们是人们所了解和信赖的人，所以他们的意见和观点也就更有说服力。意见领袖并不集中于特定的群体或阶层，而是分布于社会上任何群体和阶层中。一个人只要在某个特定领域精通或在周围人中享有一定声望，那么他们在这个领域便可扮演"意见领袖"的角色；而在其他不熟悉的领域，他们则可能是一般的被影响者。意见领袖社交范围广，拥有较多的信息渠道，对大众传播的接触频度高、接触量大。❶高校思想政治教育个体主体与大学生就有着这样的关系基础，高校思想政治教育"三支队伍"与大学生之间的关系是平等的，这也是新的历史时期我国高校所倡导的师生关系。他们不是大人物，与大学生也不存在上下级关系，或其他的行政隶属关系，但是由于年龄和经历的缘故，"三支队伍"在基本知识面的宽泛和专业知识的深度、媒介素养和思想道德素养等方面要比学生群体有更多的积累，也能够更有力地表达，这

---

❶ 百度百科.意见领袖［EB/OL］.［2016 - 06 - 16］. http://baike. baidu. com/view/368550. htm？fr = aladdin.

是客观存在的事实。因此，高校思想政治教育个体主体的意见，很容易引发学生关注。他们的言行很容易在学生中引起共鸣、引发学生的观察思考，让学生受益，从而改变他们的态度和行为。

第二，意见领袖在传播中的功能特性值得思想政治教育个体主体重视和借鉴。学者们分析意见领袖在信息传播和影响受众态度与行为等方面有很多功能：一是对信息的加工与解释的功能，这取决于信息与意见领袖的认知结构、价值观念、个人利益和文化模式相贴近或相背离的程度，取决于意见领袖的选择性注意、选择性理解和选择性记忆。二是对信息的扩散与传播的功能，他们不仅对传播中的有意义的信息予以再传播，对人际传播中的小道消息和流言蜚语往往也有兴趣对其进行再扩散。三是意见领袖还会对信息传播起到支配与引导的功能。意见领袖对自己先期接收到的信息进行加工与阐释、扩散与传播，正是为了释放其对追随者或被影响者的态度和行为起支配、引导的功能。意见领袖最主要的效能是对面临信息轰炸、思想灌输的无主见的受传者在表明态度、采取行动、解决矛盾时予以指点和调节。四是协调或干扰的功能。如果传播者传递的是符合意见领袖及其团体成员所需要的或者可以为其接受的观点和主张，那么意见领袖就会俯首听命，协调操作，成为大众传播中引起良好效果的动力。相反，如果传播者输出的信息违背或损害了意见领袖及其团体的利益，观点不能为其所接受，那么他就可能设障进行干扰，也可能对信息只作出合意的加工和解释，或者干脆进行指责和攻击。可见，意见领袖的功能是多方面、多层次的，也是很复杂的；其性质可能是积极的、进步的，也可能是消极的、具有破坏性的。

意见领袖的功能特性给思想政治教育个体主体带来的启示也是多方面的。一是要辩证看待意见领袖的两重作用，趋利避害，扬长避短，在思想政治教育实践中强化主题，弘扬正能量。二是培养自己较高的媒介素养，在涉及国家意识形态和安全等大是大非问题面前，能够敏锐地观察到问题的实质所在，利用媒介全面地分析评价问题，从不同的角度，如学理和法理、情理的角度分别说明问题，帮助学生看清其中的是非曲直。三是培养自身强烈的社会责任感，在高校思想政治教育实践中，要求自己以坚定的政治信念、丰富的知识学养，引领学生并和学生一起行走在正确的道路上，使思想政治教育具有实效。

五、新媒体理论

（一）　新媒体研究概述

曼纽尔·卡斯特说："由于历史演变和技术变迁的汇聚，我们已经进入社会互动和社会组织的纯文化模式中。这便是为何信息是我们社会组织的主要成分，以及为何网络之间的信息是我们社会组织的主要成分，为何网络之间的信息和意义构成我们社会结构的基本线索……这是一个新存在的开端，事实上也是新时代的开端，即信息时代，其独特之处乃是文化相对于我们生存的物质基础获得了自主性。"❶

新媒体（new media）的概念是 1967 年由美国哥伦比亚广播电视网（CBS）技术研究所所长戈尔德·马克（P. Goldmark）率先提出的。新媒体是相对于传统媒体而言的，是报刊、广播、电视等传统媒体之后发展起来的新的媒体形态，是利用数字技术、网络技术、移动技术，通过互联网、无线通信网、卫星等渠道和电脑、手机、数字电视机等终端，向用户提供信息和娱乐服务的传播形态和媒体形态。严格来说，新媒体应该称为数字化媒体。这些年，我国以 3G、移动互联网、物联网、云计算为主体的新媒体技术得到了进一步发展，依托新媒体技术的微博客、SNS、UGC、LBS、OTT、SOLOMO 等各种应用服务形态更为丰富，为新媒体的发展提供了强有力的支撑。❷虽然在发展进程中，中国新媒体在政策、管理、产业、市场和应用等方面还存在诸多冲突，但是新媒体技术的发展和广泛使用的确在某种程度上

---

❶　曼纽尔·卡斯特.网络社会的崛起[M].夏铸九,等,译.北京:社会科学文献出版社,2001.

❷　付玉辉.2011 年中国新媒体传播研究综述[J].国际新闻界,2012(1).

改变了信息交流的结构与模式，从而使公共信息的提供方式、社会关系的经营方式、社会结构的演进方式都发生了革命性的改变。

新媒体技术的广泛应用体现了受众群体期待更加深入获取信息，以及对于信息的重新自我诠释。此外，受众希望得到更大程度上的互动，可以根据自己的喜好经历参与到媒介事件中增强自己的存在感。新媒体技术的诞生使人们对平面媒体信息获取的枯燥性、延迟性、非互动性等不足的方面加以修正和补偿，运用数字技术改善了受众群体对于信息量冗杂和信息质量残损的劣势，使信息在保证量的基础上使多个受众群体得到及时的沟通和反馈。

新媒体时代的信息生产模式至少带来了以下四个方面的变化：第一，信息的呈现方式是多媒体。新媒体信息往往以声音、文字、图形、影像等复合形式呈现，可以进行跨媒体、跨时空的信息传播。例如，人们日益离不开的手机。"互联网已然是媒介之媒介，手机则更胜人一筹，它是移动之中的媒介之媒介，它把你从电脑边解放出来。"❶ 第二，传播范围上的全天候和全覆盖。受众获取新媒体信息，大多不受时间、地点场所的制约，可以随时在新媒体、在电子信息覆盖的地方接受地球上任何一个角落的信息。第三，新媒体在技术、运营、产品、服务等商业模式上具有独特性。与传统媒体相比，变化的不仅仅是新媒体技术的运用，而且还有商业模式的创新。第四，新媒体的边界不断变化，呈现出媒介融合的趋势。例如，传统报纸媒体和电视媒体都开始广泛设立自己的官方微博。

（二）新媒体研究对思想政治教育主体建设的启示

第一，网络新媒体已成为思想政治教育的主阵地。这是必须加深认识的客观事实。"任何技术都逐步创造出了一种全新的人的环境，环境并非消极的包装用品，而是积极的作用过程。"❷网络新媒体成为思想政治教育的主阵地，首先表现为它是意识形态斗争的主阵地。"斯诺登事件"以来，源源不

---

❶　保罗·莱文森.手机:挡不住的呼唤[M].何道宽,译.南京:南京大学出版社,2004:6.
❷　马歇尔·麦克卢汉.理论媒介——论人的延伸[M].何道宽,译.上海:商务印书馆,2004.

断的爆料，说明由于网络的广泛运用，人类正面临着一个世界性难题，即信息安全问题。在信息安全中，最为突出的问题集中在意识形态的安全问题上。西方国家有意无意地在网络上推广所谓的"普世价值"，已经影响到部分中国人对中国特色社会主义的认知，在一些人的思想上为"三个自信"的树立设置了重重障碍。而以美国为首的一些西方国家利用网络在西亚、北非一带推行所谓"民主"的实践的后果，也一次又一次地说明了失去国家意识形态安全的灾难性。其次，它表现为它是各种社会思潮激烈交锋的阵地。新老"左""右"派、新旧自由主义、新旧干涉主义，甚至各种宗教及其派别等，纷纷在网络上跑马圈地，占领山头，不断攫取网络资源，传播其理论和学说，网络成了各种思潮抢夺的阵地。如果高校思想政治教育忽略了这块阵地，那么大学生的头脑就会成为各种社会思潮的"跑马场"，终将威胁到国家的意识形态安全。再次，它表现为网络生活已经成为大学生群体的生活方式。习近平同志在全国宣传思想工作会议上曾发表重要讲话时指出："根据形势发展需要，我看要把网上舆论工作作为宣传思想工作的重中之重来抓。宣传思想工作是做人的工作的，人在哪儿，重点就应该在哪儿……很多人特别是年轻人基本不看主流媒体，大部分信息都从网上获取。必须正视这个事实，加大力量投入，尽快掌握这个舆论战场上的主动权，不能被边缘化了。"

第二，手机已成为思想政治教育重要载体之一。"手机具有令其他大众媒体难以比拟的独特优势——比电脑普及、比报纸互动、比电视便捷。可以说，没有哪一种媒体能够拥有如此庞大的潜在用户群，也没有哪一种媒体可以像手机那样深入受众。"❶ "手机从一种通信终端逐渐演变成为一种信息终端的过程中，越来越媒体化了。"❷ 青年学生是当前中国手机网民的主要组成部分。从最初单一的移动通信功能，到现在的第一大网络终端，手机羽化成蝶，产生了质的飞跃。当前，高校大学生几乎人手一部手机。网络和手机是如此深刻地改变着人类的生产、生活，甚至是思维活动。论坛、社交网站、

---

❶　黄瑞玲,肖尧中.现代人际传播视野中的手机传播研究[M].吉林:吉林大学出版社,2010:46.
❷　孙慧英.多重视域下的第五媒体文化研究[M].北京:北京邮电大学出版社,2010:15.

信息发布平台、手机电视、手机报、微博、微信等，尤其微博、微信日益成为人们主要的社交方式，而大学生是最能领先感受到和能利用新技术的一个群体。以智能手机为终端，以 APP 系统应用为主要形态，使手机无所不能，当之无愧地成为新媒体的集大成者，成为人们数字化生活的首选，在高校大学生中尤其如此。拥有一部智能手机的高校大学生做到了"网随人走"，可谓拥有了自己的移动的媒体平台。我国学者朱海松在《第五媒体——无线营销下的分众传媒与定向传媒》一书中将手机媒体定义为："手机媒体是以手机为视听终端、手机上网为平台的个性化即时信息传播载体。它是以分众为传播目标，以定向为传播效果，以互动为传播应用的大众传播媒介，也叫手机媒体或移动网络媒体。"学者孙慧英则用非常简略的语言指出了手机的特点："随手、移动，同步、异步，全民、平民，开放、私密，交互、叠加，个性、人性……，全媒体、自媒体"。事实说明，手机已成为高校思想政治教育的主要载体之一，高校思想政治教育的制度主体、组织主体和个体主体都不应该回避新矛盾、新问题，都应当直面现实，抓住契机，利用组织传播优势，高屋建瓴地打造好手机电视、手机报、微博、微信平台，利用手机新媒体搞好高校思想政治教育实践。

第三，新媒体"颠覆"了很多经典传播学的结论，也改变着思想政治教育主体的实践样貌，值得思想政治教育主体关注和研究，加以总结归纳，使高校思想政治教育更加符合实际，更加生动和有效。这里所说的"颠覆"当然不是最后的结果，而是说新媒体使很多经典的传播学理论受到质疑，而引起传播学者的进一步反思和更加深入的研究。例如，网络新媒体的媒介素养问题就是一个新问题，它与信息安全相联结，会影响人的经济、政治、社会、文化等方方面面的生活；例如，网络新媒体上乱象丛生，"把关人"理论的消解的确发生了，而重建则需要一个相对漫长的过程，需要对网络新媒体有更加深刻的了解和理解。例如，"意见领袖"理论，由于网络新媒体的分众传播与定向传播的特性，更容易产生各种意见领袖而难于把握，相对应的"沉默的大多数"似乎也在互联网上一同遭遇到分解。再比如议程设置理论，传统媒体依靠信息资源优势常常是议程设置的发起者、组织者和引导者，而新媒体的崛起打破了这一模式，常常是网络上的事件成为热点、焦点议题，引起传统媒体的关注，反置了议程设置。新媒体本身层出不穷，千变万化，让人应接不暇，也深刻改变着传播生态和高校思想政治教育的环境。不管你是否做好准备，不管是主动还是被动，新情况、新态势都在迫使人们去关注、研究和把握新媒体。

第三节 传播学视域下高校思想政治教育主体建设策略

"传播"自从诞生以来就存在其两面性——实现传播的渴望和无法有效传播的无奈。[1] 高校思想政治教育基本上也处于这样两难的境地，一方面是统治阶级的重视及必须重视，另一方面是缺乏达成效果的手段和方法，以及难于取得应有的效果。说到底，是主体传播能力不足。必须认识到思想政治教育是一个复杂的系统传播工程，它是思想政治教育主体通过传播实践把社会要求内化为大学生受众的思想、外化为行为的动态的传播过程。传播过程中的任何一个环节都会对思想政治教育的传播实效产生影响。对高校思想政治教育主体（传播者）队伍建设策略的探讨，关系到思想政治教育传播实践能力和传播效果的提高，是非常重要的一个研究方向。

一、加强媒介素养，提高媒介运用能力

研究媒介素养理论及实践媒介素养教育的目的都是为了使主体更好地取得传播效果，在了解媒介、以批判意识接触媒介的基础上，科学而合理地掌握媒介，运用媒介服务自我和发展自我、完善自我。尤其在新媒体不断涌现的环境下，更要与时俱进，不断提高媒介素养。思想政治教育主体依据一定社会或阶级的要求，对思想政治教育对象的思想品德施加有目的、有计划、

---

[1] 彼得斯.交流的无奈[M].何道宽,译.北京:华夏出版社,2003.

有组织的教育影响，是思想政治教育的发动者、组织者和实施者。在目前各种媒体无处不在的社会环境下，高校思想政治教育主体在发动、组织和实施的过程中，或多或少都离不开各类各种媒介。提高高校思想政治教育主体媒介素养，应从以下几方面入手。

（一）理念上：不断提高对媒介素养的认知与认同

高校思想政治教育主体怎样才能树立起与时俱进、不断提高自身媒介素养的坚定理念？要从理论和实践两个方面予以回答。

从理论上讲，在《资本论》中，马克思曾把人的发展划分为三大历史形态："人的依赖关系（起初完全是自然发生的），是最初的社会形态。在这种形态下，人的生产能力只是在狭窄的范围内和孤立的地点上发展；以物的依赖为基础的人的独立性是第二大形态。在这种形态下，形成普遍的社会物质变换、全面的关系、多方面的需求和全面的能力体系；建立在个人全面发展和他们的共同的社会生产能力，成为社会财富这一基础的自由个性，是第三个阶段。"❶ 可见，人的发展是一个依赖性逐渐减弱、主体性日渐增强的辩证运动的过程。不断提高高校思想政治教育主体的媒介素养，其根本就在于高校思想政治教育主体的主体性不断增强，掌控媒介的能动性不断增强，在高校思想政治教育实践中的话语权不断增强。一句话，最后将体现为高校思想政治教育主体的传播力不断增强。马克思认为，人的发展水平的高低不取决于外在的标准，而决定于人的素质和能力的提高。媒介素养作为高校思想政治教育实践的必备素质，是马克思主义人的全面发展的思想的必然要求，体现在高校思想政治教育实践中，是对人的主体意识的强烈召唤。

站在马克思主义人学的角度，主体性的实现也就是"自由"的问题。"自由"是马克思"人的全面发展"理论的核心概念。当前，正像以美国学者马克·波斯特为代表的新一代批判理论家所指出的：媒介已经不仅仅是一种技术工具，已经发展成为一种物质，一种能够改变社会的文化物质力量。

---

❶ 中央编译局.马克思恩格斯全集(第46卷)(上册)[M].北京:人民出版社,1979:104.

媒介及其所产生的影响日益成为我们社会的中心问题。在这种情况下，高校思想政治教育主体如何能达成"自由"，进而实现"人的全面发展"，提高媒介素养具有重要意义，是"人的全面发展"的客观要求。

有了理论上的指导，在实践过程中，高校思想政治教育主体就要努力做到：第一，要学会对世界、对社会的均衡冷静、客观公正的观察和思考，对国际国内社会传播环境要有一定的了解和把握。这也是提高高校思想政治教育主体媒介素养的基础。第二，要把树立起与时俱进，不断提高媒介素养的理念与树立崇高的职业道德、远大的职业目标和职业理想结合起来。这与提高媒介素养所要达到的目标相一致。第三，要把树立与时俱进，不断提高媒介素养的理念与自身的教育实践结合起来，在干中学，在学中干。理论联系实际是坚定理念的最好方法，要在教育实践中勇于表达自己对媒介的认识、对媒介内容的看法，使自己的媒介素养在与教育对象的互动中得到提高。

（二）行动上：有计划、有步骤地进行媒介素养教育实践

高校思想政治教育主体只有在行动上做到有计划、有步骤地进行媒介素养教育实践，才能不断提高自身的媒介素养。这也要从理论和实践两个层面加以说明。

按照李普曼的观点，现代社会越来越巨大化和复杂化。人们由于实际活动的范围、精力和注意力有限，不可能对与他们有关的整个外部环境和众多的事情都保持经验性接触。对超出自己亲身感知以外的事物，人们只能通过各种"新闻供给机构"去了解认知。这样，人的行为已经不再是对客观环境及其变化的反应，而成了对新闻机构提示的某种上"拟态环境"的反应。所谓"拟态环境"并不是现实环境的"镜子"式的再现，而是传播媒介通过对象征性事件或信息进行选择和加工、重新加以结构化之后向人们提示的环境。然而，由于这种加工、选择和结构化活动是在一般人看不见的地方（媒介内部）进行的，所以通常人们意识不到这一点，而往往把"拟态环境"作为客观环境本身来看待。李普曼指出："我们必须特别注意到一个共同的因素，

这就是人与他的环境之间插入了一个拟态环境，他的行为是对拟态环境的反应。但是正因为这种反应是实际的行为，它的结果才并不作用于刺激引发了行为的拟态环境，而是作用于行为实际发生的现实环境。"❶

说得更明白些，就是人们在观察和思考现实问题时，"拟态环境"发挥着"主场"的作用；而当人们采取行动时，则作用于现实社会。如果我们把这两端比喻成"入口"和"出口"，那么中间的通道就是媒介。要通过媒介的加工、选择和结构化活动，才能到达出口。而对于出口作用的好坏，则倚重于主体的媒介和媒介的运用，即倚重于主体的媒介素养。

李普曼在《公众舆论》中提出的另一个重要概念是"刻板成见"。它指的是人们对特定的事物所持有的固定化、简单化的观念和印象，通常伴随着对该事物的价值评价和好恶的感情。刻板成见可以为人们认识事物提供简便的参考标准，但也阻碍人们对新事物的接受。个人有个人的刻板成见，一个社会也有其社会成员广泛接受的和普遍通行的刻板成见，因而它也起着社会的控制作用。李普曼特别强调大众传播的力量，认为大众传播不仅是"拟态环境"的主要营造者，而且在形成、维护和改变一个社会的刻板成见方面也拥有强大的影响力。❷

高校思想政治教育主体媒介素养提高的三个阶段是一个连续递进的过程，前一项内容是后一项内容的基础，但三个阶段之间并不是界限分明、截然分开的，而是一种你中有我、我中有你的辩证统一关系。应该认识到，高校思想政治教育主体媒介素养的提高的最终的目的在于行动，就是在高校思想政治教育主体的教育实践中，才能够起到引领和示范的作用，帮助大学生群体提高识别媒介、选择媒介、监督媒介和运用媒介的能力，使大学生群体能够在风云变幻、纷繁复杂的国际国内传播环境中，驾驭得了媒介；使大学生群体的媒介使用真正成为自身成长的动力，自觉地把自己培养成合格的社会主义事业的建设者和接班人。

---

❶　熊澄宇.传播学十大经典著作[J].清华大学学报(哲学社会科学版),2003(5).
❷　同❶。

二、增强责任意识，承担"把关人"职责

黄旦先生曾提出"把关人"理论的研究历程反映出对传播者角色定位的探寻至少表现在：职业、组织和体制这三个层次上。最初把关活动被看作是个体行为时，是把媒体编辑和记者看成是独立的新闻从业者；后来认为媒介是社会系统的一部分，把关人也就不再是简单的个人行为，而是变成了机构、组织、体制，甚至是整个社会大环境。对高校思想政治教育"把关人"角色定位的研究，也应该是系统的、全面的、历史性的，不能仅仅看到从事思想政治教育实践活动的教育者，还应该考虑到组织、机构和体制规范的影响。在思想政治教育实践过程中，制度主体、组织主体和个体主体一道对信息、理论、观念起到筛选、加工、制作、引导和推广的作用。那么，借鉴"把关人"理论，三个科层的主体怎样才能增强责任意识，更好地完成把关活动，做好把关人呢？

（一）个体主体：提高素养和能力

在高校思想政治教育实践中，制度主体和组织主体的传播实践能力有时要靠个体主体表现出来。个体主体要做好把关人，首先要有深厚的知识积累，要有较高的媒介素养，这主要体现在以下四个方面。

第一，坚定正确的思想政治素质。思想政治教育主体应认同和理解马列主义、毛泽东思想和邓小平理论，坚持贯彻"三个代表"重要思想和科学发展观，自觉践行社会主义核心价值观，为实现中华民族伟大复兴的中国梦贡献自己的才智；要有鲜明的无产阶级政治立场，始终站在无产阶级和广大人民群众的立场，代表最广大人民群众的根本利益观察问题和处理问题；同时，要严格遵守政治纪律。能否严守党的政治纪律，直接关系到思想政治教育目标的实现和任务的完成。严守党的政治纪律，要求思想政治教育主体在事关重大的原则性理论问题和现实问题上，与党的领导保持一致。高校思想政治教育主体，还应该具备正确的思想观点和科学的思想方法。在信息爆炸的今

天，高校思想政治教育主体只有努力改革旧的思想观念，树立现代思想观念，才能适应时代发展的需要；同时，要树立建立在辩证唯物主义和历史唯物主义基础上的科学世界观、正确人生观，以及拥有反映时代特点和要求的新观念；现代科学研究高度分化和高度综合相统一的时代特征，使辩证思维与科学研究的相互依赖性更加密切。因此，要坚持实事求是的思想路线，并学会用辩证的观点看问题。

第二，个体主体应该具备崇高的道德素质和健全的心理素质。高校思想政治教育要取得实效，要靠真理的力量，更要靠人格的力量。在现代社会，公共生活领域不断扩大，人们相互交往日益频繁，思想政治教育主体作为从思想政治品德上培养人、教育人和塑造人的教育者，只有在维护公共利益、公共秩序和保持社会稳定方面起到带头作用，才能树立起良好的公众形象，达到提高人们思想政治品德的目的。思想政治教育的特殊性决定了思想政治教育个体主体要具备高尚的职业道德，具备爱岗敬业、大公无私和乐于奉献的职业精神。

高校思想政治教育个体主体具备健全的心理素质也是非常重要的。一是要有丰富细腻的情感。教育对象只有在思想政治教育主体理解、尊重和信任他们的基础上，才有可能向思想政治教育主体敞开心扉，听取他们的见解。因此，高校思想政治教育主体在开展工作时，不仅要善于观察和掌握教育对象的情感，而且还要善于表达和控制自己的情感。二是要具备坚强的意志。思想政治教育主体在做人的思想工作中会遇到各种阻力，出现多次反复是在所难免的，拥有坚定的意志对思想政治教育主体显得尤为重要。三是应具备优良的性格。这样才有利于与教育对象建立起良好的人际关系，对于沟通彼此的思想感情有着直接的影响。

第三，个体主体要具备广博而深厚的知识储备。高校思想政治教育个体主体应努力培养自身的创新意识和创新能力。在知识经济时代，科学技术突飞猛进，教育对象的思想空前活跃，思想政治教育个体主体只有具备强烈的创新意识和创新能力，才能及时解决和处理人们思想上出现的各种新情况和新问题。高校思想政治教育个体主体还应具备较强的科研能力。广阔的学术视野及学科间的交互借鉴和创新的能力，也是科研能力的表现。个体主体要对思想政治教育的本质、原理、方法和规律的研究能力和对思想政治教育应用领域进行深入的研究。高校思想政治教育个体主体还应注意培养自身广泛的兴趣。思想政治教育是一门艺术，寓教于乐能提高工作的吸引力和感染力。这就要求思想政治教育个体主体应注意培养自身广泛的兴趣，以便在更宽广的范围和更多的时间里接触、了解、帮助和转化教育对象。

第四，高校思想政治教育个体主体还应注意不断提高自身的实践技能，尤其是传播能力。一是表现为表达能力。要善于通过语言和文字表达自己的思想，达到鼓舞情绪、阐明道理、交流思想、协调认识的作用。这些表达能力包括语言表达能力、文字表达能力和形象表达能力，只有这三方面能力相得益彰，才能做到以情感人、以理服人。二是表现为运用新科技能力。信息技术的日新月异，对思想政治教育的内容、手段、途径等产生了深刻的影响。思想政治教育个体主体应学会运用新媒体技术手段传授具有鲜明时代特色和浓郁时代气息的理论知识，通过营造一种活泼、轻松、愉悦的教育情景，达到增强思想政治教育吸引力和感召力的目的。这些都是媒介素养和传播能力的表现。

总之，教育者除了在思想政治教育过程中起控制、选择、加工、传导作用，他们的"把关人"意义还体现在思想政治教育过程所具有的功能。陈秉公教授认为，他们在整个高校思想政治教育实践中具有教育、管理、协调和研究四个方面的功能。具体来说，教育功能是指思想政治教育主体按照一定的教育目的，依据受教育者的思想品德状况和身心发展规律，运用感染、熏陶、启发、诱导和说理等办法，所进行的思想转化和人格塑造。管理功能是指思想教育主体按照一定教育目的，依据受教育者的思想品德状况和身心发展规律，运用目标、计划、组织和制度等各种管理手段所进行的教育和人格塑造。协调功能就是教育者运用多种手段，协调社会、学校、工作单位、社会群体和家庭等各种教育力量和因素的关系，统一认识和行动，以便形成教育合力，取得最佳教育效果。研究功能是指教育者对思想政治教育的经验、本质和规律的总结、分析和探索。❶ 只有思想政治教育个体主体的素养和能力得以不断提高，才能发挥这些功能和作用。

（二）组织主体：组织、管理和服务

在高校思想政治教育实践中，组织（或机构）主体在组织、管理和服务方法上一直发挥着重要的作用。组织主体是高校全程育人、全员育人和全方位育人的中坚力量。在传播学视域下，组织主体怎样才能做好思想政治教育的把关人呢？

第一，在理念上要强化自觉性、增强坚定性、提高战斗性。高校思想政治教育是关系到党和社会主义事业兴衰成败的大事。组织主体对思想政治教育实践是否具有自觉性、坚定性，是否能够取得成效，是组织主体在思想政治教育实践过程中能否把得住关的决定性因素。传播学把关人理论告诉我们，传统媒介，如报刊、电视、广播除了受编辑和记者主观因素、版面、时间等因素的限制以外，其"把关人"在发布信息时，还会考虑机构的经济效益、新闻价值、新闻道德、舆论导向等诸多因素。把关人不可能完全遵从他们个人的兴趣和好恶，必须在传播日常事务的约束范围内以这种或那种方式来运作。所有这一切，也都必须在传播组织的范围内发生。传播组织有自己的优先权，组织主体的确是把关活动的一个关键枢纽。因为这些产生把关效力的个人、日常事务、组织或者机构，都无法逃脱这样的一个事实，即他们要维系社会体系并在社会体系中生存下去。对思想政治教育实践而言，组织主体思想政治教育把关人，如同传媒机构一样，在组织、管理和服务等方面起到关键性的枢纽作用。此外，对高校思想政治教育实践而言，组织主体的把关更加复杂，也更加重要。新闻机构是通过影响记者和编辑进而影响信息的选择、加工和发布，而高校思想政治教育的组织主体除了直接影响教育者及其教育活动之外，还会直接影响受教育者。

---

❶ 付耀霞.高校思想政治教育主体研究综述[J].河北理工大学学报(社会科学版),2009(3).

　　第二，搭建制度主体与个体主体之间的桥梁。组织主体在三个科层主体中处于中间地带，要以高度自觉和负责的态度把制度主体的指导思想、方针政策、顶层设计、法律法规等坚定地贯彻执行下去，取得实效。而对于个体主体，尤其是基层个体主体的组织管理和服务则更为复杂。首先，应该保障处于高校思想政治教育一线的专业教师与其他专业教师有平等的地位，这体现在一线专业教师的生存环境、工作和生活的方方面面。只有有了平等的尊严，才能激发个体主体的创新意识及创新能力，在教育实践中不断追求创新。其次，组织主体要讲求管理艺术，健全管理机制，尤其是激励机制和现代化的考核机制。要变封闭管理为开放式管理，促进高校思想政治教育工作者素质的自我完善。在职务聘任中，要充分考虑思想政治工作实效性强的特点，注重考核个体主体的思想政治素质、理论政策水平及其从事思想政治工作的实绩和能力。注重个体主体的创新意识和创新能力的培养，鼓励他们采用各种新媒体技术使思想政治教育的形式多样化。还要组织加强信息交流和培训，如岗前培训、运用新媒体和新技术的培训、师资进修培训等。还要定期或不定期地组织一线思想政治教育主体开展社会考察、专项调查及其他相关的学术研讨活动等。

　　第三，组织主体还要自觉为实现高校内部三支队伍与教育对象之间的良性互动搭建好平台。学校作为思想政治教育的组织主体，不仅直接影响思想政治教育个体主体的态度和表现，而且直接影响教育对象——大学生群体。如何搭建起高校内部三支队伍与教育对象之间的互动平台，是高校这一组织主体必须思考并做到的事情。要从硬件把关和软件把关这两方面下功夫。从硬件把关的角度看，网络平台、社会实践基地、思想政治教育课堂、学生社团、校园及其设施等，这些都是需要组织主体不断更新完善的硬件设置。比这更重要的是组织主体要从实际出发，与硬件把关相结合，建立起一整套用好硬件设施的机制，也就是我们说的软件把关。例如，高校在学生公共活动的场所应有较多的阅报栏及较多的电视，这可使学生们更好、更方便地了解国际和国内大事，丰富学生的精神文化生活，培养学生的爱国主义情感。

软件把关分为显性把关和隐性把关。显性把关模式是正面的、直接的，希望学生立即接受或者避免某种观点的一种影响模式。其主要形式有形势与政策报告会、课堂教育和各种政治考试等。这种显性的把关活动就是通过直接影响个体主体的教育教学形式和内容来实现的。而隐性把关常用"迂回""渗透"的方法，它追求教育的长期效果，使学生在潜移默化中接受教育者的观点。其主要形式有校园环境建设、校风、教风、学风、校园文化氛围的营造、校园文化活动等。任何一所大学在其长期的文化传承与创造的过程中，都会积淀、整合、提炼出反映该大学历史传统、文化品位、特征面貌的，并为广大师生所认同的一种价值观念体系和群体意识。这就是大学精神或校园精神，而校训则是这一精神最精辟的表达。校园文化活动是大学生最喜欢、最乐于参与的活动，如每年三月开展的学雷锋活动、青年志愿者活动，每年五月开展的"五四"纪念活动，每年相应时间举办的各类球赛、运动会等。

（三）制度主体：顶层设计、制度与法律规范

高校思想政治教育工作是中国特色社会主义事业的一个重要的组成部分，这项工作开展的情况，关乎是否能够坚持中国特色社会主义道路的问题。因此，制度主体一定要在高校思想政治教育实践中发挥好顶层设计的作用。这些基本上集中在指导思想、方针政策、制度与法律规范等方面。

第一，在指导思想方面。统领组织主体和个体主体，坚持马克思主义在高校的指导地位，加强马克思主义理论体系学习教育，广泛开展社会主义核心价值观学习教育，深入开展中国梦宣传教育，着力培养社会主义事业的合格建设者和可靠接班人。在这一过程中，制度主体应充分运用制度传播和组织传播的优势，坚定不移地贯彻执行马克思主义的指导思想。

第二，在方针政策方面。要着眼于努力建设高素质的教师队伍和思想政治工作队伍，加强教育教学阵地建设和管理，建好、管好、用好网络阵地，不断创新意识形态工作话语体系，创新思想政治工作方式方法，创新高校新闻宣传方式。

第三，在制度与法律规范方面。建立健全各项规章制度和法律规范，规范互联网企业合法、守法经营，尤其要加大力度治理互联网，还社会和高校一个风清气正的网络空间。

（四）发挥主体合力，把关网络新媒体

在新媒体时代，信息的生产模式和传播规律都与传统的传播学研究发生了某种"变异"。其中的"把关人"理论则被新媒体技术派自信地屏蔽在新媒体环境之外。"把关人"在新媒体环境中所扮演的角色正在被质疑，所具有的功能和作用正在被消解。"把关人"理论正在"变异"，并在传播学的众多研究中表现得格外典型。

尼葛洛·庞蒂在《数字化生存》一书里说："数字化会改变大众传播媒介的本质。'推'（pushing）送比特给人们的过程将变为允许大家（或他们的电脑）'拉'（pulling）出想要的比特的过程。"也就是说，在新媒体技术时代，互联网给信息传播带来的最显著的变革是，由原来的自上而下的由少数资源控制者集中控制的媒介机构体系，转变为自下而上的由广大用户集体智慧和力量主导的互联网体系。在这种情况下，新媒体技术给予公众更多的自主权和选择权，使"把关人"理论受到冲击。例如，创办博客中国（Blog China），被誉为"博客教父"的方兴东，他在描述其博客经历时曾指出："最简单和直接的收获，就是我不需要再怕别人封杀，不需要完全看别人的脸色写作和发表。"这是一种比较感性的说法，但是在某种程度上也表明了博客作为一种媒介已经失去了对信息资源的控制，"把关人"的作用被削弱了。

具体来讲，新媒体环境下传媒"把关人"消解表现在以下两个方面：一方面因为信息资源的全球联网，所有受众无须借助"把关人"就能在网上调阅所需信息。由于网络将信息采集发布的技术普及到了全体网民，使原来被"把关人"拒之门外的信息得以自由流通。互联网上存在的对信息进行监控、审查的中心阻塞点都具有一定的隐蔽性和匿名性，因此用户通常会觉得互联网是不需要控制中心就能工作的。另一个方面，网民已成为网络传播的主要

"把关人",即"受众为自己把关"。例如,在张海鹰等编著的《网络传播概论》一书就提出,网络传播的自由使网民成为网络传播的主要"把关人",即"网民把关人"。网民可以根据自己的兴趣、爱好和识别能力,选取符合自己个性化需求的信息。因此,网络"把关人"不是下岗了,而是有更多的人竞争上了岗。

当然,如果仅仅认为在新媒体环境下"把关人"角色正在缺失,又是有失偏颇的。互联网产生的初期,网络从业者暂时未能调整控制姿态和积蓄管理经验,造成了全知全能式"把关人"的隐退,但是这种现象只是暂时的。网络巨大的公众影响力和技术至上特征,只会使更多的组织甚至个人介入"把关人"角色,导致网络出现"把关人"无序的状态。从更广泛的意义上理解"把关人"概念,网络中的"把关人"依然存在,并且与传统媒体中的"把关人"相比,其形式更加多样化。这里的"把关人"拥有既是传播者,又兼有受者的双重视野,它使网络把关人的角色在传播和接受中不断变换。

网络世界中的"把关人"的重生是必然的。思想政治教育主体在这个过程中理应发挥合力的作用,占领先机。从制度主体的角度看,在促进互联网高速发展的同时,更要保障互联网健康有序的发展,保障国家信息安全和意识形态安全。从组织主体的角度看,有更多的事情要做。例如,学校可以利用局域网对学生的思想状况和他们的关注变化进行调查研究,加强思想政治工作的及时性和针对性;利用校园 BBS 论坛这个开放空间,组织师生共同探讨理想信念、世界观和价值观,以帮助学生提高应对各种来到的恐慌和利欲诱惑的免疫力;还可以建立大学生关注的热点、焦点问题讨论专栏,使他们能各抒己见,允许不同意见之间开展讨论和辩论;通过互相切磋、交流,达到明辨是非、提高觉悟的目的。尤其是心理咨询中心,可以开通网上心理咨询热线、心理服务网站,利用网上虽然不能面对面,却能心贴心的机会,通过沟通感情,建立相互信任,使对象毫无顾忌地倾诉平时难以启齿的心理问题,引导他们走出心理困惑。组织学生党团支部、党课学习小组可以在网上开展活动,通过新媒体交流思想和理论学习体会,既提高时效性,又可以扩大影响面。从个体主体的角度看，新媒体时代的到来所改变的信息的生产和发布模式，它集文字、声音、图像于一体，覆盖了传统媒体拥有的所有传播载体，也对传播者提出了更高的要求，它要求传播者具有全能传播的特点：传播者不仅笔头要硬，还要"能说会道""心灵手巧"。也就是说，传播者要熟练掌握、应用各种传播新技术，会拍会写，自如进行文字、声音、图像的处理，还应掌握电子邮件、MSN、博客等现代信息社会的"十八般武艺"。只有这样，传播者才能在网络化的数字媒体环境中实现传播者的职业价值，对高校思想政治教育个体主体而言，也同样适用。

三、引导议程设置，主动掌握话语权

议程设置理论带给人们很多启示，也给高校思想政治教育实践的改进和创新带来了新的视角。高校思想政治教育主体要努力学习，并运用好议程设置。只有在纷繁复杂的国际国内意识形态斗争中，掌握话语权，才能奠定思想政治教育取得实效的基础。

（一）高校思想政治教育议程设置要让宏大主题落地生根

大学生是祖国的希望和未来，高校思想政治教育目的性和目标性特别强，要把青年大学生培养成社会主义事业的建设者和接班人。实际上，在大学生思想政治教育实践中，主流意识形态的议程设置是非常重要的。例如，在大学生思想政治教育中，以确立马克思主义指导思想为灵魂，以建设有中国特色社会主义为共同理想，要求大学生发扬以爱国主义为核心的民族精神和改革创新的时代精神，树立良好的道德风尚，为实现中华民族伟大复兴的中国梦而奋斗。可以说，高校思想政治教育实践中的每一项议程设置，都与伟大祖国建设与繁荣、发展与进步的宏大主题有关。与此同时，要使这些宏大主题落地生根发挥出积极的作用，就要在设置的过程中使之尽可能地接地气，建立在扎实民意的基础上，反映社会关切。1978 年的有关"真理标准"的大讨论，可谓是这样的成功地由制度主体的议程设置而引发的一场全国性的思想解放运动。它打破了人们思想上的桎梏，为改革开放奠定了思想基础。

如果说社会主义核心价值观是一个宏大主题，那么大学生如何培育和践行社会主义核心价值观的问题，就是怎样使这样一个宏大主题落地生根的问题。这是一个深刻的现实问题。培育和践行社会主义核心价值观，源自对马克思主义的深刻理解，源自对中国历史文化传统的深刻理解，是马克思主义中国化、大众化和时代化的一个表现，也是中国共产党人树立道路自信、制度自信和理论自信的一个表现。它既关乎中华民族的伟大复兴，也关乎每一个个体（当然也包括大学生）的成长、人生价值的实现。正像习近平总书记在同北京大学师生座谈时（2014年5月4日）指出的那样："人类社会发展的历史表明，对一个民族、一个国家来说，最持久、最深层的力量是全社会共同认可的核心价值观。核心价值观承载着一个民族、一个国家的精神追求，体现着一个社会评判是非曲直的价值标准。"我国是一个有十三亿多人口、五十六个民族的大国，确立反映全国各族人民共同认同的价值观"最大公约数"，使全体人民同心同德、团结奋进，关乎国家前途命运，关乎人民幸福安康。在这个宏大主题的议程设置当中，由于大学生群体的特殊地位，大学生群体培育和践行社会主义核心价值观，在其中是至关重要的。如何使大学生实现从理解和认同，到培养和践行社会主义核心价值观的转变，高校思想政治教育主体在这一过程中发挥着重要的作用。

（二）高校思想政治教育议程设置要坚守"三贴近"的原则

贴近学生、贴近生活、贴近实际是高校思想政治教育必须遵循的"三贴近"原则。在教育实践中，运用议程设置理论也必须遵循这"三贴近"的原则。因为"三贴近"原则体现了实践第一的观点、人民群众是历史创造者的观点、以人为本的观点。高校思想政治教育的议程设置在教育实践中产生，同时又推动教育实践的发展。它反映学生生活，又服务于学生生活；它源于学生们的学习和社会实践，又服务于学生的学习和社会实践。思想政治教育议程设置的"三贴近"，就是在深入学生思想实际、生活实际的过程中，了解学生、引导学生，提高学生的思想政治水平。

1980 年 5 月，一封署名"潘晓"的读者来信"人生的路呵，为什么越走越窄"发表在《中国青年》杂志上，引发了一场波及全国、持续约十个月的关于人生观的大讨论。而这封信正是编辑部在洞察中国的一代青年从盲目狂热转向苦闷迷茫这一特殊的历史时期，对两个青年的人生感想文章编辑而成。"潘晓来信"可谓是媒体一次成功的议程设置，是改革开放开局时期中国思想解放史上具有重要意义的议题。其实，大学生从来都不是生活在"象牙塔"中、无忧无虑与世无争的群体，社会上的各种矛盾和纷争必然会影响校园里的大学生，尤其是在当代新媒体环境已经形成的情况下，学生们在心里早已撤去了校园的围墙，客观上再也不存在思想政治教育的"象牙塔"了，这就更加要求思想政治教育主体在其教育实践中设置议题的时候坚定地贯彻执行"三贴近"的原则。"三贴近"的原则不是空洞的口号，而是贯彻和落实马克思主义思想政治教育的科学的方法论。"面对世界范围内思想文化交流、交融、交锋形势下价值观较量的新态势，面对改革开放和发展社会主义市场经济条件下思想意识多元、多样、多变的新特点"，❶ 只有坚守"三贴近"的原则，才能抓住机遇，迎接挑战，进一步巩固马克思主义在思想政治教育实践中的主导地位，在多元中求主导，在多样中成主体，在多变中争主流。只有这样才能不断增强高校思想政治教育的吸引力的感染力，增强其针对性和实效性。

（三）提高国际传播能力，旗帜鲜明地捍卫国家意识形态安全

随着信息时代的到来，人们对国家安全的认识从传统的国家军事与政治安全转向意识形态和文化软实力，从而形成了新的国家安全观，其中最重要的组成部分就是意识形态安全。何谓意识形态？意识形态这一概念最早产生于十八世纪末的法国，由哲学家德·特拉西提出，被概括为"观念的科学"

---

❶ 中共中央办公厅.关于培育和践行社会主义核心价值观的意见[EB/OL].[2013-12-13].http://cpc.people.com.cn/12/2013/1223/c64387-23924110.html.

（也称为"理念的学说""观念学""观念的体系"）。意识形态是与一定社会的经济和政治直接相联系的观念、观点和概念的总和，包括政治法律思想、道德、文学艺术、宗教、哲学和其他社会科学等意识形式。它们相互联系、相互制约，构成意识形态的有机整体。意识形态本质上是指在一个社会中占统治地位的思想，对于一个国家来说，意识形态直接关系国家未来的发展方向、发展方式和发展道路。因此，意识形态是否安全，是关乎国家利益的非常重要的一项工作。美国人类学家格尔兹甚至说："没有意识形态，我们几乎没有善恶观，没有法律和秩序，没有停靠的锚地和港湾。意识形态造就了我们行为的动力、态度和生活于其中的政治制度，意识形态形成了我们的价值观念。"❶

学者罗杰·惠特科姆认为，美国民族"具有一个强大意识形态教条的所有特质：使命意识、历史必然性和布道狂热""从某种意义上说，美国是二十世纪下半叶的大国中最具意识形态色彩的国家"。❷ 另一位美国学者迈克尔·亨特也说："忽略了意识形态，想重新调整美国外交政策可能遗留关键性的一步，只要试图对美国如何进入国际政治的密林，或者对政策制定者的行为进行深入的探讨，意识形态都占据显著地位"。❸ 近半个世纪的冷战格局，正是这种意识形态严重对立的反映。即便是在当前的后冷战时代，美国人仍然坚持着冷战思维，实际上是美国并没有放弃在全世界范围内推销美国主流意识形态。苏联解体时，美国国务卿詹姆斯·贝克欣喜若狂地说："苏联的崩溃产生了一个世纪才有一次的机会在全世界推行美国的利益和价值观念。"

改革开放三十多年来，中国的社会生产力得到了巨大发展。尤其是国际金融危机爆发以来，中国对世界经济增长的年均贡献率超过 20%。以美国为

---

❶ Roy C. MaCridis. Contemporary Political Ideologies：Movements and egimes［M］. Cambridge. Mass.：Winthrop，1980.

❷ Whitcomb，The American Aproach to Foreign Affairs：An Uncertain Tradition［J］. Foreign Affairs，1998，77（6）.

❸ 迈克尔·亨特.意识形态与美国外交政策［M］.褚律元，译.北京：世界知识出版社，1999：5.

首的一些意识形态与中国对立的国家，一边举起胡萝卜，一边举起大棒，一边捧杀，一边棒杀，加大对中国和平发展的遏制力度。除了体现在军事、政治方面，它们更在意识形态安全领域和信息安全领域全面遏制中国。"斯诺登事件"的爆发及斯诺登不停地报料，都是有力的例证。

当前，在意识形态安全方面，我们面临着严峻的挑战，不仅以美国为首的一些国家在意识形态领域与中国对立，全球化浪潮也加剧了意识形态安全的危机。曾经负责美国东亚和太平洋事务的助理国务卿帮办魏德曼曾说："贸易不只是创造财富的手段，它还是美国思想和理想借以渗透到所有中国人意识中的渠道；从长远来看，它为美国的意识形态产业（如电影、激光唱片、软件和电视）和使国际交流更为便利的产品（如传真机和互联网计算机）开辟市场。"目前，我国国内的形势也不容乐观，出现了贫富差距拉大、发展不平衡、官民矛盾、警民矛盾、腐败丛生、生态破坏严重等社会问题，也给意识形态安全带来了严重挑战。网络和基于网络基础上的各类新媒体层出不穷，它们所带来的裂变式传播方式的变革，使管理部门难以监管，加之法律法规的缺位，某种程度上也在意识形态安全危机方面起到了推波助澜的作用。

高校思想政治教育主体必须看清并正视这个事实，在思想政治教育实践中承担起捍卫国家意识形态安全的重任，这非常紧迫，极其重要！因为我们的受教育者是国家的未来，人民的希望，他们的政治信仰关系着中国是否还能坚持走中国特色社会主义道路这样大是大非的问题。要做到道路自信、制度自信和理论自信，绝不是停留在纸上和嘴上就可以的。要发展好中国特色的经济、政治、文化、社会和生态文明，搞好"五位一体"的总布局建设，同时要论证、要实践、要做到理论联系实际，不能总是被动应战，还要能主动进行议程设置，提高传播能力，尤其是国际传播能力，针对敌对势力利用其强大的传播能力和传播手段，特别是互联网对我国进行意识形态的攻击和渗透。高校思想政治教育主体在提高防御功能的同时，更要做到打造中国风格，"着力打造融通中外的新概念、新范畴和新表述，讲好中国故事，传播好中国声音",为确保中国意识形态安全贡献自己的力量。

（四）对自发性、突发性、变化性较强的公众议题要坚持全面均衡的原则

议程设置理论中所包含的传媒是"从事环境再构成作业的机构"的观点，重新提出了大众传播过程背后的控制问题。对自发性、突发性和变化性较强的公众议题要坚持全面和均衡的原则，并将其运用到高校思想政治教育实践中。它实际上说的是主体如何应对公众议题，即主体如何应对受教育对象反置的议题。大学生不是生活在"象牙塔"中，社会公众议题，尤其是网络公众议题常常进入大学生的视野，引起他们的热议甚至参与行动，如，"7·23甬温事件"等一些焦点事件中大学生的表现。这些带有自发性、突发性、变化性色彩的议题也许不是媒介的议程设置，更多的是公众的议程设置引起了媒介的重视，是公众议题对媒介议题的反置。作为高校思想政治教育主体，应该在其中积极主动地自觉发挥作用，通过与学生的对话，帮助学生摆脱主观偏见的束缚，学会全面、均衡地看待问题，提高责任意识，自觉地引导社会舆论，帮助广大青年学生和广大受众建立起广泛的社会共识。所谓全面均衡的原则，就是要看到问题的方方面面，然后抓住主要问题的主要方面，不偏执、不矫饰和高校思想政治教育主体要自觉引导舆论，传播正能量。只有做到全面和均衡地看待问题，才有可能做到公平、公正，促进社会和谐发展。

四、引领多级传播，当好"意见领袖"

习近平同志在北京师范大学视察时曾强调："百年大计，教育为本。教育大计，教师为本。努力培养和造就一大批一流教师，不断提高教师队伍的整体素质，是当前和今后一段时间我国教育事业发展的紧迫任务。……三寸粉笔，三尺讲台系国运；一颗丹心，一生秉烛铸民魂。"今天的学生就是未来实现中华民族伟大复兴中国梦的主力军，广大教师就是打造这支中华民族

"梦之队"的"筑梦人"。在高校思想政治教育的实践中，主体要成为一个真正的筑梦人，就必须在当前的多级传播中当好"意见领袖"。

（一）自觉地做一个传播正能量的"意见领袖"

如何才能自觉地做一个传播正能量的"意见领袖"？这是高校思想政治教育主体所必须思考并给予回答的问题。

第一，要着重树立两种理念：一是平等的理念，二是负责任的理念。

所谓平等的理念，即建构教育者和受教育者之间平等的师生关系的理念。树立平等的理念非常重要，这首先是由传播学意义上的意见领袖的客观地位决定的。意见领袖不是高高在上的领导，也不是孤芳自赏的精英。意见领袖所处的地位有一个非常明显的特征，那就是与某一特定群体的一般性成员打成一片，甚至分不出你我。这在今天网络媒体盛行的情况下尤其如此。如果说传统媒体或特定群体（如社区或团队）的意见领袖还要表现出略高一筹，而网络媒体上则不必如此。网络媒体上的意见领袖甚至可以不用公示自己的身份标签，只要说得有道理，受到一定数量的网民的追捧，在一定范围内就起到了意见领袖的作用。其次，这是由意见领袖所发挥作用的机制决定的。无论是传统媒体，还是网络新媒体，都存在二级传播或多级传播，在高校思想政治教育传播实践中也是如此。如果高校思想政治教育主体以师尊的面目出现，强调师道尊严，高高在上，则会堵塞与学生之间交流与沟通的渠道，也就不可能发挥意见领袖的作用了。只有建立平等基础上的师生关系，才能使大学生亲之信之，意见领袖的作用才能在多级传播中得以发挥。

所谓负责任的理念，即增强思想政治教育主体的责任意识，做青年学生的榜样和表率的理念。负责任的理念首先表现为主动和自觉的意识，要在当前纷繁复杂、良莠丛生的信息大潮中为大学生们引领方向，助力大学生成为具有中国特色社会主义事业的建设者和接班人；其次，表现为勇于担当的能力，既要有稳定的心理特征，又要有创新意识，能够依据变化了的新情况和新环境，提出并运用新观点、新办法、新机制来化解矛盾，克服困难，渡过危机，开创新机；再次，负责任的理念还表现为一种制动机制。在思想政治教育传播实践中，有个性、有态度、有观点非常重要，同时还要不盲从、不偏激、不极端。要引领大学生学会用全面均衡的态度和观点看待问题、分析问题和解决问题，积极、主动、自觉地传播正能量。

第二，要打好两个基础：一是扎实的知识储备，二是丰盈的媒介素养。

扎实的知识储备，表现为不断学习的能力，不断汲取知识、丰富自己知识宝藏的过程。习近平同志在纪念教师节30周年时视察北京师范大学，他在发表讲话时说："做好老师，要有扎实学识。……扎实的知识功底、过硬的教学能力、勤勉的教学态度、科学的教学方法是老师的基本素质，其中知识是根本基础。学生往往可以原谅老师的严厉刻板，但不能原谅老师学识浅薄""在信息时代做好老师，自己所知道的必须大大超过要教给学生的范围，不仅要有胜任教学的专业知识，还要有广博的通用知识和宽阔的胸怀视野。好老师还应该是智慧型的老师，具备学习、处世、生活、育人的智慧，既授人以鱼，又授人以渔，能够在各个方面给学生以帮助和指导。"❶ 是的，"水之积也不厚，则其负大舟也无力"。在信息时代，只有按照陶行知所说的"出世便是破蒙，进棺材才算毕业"，不断学习、克服知识恐慌，才能化解危机，在思想政治教育实践中成就立德树人的大业。

丰盈的媒介素养就是强调提高高校思想政治教育主体的媒介素养不是一蹴而就的，而是一个动态的不断提高的过程。我们在前面论述过主体媒介素养提高的三个阶段及其关系，这里不再赘述，但要特别强调作为高校思想政治教育主体，一定要不断提高新媒介素养，如数字素养、信息素养、网络媒介素养和手机媒介素养等，以此弥补因时代、专业、环境等因素造成的与青年学生之间的数字鸿沟。高校思想政治教育主体一定要正视这样一个事实，就是"很多人特别是年轻人基本不看主流媒体，大部分信息都从网上获取"。在高校思想政治教育实践中，只有做到"人在哪儿，重点就应该在哪儿"，

---

❶ 习近平.做党和人民满意的好老师——同北京师范大学师生代表座谈时的讲话[EB/OL].[2014-09-09].http://politics.people.com.cn/n/2014/0910/c70731-25629093.html.

让自身的新媒介素养不断地丰盈起来，才能应对这一时代巨变，不被边缘化，才能无惧科技进步带给社会的生活方式的重大变化，才能在社会转型时期走在时代前列，才能赢得时代先锋——大学生的青睐，在高校思想政治教育传播实践中发挥意见领袖的作用。

其实，扎实的知识储备和丰盈的媒介素养是相辅相成的。它们在运用媒介和创造信息进行高校思想政治教育实践的过程中互为表里，是高校思想政治教育主体必备的基础。

第三，要提高两种能力：一是传播力，二是影响力。

传播学学者们关于传播力的论述很多，其中不乏歧义。我们所说的传播力，特指在高校思想政治教育实践中传播马克思主义、毛泽东思想和中国特色社会主义理论的能力，帮助学生树立科学的世界观、人生观和价值观的能力。这个传播力实际上是思想政治教育学和传播学交叉相融的结果，是处理好内容与形式的关系问题。具体说来，就是如何借鉴传播学的理论和方法传播好思想政治教育的内容的问题。对这一问题的有效回答，离不开高校思想政治教育传播实践。只有在传播实践中运用传播学的理论和方法，并不断地对传播效果进行检测和评估，对实践过程不断地进行矫正，取得良好的效果，才能使思想政治教育传播实践与传播力进入一个良性循环、相互促进、共同提高的阶段。

所谓影响力，一般认为指的是用一种为别人所乐于接受的方式，改变他人的思想和行动的能力。它分为权力性影响力和非权力性影响力。权力性影响力主要源于法律、职位、习惯和武力等。非权力性影响力主要来源于某个人的人格魅力，来源于人与人之间的相互感召与信赖。我们所说的影响力，特指高校思想政治教育主体在教育实践中发挥意见领袖作用时的影响力，它当然是一种非权力性影响力。这个影响力源于高校思想政治教育主体的个人品格、才能、知识和情感。要提高这个影响力，就要从加强个人品格修养上下功夫，从培养自身的创新意识、创新能力和实践能力上下功夫，不断提高自己的才能；要提高这个影响力，还要从爱国、爱事业的角度出发，不断丰富自己的情感，提高自己的情感品质。

（二）注重在学生中培养"学生意见领袖"

"意见领袖"是多级传播中的重要角色，他们活跃在某类人群之中，穿梭于各类媒介之间，能够比他人较早或较多地接触信息，并经过自己的再加工，将信息传播给其他人。他们在起到重要的中介或过滤作用的同时，影响他人的态度，加快了传播速度并扩大了传播影响。"意见领袖"客观而广泛地存在于任何一种社会及其传播过程中，润物细无声地发挥着他们的影响力。这种现象也存在于高校思想政治教育的传播实践中。在传播学领域对"意见领袖"的研究中，学者们发现人际影响有时比媒介影响更为普遍和有效。如果意见领域能够善用媒介，那么它在传播中将焕发出更大的能量，在高校思想政治教育实践中，发挥朋辈教育的作用，是很重要的一种方法。在传播学视域下，培养"学生意见领袖"参与到思想政治教育实践中来，既是多级传播的客观要求，也是做好高校思想政治教育工作的需要。其原因有以下方面组成。

第一，通过传统的多元路径，培养"学生意见领袖"。高校三十多年的思想政治教育的理论与实践，已经总结出一套有效的方法，为培育"学生意见领袖"提供借鉴。高校思想政治理论课仍是培养"学生意见领袖"的主阵地；高校党建工作是发现和培养"学生意见领袖"的重要渠道，要注重培养优秀的学生党员成为大学生群体中的"意见领袖"；大学生的社会实践活动及校园文化活动是发现和培养"学生意见领袖"的重要场所，也是"大学生意见领袖"发挥作用的重要时刻；还有辅导员的特殊身份与地位，以及他们在团学组织中的特殊重要性，都决定了他们在培养"大学生意见领袖"的过程中将发挥更重要的作用。要发挥培育"学生意见领袖"的作用，最主要的是要做到老师与学生之间、学校与学生之间平等地进行交流与沟通。学生拥有平等的话语权，不能倚重教师之尊来压人一头，高人一等；同时，还要保障双方沟通的桥梁与渠道的畅通，这是对高校思想政治教育组织主体和制度主体的最低要求。

第二，利用新媒体，发现并培养"学生意见领袖"。在新媒体环境下，年轻人基本不看主流媒体，大部分资讯从网上、从手机终端获取，这就要求高校思想政治教育主体更要熟悉互联网，熟悉手机媒介，能够在新媒体中把握学生的思想动向，能够利用新媒体传播主流意识形态，并把这种传播与有意识地培养"学生意见领袖"结合起来，不能在与多元价值观争夺思想领域的阵地和人才中被边缘化，更不能在与对立意识形态的斗争中败下阵来。利用新媒体发现和培养"学生意见领袖"，还应注重把传统路径融入新媒体中来。用青年学生熟知的喜闻乐见的方式方法进行传播和引导，成为"学生意见领袖"的良师益友，与"学生意见领袖"情理交融，一起发挥作用，让学生在感受关怀与温暖的同时，自觉地担当起"学生意见领袖"的责任。

第三，注意发挥学生群体中"意见领袖"的积极引导作用，使其成为带动大学生进步的模范。大学生中的意见领袖往往是这个群体中组织管理能力最强、知识最丰富、理论修养最高的一些人。他们能够帮助其他学生解决思想上、学习上和生活上的困惑，他们往往比普通学生更有魄力，创新精神强，乐于助人，无私奉献，深得群体中其他成员的认可，具备独特的人格魅力，具有广泛的追随者。他们通过自己的言行去影响群体中其他成员。意见领袖是一个群体的核心，他或他们在群体中的影响力深远，在学生中起着榜样和模范的作用。高校思想政治教育工作者可以利用学生中的"意见领袖"在群体中的影响力，首先影响"意见领袖"。思想政治教育工作者应尽量与这些意见领袖建立起融洽和谐的关系，多与这些学生中的意见领袖人物进行沟通和联系，使思想政治教育工作首先得到这些"意见领袖"的认可，从而得到他们的积极支持，成为"两级传播"的重要媒介。然后，通过他们在群体中的权威作用、丰富的知识水平和逻辑性的思辨能力，对信息进行再加工，使其以更容易被大学生群体接受的方式传递，帮助那些思想偏激的成员转变消极观念，进而更好地引导大学生群体。

第四，充分利用学生群体中的"意见领袖"，使其成为推进大学生思想政治教育工作的主力军。"意见领袖"在参加社会实践活动时，能够保持自身的主体地位，体现主体性意识，并根据掌握的信息资源和自身的能力和特点，在实践过程中体现自己的能动性和创造性。大学生群体中的意见领袖在与群体成员的交往互动过程中，能够充分运用自己掌握的信息资源，积极主动地宣传正确的思想观念，积极引导群体成员树立正确的世界观、人生观和价值观，充分发挥"意见领袖"在思想政治教育中的主体地位。在思想政治教育过程中，"意见领袖"的自觉主动意识和积极自主的行为，又能够感染群体成员，促进整个群体成员的自觉性和自主性，使主动积极者变得更加优秀，并逐步向"意见领袖"方向发展；使消极怠慢者逐步融入互动过程中，积极地向中介者和积极者靠拢。

第五，积极营造良好的学习生活氛围，最大限度地拓展"意见领袖"发表言论的渠道，让"意见领袖"代表群体成员，积极发表意见。与此同时，思想政治教育工作者要加强与学生的交流，要善于发现和引导学生中的"意见领袖"，培养"意见领袖"成为学生思想政治教育工作者，并不断提高其素质。

此外，除了"学生干部骨干""学术强人"和"实践达人"等这些学生中的"意见领袖"，校园里的"教师明星""专家学者"等被学生所承认、尊敬和崇拜的个人或团体，都可以作为"意见领袖"而被纳入思想政治教育传播工作。思想政治教育工作者可以通过搭建和完善一系列平台，发现和培养微博、微信、BBS等新媒介中的"意见领袖"，持续关注活跃在学生身边的、具有较好声誉度和正能量的真实个体，并不断将这些人纳入思想政治教育的网络新媒介的教育平台，鼓励他们积极影响大学生群体，助其成长与成才。其中，网络"意见领袖"是高校思想政治教育中一支不可忽视的力量。这些网络"意见领袖"可以通过个人的微博、微信等网络新媒介迅速而有效地引发大学生群体的关注，树立其微博、微信权威形象和地位，获得大学生群体的信任，从而使网络新媒介成为辅助大学生思想政治教育工作的重要渠道，进而拓展大学生思想政治教育的新阵地。以高校思想政治工作者中的"意见领袖"为桥梁，促进思想政治教师与学生群体之间的沟通，不仅可以及时了解学生的思想动向，而且还能拉近双方的距离，使高校思想政治工作更深入学生内心，通过这些网络"意见领袖"及时而准确地发布权威信息，牢牢把握舆论的话语权。此外，高校网络"意见领袖"可以依赖自己高关注度和对于网络技术的熟练运用度，及时总结其身边能激发自己思考的积极正面的人和事，并通过微博、微信等形式加以分享，向大学生传播积极向上的人生观、世界观和价值观，潜移默化地塑造大学生的理想信念，使他们走向成才之路。

五、把握新媒体，沟通两个舆论场

据中国互联网络信息中心第 34 次发布中国互联网络发展状况统计报告数据显示：截至 2014 年 6 月，我国网民规模达 6.32 亿，较 2013 年年底增加 1442 万人。互联网普及率为 46.9%，较 2013 年年底提升了 1.1%；我国手机网民规模达 5.27 亿，较 2013 年年底增加 2699 万人；我国网民中农村人口占比为 28.2%，规模达 1.78 亿；整体网民中小学及以下学历人群的占比为 12.1%，相比 2013 年年底上升 0.2%，而大专及以上人群占比下降 0.3%。手机上网的网民比例为 83.4%，相比 2013 年底上升了 2.4%，台式电脑和笔记本电脑上网网民比例略有下降，分别为 69.6% 和 43.7%。网络和移动网络媒体在我国运用基本上达到普及。高校思想政治教育是对学生心灵的教育，正如习近平同志所说："人在哪儿，重点就应该在哪儿。""很多人特别是年轻人基本不看主流媒体，大部分信息都从网上获取。必须正视这个事实，加大力量投入，尽快掌握这个舆论战场上的主动权，不能被边缘化了。"❶ 高校思想政治教育主体在其教育实践中必须直面有可能被边缘化的危机，只有正视

---

❶ 习近平.胸怀大局把握大势力把宣传思想工作做得更好［BE/OL］.［2013-08-21］.http://cpc.people.com.cn/n/2013/0821/c64094-22636876.html.

新媒体，把握新媒体，自觉做好两个舆论场的沟通者，才能化解危机，变危机为机遇，使高校思想政治教育实践迈上新台阶。

（一）解决本领恐慌问题，掌握新媒体

新媒体时代的到来，给高校思想政治教育主体带来了各方面的挑战和考验。新媒体以其形式丰富、互动性强、渠道广泛、覆盖率高、精准到达、性价比高、推广方便等特点，在现代信息传播过程中起着非常重要和关键的作用。大学生是新媒体的主要使用人群，他们自发地贡献、提取和创造新闻资讯，然后将其分享传播开来。此外，社交媒体还是他们彼此之间用来分享意见、见解、经验和观点的工具和平台。在这种情况下，新媒体对高校学生的思想道德、价值观和认知态度的影响逐渐增强。然而，当前高校思想政治教育工作者却在应对新媒体的种种挑战方面力不从心，这主要表现在以下三个方面。

一是新媒体技术知识较为贫乏。新媒体技术的发展对思想政治教育主体运用新媒体技术的各种服务形式提出了很高的要求，他们需要通过论坛、贴吧、微博、微信来了解学生关注动态的变化，并且逐渐学会在这些地方筛选有益的信息作为与学生进行沟通的桥梁。必须认识到，在新媒体时代，思想政治教育主体的信息优势逐步丧失。网络的发展使学生从传统途径接受的知识量大为减少，新媒体作为第五代大众传媒在社会中的地位和作用将逐渐上升，学生可以通过网络方便地查到各种公开或内部、真的或假的信息，而思想政治教育主体有时候却面临着信息劣势的境地，部分个体主体由于缺乏系统的使用计算机和网络的习惯，当面对飞速发展的计算机和网络科技时往往不知所措，不熟练上网查询信息的方法，从而导致对大学生的信息控制和行为指导能力下降。

二是知识结构比较单一。在新媒体环境下，思想政治工作与政治学、哲学、伦理学、心理学乃至文学艺术等许多学科都有着密切的联系。因此，一名优秀的高校思想政治工作者不仅要拥有广博的知识储备，而且还要有不断

追求新知的乐趣和习惯。然而，由于复杂的原因，许多高校思想政治工作者知识结构比较单一，同时又对网络文化、文学艺术新思潮、新现象知之甚少，面临着失去了一条重要的沟通交流渠道的危险。

三是教育方法过于传统。新媒体技术的发展要求思想政治工作者开展工作的方式更加多元化和直观性。在传统的思想政治工作中，较多地使用摆事实、讲道理的教育方法，这在传统媒体时代具有一定的优越性。然而，思想政治教育方式却面临着新情况——新媒体的使用占用了学生大部分的有效时间。由于教育形式的僵化，最终导致教育者精心准备的课堂内容，只能对特定人数的对象发挥作用，而且在许多情况下它持续发挥效果的时间相对较短。

对高校思想政治教育主体而言，直面现实，克服技术恐惧，解决好本领恐慌问题是十分必要和重要的。信息传播技术的飞速发展已是不可阻挡的时代潮流，国际的意识形态斗争因为有了信息传播技术的飞速发展而更加复杂和激烈，西方有些国家对互联网在时间和空间上的挤压和占领，已严重侵蚀了高校思想政治教育业已取得的成果，躲避和封堵都是死路一条，唯一可行的是迎头赶上，解决本领恐慌，直面新技术，掌握新媒体。只有这样，才能把工具理性和价值理性结合起来，实现利益最大化。

（二）在沟通融合"两个舆论场"中发挥作用

"两个舆论场"目前在学术界还颇具争议。最早提出这一概念的是新华社原总编辑南振中。1997年，他在与出租车司机的交谈中，感受到了民间人际传播的强大力量，由此产生了"口头舆论场"或"民间舆论场"的思想雏形。1998年1月8日，在新华社工作会议上，南振中把马克思关于"表达社会舆论"的观点同新闻实践结合起来，提出了正确处理"两个舆论场"的关系问题。他认为，现实中存在两个"舆论场"：另一个是老百姓的"口头舆论场"；一个是新闻媒体着力营造的舆论场。❶

---

❶ 陈芳.再谈"两个舆论场"——访外事委员会副主任委员、全国人大常委会委员、新华社原总编辑南振中[J].中国记者,2013(1).

此后，很多著名的学者和媒体人士对"两个舆论场"的概念进行了辨析式的讨论。正如刘建明所说："对'两个舆论场'之说，有的文章强调'两个舆论场不仅对同一现象看法不同，甚至对社会整体认识也有很大差别'，需要'打通两个舆论场，使二者尽量吻合'。"有的文章则认为，两个舆论场讨论的内容大抵相同，只是讨论的方式、使用的话语不同。还有的文章指出，舆论本来就发生在民间，官方媒体只能引导舆论，将二者"打通"既没有必要，也无法做到。这些作者的观点之所以产生歧义，是因为人们对舆论、舆论场及主流媒体的功能有着不同的理解。❶

刘建明在他的文章《"两个舆论场"若干歧义的破解》一文中，首先剖析了舆论、舆论场和宣传场三个概念的区别，然后指出主流媒体既是宣传场，又应成为舆论场，主流媒体应该担当起重建网络背景下的强大舆论场的责任。

我们认为，在关于"两个舆论场"讨论的众多观点中，刘建明的观点颇有建树。他认为舆论场就是舆论形成和传播的场所，往往容纳多种意见的交流和融合，成为舆论传播的空间或渠道。主流媒体存在实然状态（宣传场）和应然状态（舆论场）之间的巨大差距。他分析了主流媒体的实质，指出主流媒体应当承担的社会责任，认为主流媒体必须从当前的宣传场转变为舆论场，同网络舆论形成合力，才会强化社会的凝聚力，提振社会正气。

很多学者也都对"舆论场"这一概念做出定义，如，童兵也认为："包含若干互动因素从而使一些人形成共同意见的时空环境谓之舆论场。"可见，舆论场离不开场所、环境，也就是说，舆论所依赖一定的媒介而存在，因此我们认为，把两个舆论场概括为"官方舆论场"和"民间舆论场"是不准确的。因为它突出了"官方"与"民间"的对立，会导致人们在意识形态和学理认识上的双重歧义；但如果像刘建明那样把两个舆论场定义为"主流媒体舆论场"和"网络舆论场"，也不符合目前传播状态的实际，同样在学理上也会产生很大的歧义。我们认为，把两个舆论场定义为"传统媒体舆论场"和"新媒体舆论场"是比较适合的，这两个舆论场是对立统一的客观存在。

---

❶ 刘建明."两个舆论场"若干歧义的破解[J].中国记者,2013(1).

　　高校思想政治教育应当助力主流媒体由宣传场向舆论场的转变，助力传统媒体舆论场和新媒体舆论场的融合。这是因为高校思想政治教育与主流媒体有着相同的社会责任，而高校思想政治教育实践就处于两个舆论场所展示的环境之中。根据人民网舆情监测室秘书长祝华新的研究，目前中国的网络舆论的影响及热烈度绝对是世界上最强的。虽然经常在网上发声的只有一二成的中国人，但他们通过新闻跟帖、个人博客、BBS，特别是微博，随时发布信息，表达意见，并出现了"公民报道者"和掌握极大话语权的民间"意见领袖"。❶ 网上有一种"罗宾汉情结"，只要涉及官民和贫富之间的冲突，网民往往不辨案情的是非曲直，一边倒地站在弱势群体一边。特别是新闻跟帖，以及近年来日趋口水化的BBS，成为草根之怒的宣泄口，"仇官""仇富"情绪的"垃圾箱"。互联网经常成为弱势群体展示伤痕和相互抱团取暖的地方。❷ 而我们的"主体性客体"，广大的大学生们又何尝不是新媒体舆论场当中的生力军?! 高校思想政治教育主体必须认识到，思想政治教育的内容和实质只有沟通两个舆论场，与两个舆论场相融合，才能取得实效。

　　怎样才能在融合两个舆论场中发挥积极的作用？高校思想政治教育主体要言传身教，深入研究探讨人权、自由、法治、政治体制改革、意识形态安全、社会治理现代化等社会深层问题，传播好思想政治教育内容的精髓。这就要求高校思想政治教育主体要在理念上和实践上，不断融合传统媒体与新媒体，自觉主动地融合两个舆论场，在更大范围内把握住话语权，尤其是在互联网话语谱系中掌握话语权，而不是被逐步地"边缘化"。在加强互联网管控、防范互联网风险的同时，还要重视网络文化建设，让正能量的信息尽可能地充满互联网空间。

---

❶　祝华新.网络舆论倒逼中国改革[J].中国改革,2011(10).
❷　祝华新.网络舆论倒逼中国改革[J].中国改革,2011(10).

第四节　案例分析

我们借鉴传播学的理论与方法，选取在思想政治教育主体建设方面取得突出成就的如下几个案例来做分析。

案例一：全国道德模范郭明义[1]

说起道德模范郭明义，他的事迹传遍全国。

道德模范郭明义，有着和许许多多人一样平凡的履历。1977年1月参加中国人民解放军，1980年6月在部队加入中国共产党。1982年1月，复员到鞍钢集团矿业公司齐大山铁矿工作。先后担任矿用大型生产汽车驾驶员、车间团支部书记、矿党委宣传部干事、车间统计员兼人事员、矿扩建工程办公室英文翻译等。1996年起，任齐大山铁矿生产技术室采场公路管理员。

与许许多多的人不同的是，他时时处处发挥先锋模范作用，在每个工作岗位上都取得了突出的业绩。在部队里，他就是"学雷锋标兵"，担任采场公路管理员以来，十五年间，累计献工15000多小时，相当于多干了五年的工作量。

道德模范郭明义，是一个"毫不利己，专门利人"的人。二十年间，他累计献血6万毫升，是自身血量的10倍多。为希望工程、身边工友和受灾群众捐款12万元，先后资助了180多名特困生，而他自己的家中却几乎一贫如洗，一家三口人至今还住在鞍山市千山区齐大山镇，一个二十世纪八十年代中期所建的、不到四十平方米的单室里。他被工友们亲切地称为"活菩萨"、"活雷锋"。

道德模范郭明义，是一个起到先锋模范作用的共产党员。矿业公司领导称赞他使整个"矿山人"的精神得到了升华；一花独放不是春，百花齐放春

---

[1]　百度百科.郭明义[BE/OL].[2012-01-29].http://news.runsky.com/node_65043.htm.

满园。在他的带领下，2009 年 7 月正式成立了郭明义爱心团队，下设希望工程爱心联队、无偿献血志愿者应急服务大队、造血干细胞捐献志愿者大队、遗体（器官）捐献志愿者俱乐部、慈善义工大队、红十字志愿者急救队和红十字志愿者服务队七支大队。目前，全国各地已有 17 个省市自治区成立了郭明义爱心团队的大队、分队 170 余支，注册志愿者达到 6 万多名，参加活动的志愿者遍布全国。至今，郭明义爱心团队累计捐款 200 多万元，在新疆、重庆援建希望小学各 1 所，资助困难学生 2900 多名，无偿献血 130 多万毫升，捐献造血干细胞血液样本 5000 多例，其中 1 人成功完成了捐献。800 多人成为遗体（器官）捐献志愿者。

道德模范郭明义，做好事无数，也赢得了很多荣誉：齐矿先进生产者标兵、模范共产党员，矿业公司先进生产者、鞍山市优秀义工、道德模范、无偿献血形象代言人、特等劳动模范、辽宁省道德模范提名奖、希望工程突出贡献奖、全国无偿献血奉献奖金奖、全国红十字志愿者之星、中央企业优秀共产党员等荣誉称号。

道德模范郭明义的事迹走出了矿山，走向了全国：2008 年 7 月 1 日，齐大山铁矿做出了《关于开展向郭明义同志学习活动的决定》。

2010 年 4 月 26 日，鞍钢集团公司党委、鞍钢集团公司做出了《关于开展向郭明义同志学习活动的决定》。

2010 年 8 月 4 日，中共鞍山市委做出了《关于开展向郭明义同志学习活动的决定》。

2010 年 9 月 21 日，中共辽宁省委授予郭明义同志"优秀共产党员"称号。

2010 年 9 月，中共中央组织部决定，授予郭明义同志"全国优秀共产党员"称号。

2011 年 2 月 14 日，郭明义荣获 2010 年感动中国人物。他的颁奖词是：他总看别人，还需要什么，他总问自己，还能多做些什么。他舍出的每一枚硬币，每一滴血都滚烫火热。他越平凡，越发不凡，越简单，越彰显简单的伟大。

2012 年 3 月 2 日，中央精神文明建设指导委员会授予郭明义同志"当代雷锋"荣誉称号。

2012 年 11 月 14 日，当选为中国共产党第十八届中央委员会候补委员。

2013 年 10 月 22 日，当选为全国总工会兼职副主席。

郭明义的光辉事迹随着各种媒体传播传遍祖国各地，带动起数以千百计的人们一起做公益慈善，这里面有着微博自媒体的一分力量！2011 年 3 月 25 日，郭明义开通了新浪实名认证的微博"鞍钢郭明义"，53 岁的郭明义开始学习上网和织"围脖"。截至 2014 年 8 月中旬，郭明义的粉丝已超过 2169 万，他关注 2999 位，发布微博 9300 多条。

"以爱的名义，关心、关注这个孩子，伸出援手。"2011 年 8 月 28 日，郭明义转发了北京交通大学研究生于永山身患白血病的微博。从这一天起，于永山的命运与郭明义和他的粉丝连在一起。郭明义关注、救助于永山的微博共被网友转发 1600 多次，评论 1400 多条，得到了粉丝的积极回应。除了评论和转发，粉丝们还通过捐款、献血和捐献造血干细胞等方式为于永山送去希望。

郭明义还是鞍山遗体器官捐献俱乐部发起人，他走到哪儿，就把器官捐献志愿书带到哪儿。郭明义发布的微博中，记录了 100 多名人体器官捐赠者的音容笑貌。……粉丝们纷纷加入到捐献遗体的队伍中来，数以千计的人在人体器官捐献志愿书上郑重签字。

2011 年 12 月 5 日，世界志愿者日。郭明义在微博中公布了首批通过新浪微博参加郭明义爱心团队名单。17 位微友分别与 18 名贫困学生结成"希望工程"帮扶对子，这些微友中既有近在身边的工友，也有远在海外的华侨。

"爱心团队在行动"，是郭明义微博高频词，每天看郭明义的微博，也成为粉丝们的习惯。有个网友的个人签名是"我最喜欢的人是郭明义"，因为"通过微博认识郭明义并加入爱心团队，我的精神世界变得更加富有和满足。"

郭明义的微博自媒体，成功地向世人说明了榜样、楷模就在人们身边。他通过微博微信等社交媒体，广泛地向社会传递着正能量。

2010 年 8 月，胡锦涛指出："郭明义同志是助人为乐的道德模范，是新时期学习实践雷锋精神的优秀代表。要大力宣传和弘扬郭明义同志的先进事迹和崇高品德，为构建社会主义和谐社会提供强大精神力量。

习近平指出，雷锋、郭明义、罗阳身上所具有的信念的能量、大爱的胸怀、忘我的精神、进取的锐气，正是我们民族精神的最好写照，他们都是我们民族的脊梁！

【案例分析】

郭明义普通而又不普通，平凡而又不平凡。说他普通，是因为他来自我国庞大工人队伍中普通的一员，说他不普通，是因为他是工人队伍中伟大的一员，是全国人民的道德楷模。说他平凡是因为他没有惊天动地的事迹，说他不平凡，是因为每几十年如一年，扶危济困，为常人所不能为。高校不是象牙塔，大学生不可能生活在真空中，尤其是在今天这个互联网、融媒体充分发达的社会，郭明义用实实在在的行动为大学生树立了光辉的榜样，他是来自社会来自生活的活生生的典范和榜样，是最接地气的思想政治教育主体，郭明义是思想政治教育个体主体的突出典型，也是中国特色社会主义思想政治教育制度性主体的代表，更为难能可贵的是，郭明义这个道德楷模还不断地自觉克服本领恐慌，掌握和运用现代化思想政治教育的"武器"——新媒体，对微博等新媒体运用自如，提高效率，弥合"两个舆论场"的裂痕的同时，也给人们心目中的传统的道德楷模下了新的注解。而在新媒体的帮助下，郭明义拥有的粉丝已超过 2169 万，在全国各地带起了几十支爱心团队，无论是在现实社会，还是在网络社会，郭明义传递的都是满满的正能量！

案例二：央视新闻评论员——以杨禹[1]为例

　　央视新闻评论员是今天中国最具风险的职业之一，其性质属于在冰面上跳舞、在钢丝上遛弯儿。直播时的三分钟不能掉链子，镜头后的三更天必须下苦功，要经得住夸，要扛得住骂，要有情怀但不能耍情绪，要有智慧而不耍小聪明，既要犀利，又要厚道，貌似一言九鼎，其实九牛一毛。

——摘自杨禹微博

　　在中央电视台新闻频道多个栏目中，人们总能看到新闻评论员杨禹，从时政要闻到民生话题，杨禹的评论领域总是离不开社会热点、焦点。他的出镜率很高，被网友称为"史上最牛新闻评论员"。

　　杨禹生于1969年7月，北京人。本科毕业于北京经济学院（首都经贸大学的前身），做新闻评论员之前，他已有多年媒体从业人员的经历。1993年至1996年在北京人民广播电台交通台做节目主持人。1996年至2009年在国家发改委《中国经济导报》，先后做记者、编辑、科社部主任、新闻中心主任，2009年至今，成为国家发改委城市和小城镇改革发展中心研究员，同时成为中央电视台特约评论员。

　　中央电视台是在2009年开始设立新闻评论员，或称特约新闻评论员的。早期运用短评、述评等评论模式。这些评论由央视新闻中心联播编辑部的一个评论组负责撰写，由联播的主播进行播报。2013年初，中央台进一步改进新闻评论的播出方式，在原有做法外，又推出了"直接连线评论员"这种模式。目前，人们在中央台荧屏上看到的活跃的新闻评论员有十几位。

　　杨禹是其中杰出的代表。他经常参与的栏目包括《朝闻天下》《东方时空》《焦点访谈》《共同关注》《新闻直播间》《新闻联播》等。近年来，杨禹多次在中央电视台的全国两会、国庆活动等重大时政直播中担任评论员。

　　以2013年1月23日《新闻联播》栏目为例。杨禹第一次在《新闻联

---

❶ 赵耕.杨禹："钢丝上遛弯儿"的新闻评论员［N］.北京日报,2013-01-08(19).

播》中以特约评论员的身份出现，屏幕上相继出现这样的评论标题：刹住浪费 管好三"公"、要遏制的浪费不止在舌尖上。

这次评论的全文如下：❶

郎永淳：这两天，我们的集中关注了社会上存在的浪费问题，公款消费，谁在消费？为什么会有浪费？怎样管住这些浪费现象？现在马上连线本台特约评论员杨禹。杨禹，你认为遏制铺张浪费之风，应该从哪些方面入手？

杨禹：刹住浪费 管好三"公"

"舌尖上的浪费"确实触目惊心。我给归纳了三个"公"字。

第一个公：公款。要狠刹"舌尖上的浪费"，党政干部要以身作则，先从规范公务接待开始。国内很多地方已有了公务接待餐饮标准，或是严格限定用公务卡。管得住的地方，舌尖上的浪费就少。管不住甚至不去管的地方，浪费是必然。

第二个公：公务人员。有很多饭桌边，坐的是公务人员，但买单的可能是老板，是形形色色的"朋友"。所以，管住了公款还不够，还要管住公务人员的行为，什么饭不能吃，要有一清二楚的规定。更要管住公务人员手里的权力：把权力关进制度笼子里，饭桌上的获益与寻租没了空间，浪费必然减少。

第三个公：公众。也就是咱们每一个人。点几个菜，打不打包，看似事小，却关系着勤俭节约的传统美德的传承问题。

杨禹：要遏制的浪费不止在舌尖上

中国有着丰富灿烂的饮食文化。"舌尖上的中国"很美好，但"舌尖上的浪费"很可耻。眼下，我们可以把遏制"舌尖上的浪费"和整治"庸懒散奢"这些不良风气挂起钩来，和有效防治腐败挂起钩来，和形成艰苦奋斗、

---

❶ 刹住浪费管好"三公"要遏制的浪费不止在舌尖上[BE/OL]．[2013-01-23]．http://news.cntv.cn/
2013/01/23/VIDE1358940453944697.shtml.

合理消费的社会风尚挂起钩来。

还有很多浪费，也是我们眼睛里不该揉进的沙子：能源的浪费，土地的浪费，贪大求洋的城市建设带来的浪费，浮夸的会风文风作风所带来的浪费。

遏制浪费，我们不妨从舌尖开始。遏制浪费，要有改革突破，要有制度保障。遏制浪费，得党政干部先做表率，全体国民一起努力。

郎永淳：谢谢杨禹。遏制舌尖上的浪费，就从今晚这顿饭开始吧。

中央电视台在"反对浪费、厉行节约"这一主题上的议程设置，在全社会都起到了很好的辐射和引领作用。"舌尖上的浪费"见诸网上后，中央高层对此非常关注，习近平总书记就新华社一篇内参报道做出重要批示，要求严格落实各项节约措施，坚决杜绝公款浪费现象，使厉行节约、反对浪费在全社会蔚然成风。中央电视台节约粮食和各种食物的公益广告、新闻报道等携带着震撼人心的数据大面积播出，引起全国人民的强烈共鸣。源自民间的"光盘行动"，倡导厉行节约，反对铺张浪费，带动大家珍惜粮食、吃光盘子中的食物，得到从中央到民众的支持，成为 2013 年十大新闻热词、网络热词，成为最知名公益品牌之一。高校大学生不是生活在真空中，社会的主流舆论和思想潮流，无时无刻不在影响着大学生，网络传播对大学生的思想政治教育效果远胜于高校校园和课堂，不管是正面影响还是负面影响。事实也证明，很多高校都积极踊跃地参加到"光盘行动"的浪潮之中，大学生成为引领"光盘行动"的主力军。

在杨禹四年多的新闻评论员生涯里，他点评过许多涉及时政和经济领域的时效性很强的重大题材的新闻，都收到了很好的效果。广大的电视观众和网友给予他很高的评价，如"史上最牛新闻评论员"的称号。有网友这样评价他：面对时效性很强的新闻，杨禹都能立刻做出精炼的评论，可见其知识储备之雄厚。其思想之深刻，思路之清晰，内容之独到，令人叹服。还有网友把他与别的新闻评论员做比较，认为杨禹在评论中更加摆事实，讲道理，干脆利落，没有废话，句句表达明确、切中要害。

杨禹缘何能够做得这么好？这么深入人心，即使在点评负面新闻时，也能起到引导舆论，传播正能量的作用？

从主体的角度看，这是三个科层良性互动、协同创新、通力合作的结果。

首先，从组织主体来看，中央电视台做出了很好的顶层设计、制度安排。2009年以来，"直播连线评论"已经在一套、新闻频道、四套的日常新闻和重大报道中成为常态。在新闻联播准备增加这种方式后，负责评论员队伍管理的新闻中心策划部评论员组也做了不少前期的准备工作。面对重大新闻时，评论组也会一起探讨。

其次，从制度主体来看，发挥了正确引导舆论的作用。杨禹认为，"进入微博时代以来，传统媒体，无论报纸还是电视、广播，主要就是拼两个'场'：现场和立场。微博虽然能反映新闻现场，但只是碎片化的拼接，还是需要职业记者和传统媒体的介入，来展现更完整的现场，和现场背后更深层的关联。可见，在新媒体时代，传统媒体如何占据有利位置，设置议程，如"走基层"、"八项规定"等报道，在舆论引导方面发挥了应有的作用。这说明：央视立场，也是整个中国当代社会政治生态、文化生态的一个风向标。

再次，从个人主体来看，以杨禹为代表的新闻评论员队伍表现出了个人主体良好的媒介素养和传播能力。三年北京交通台主持人，十三年《中国经济导报》一线记者，十六年新闻从业经历，尤其是《中国经济导报》是国家发改委机关报，而发改委号称"小国务院"，杨禹的这段经历对他帮助非常大，他不仅熟悉了国家大政方针的制定实施，而且也锻炼和积累了他的新闻判断与表达。培养了他能够从全局看问题，在复杂利益矛盾中寻找平衡点，建设性地、务实地解决问题的能力。既不哗众取宠，搞情绪化判断、极端化表达；也不片面迎合一些社会极端言论或网络极端情绪，而是不断加深评论者对客观规律的认识和尊重，自觉要求自己做到：理性、建设性、均衡性，不迎合、不偏执、不卖弄。

第四，三个科层主体间的互动与协同也使新闻评论这种传播方式得到好评。以杨禹为代表的央视新闻评论员队伍，以制度主体和组织主体的代言人的标准严格要求自己，体现出很强的主体意识。杨禹认为，作为主流媒体的评论员，在特殊时刻，要担负起提供准确判断、积极疏导民意的职责。今天的中国是一个利益多元化、价值多元化的时代，央视评论员所说的话，其实是国家立场、央视立场的一种显现化、具体化，而进入"自媒体"时代，各种媒体上的评论员很多，微博上每个人都是评论员，新闻评论员与多种声音之间产生互动，才能形成丰富而相互制衡的局面。

【案例分析】

校园文化与社会文化紧密相连，校园风气与社会风气紧密相连，同样，大学生也是社会的产物，能成长为什么样的大学生，与社会环境紧密相联。可以说，以杨禹为代表的中央电视台新闻评论员及其群体，是思想政治教育三个科层的主体进行良性互动沟通和协同创新的典型代表，他们也是高校思想政治教育的主体，他们所收到的传播效果，就是在高校收到很好的思想政治教育效果的体现。认真负责的态度、丰富的知识储备、公正客观平和的话语风格、准确判断积极疏导民意的主体意识、强大的理解政策把握政策和解读政策的能力等等，是以杨禹为代表的新闻评论员群体应有的媒介素养和传播能力，当然也是高校思想政治教育主体应该具备的素质。而中央电视台在这个职位和栏目的设计上，在做出了很好的顶层设计、制度安排的同时，在议程设置、舆论引导等方面显然也发挥了组织主体应该发挥的作用。而从制度主体来看，不断进行理论创新，探索和揭示中国特色社会主义建设的规律，显然为三个科层主体间的互动与协同创新提供了动力源泉！

案例三：有一种舍不得叫@田维义❶

"有一种舍不得叫@田维义"，这是中国传媒大学团委，在 2014 年 8 月 1

---

❶ 传媒团英.有一种舍不得叫@ 田维义[BE/OL].[2014－08－01]. http://blog.sina.com.cn/s/blog_6d178a170102uz95.html.

日发表的微博文章，8月间被中国传媒大学校友相互转发。田维义，中国传媒大学党委副书记，今年卸任，2014年7月31日他发布微博告知网友们他退休的消息，网友们，尤其是中国传媒大学在校的学生们纷纷在网上表达了自己的不舍。

田维义是中国传媒大学前党委副书记，也是思想政治教育专业教授，硕士生导师，是高校思想政治教育主体的典型代表。他在新媒体运用方面为高校思想政治教育工作者做了一个很好的示范。他用微博来帮助学生解决学习、生活乃至人生中遇到的大大小小的问题，取得了突出的成绩，被同学们誉为"有求必应"，其新浪微博粉丝达125037人，2012年被新浪网评为教育界十大微博名人。

"有一种舍不得叫@田维义"这篇博文，摘取田维义与网友之间的互动片断，夹叙夹议地为人们讲述了一个高校思想政治教育工作者的故事：

翻看田书记的微博，很大一部分都是为同学们解决问题，从宿舍漏水到路灯照明，从失物招领到毕业证留念，事无巨细，事必亲恭。

有时候田书记也会展现出呆萌可爱的一面，他说，假如学生不再@他了，他也会感到寂寞。他还常常在微博上寄语学生，希望同学们能有一个美好的前程。

在广院，上微博@田书记是最具特色的校园回忆，2014年7月31日，田书记在微博上宣布了自己卸任的消息。而网友尤其是学生们则纷纷表达了由衷的怀恋和不舍。

大野狼的美好时代：海底捞式服务学生，围观者倍感暖意，亲历者定已暖心。善用微博，广开沟通之门，察纳雅言，举爪，赞！

四月千阳：我还没进中传呢书记就退休了，TT，我想说我高三一年都是在看田书记的微博，然后激励自己考中传的。

cheng章：这些年来田书记就是微博上的"校长信箱"有求必应。从食堂到安保到校园基础设施建设……总之，在广院的所有吃住行，有事儿只管at田书记，这已经是同学们的默契…书记退休了，我第一反应就是以后在学校遇事儿@谁？然后才回过神儿来，我已经毕业不会再回广院了。

天天上学 xy：来学校之前第一个认识的老师，军训时眼巴巴地跟着追星，上党课时被骂不认真，微博上温柔，现实里严厉，中传最具价值艾特奖。

【案例分析】

高校党委副书记是典型的高校思想政治教育工作者，也是思想政治教育三个科层的主体融为一体的代表。中国传媒大学的党委副书记田维义很好地履行了这一职责。尤为难能可贵的是，他运用微博这一新媒体，极大地提高了工作效率，也是极大地提高了高校思想政治教育工作的效果，125037 这不是一组简单数字的罗列，这是田维义老师的粉丝数，也是他的心血和成就！事无巨细，事必亲躬，如何做到？微博助力田维义老师成为教书育人、管理育人、服务育人的楷模，也为高校全员全程做好思想政治工作树立了榜样。

案例四：思想政治教育者主动出击，担当"意见领袖" ❶

点石成金的华农"微博控"老鲍

每天早上刷微博，回复全国各地学生的私信，第一时间分享学生热门话题的观点，然后开始一天的日常工作，这就是华南农业大学辅导员老鲍的节奏。

老鲍真名鲍金勇，其实并不老，"80 后"的他是学生们心目中的"网络明星"。2009 年，老鲍成为微博的首批认证用户，当辅导员的他从邮件回复学生疑问到转战微博答疑。"鲍来问题，点石成金"，现在，他每天解答至少一条与职业生涯规划相关的内容。如今超过 1.8 万的粉丝，发表过万条微博。七年来，他的博客坚持每周更新一次，如今超过百万字的博客被出版商看中，将浓缩成

---

❶ 梁健敏，高金花.多媒体数字报纸"信息时报"［BE/OL］.［2013－09－10］.http://informationtimes. dayoo.com/html/2013－09/10/content_2384570.htm.

为工具书《原来大学可以这样读》，在豆瓣试读上反响很好。接下来，老鲍说要重点打造自己的微信公众平台。在老鲍看来，这是用"润物细无声"的方式感染和影响学生，用"想尽一切办法"的工作态度帮助学生成长。

广工学生的"贴心人"乐云

自从 2011 年学校饭堂出现菜虫，乐云的一个转发拉开了他为学生微博维权的大幕。半年前，乐云又为学校安装空调四次上书校长。在外人眼中的"刺儿头"老师，却是学生心中维权的"贴心人"。已有近 20 年教龄的乐云在学校讲授企业文化、明清小说名著导读等课程。他平日最喜与学生打成一片，也愿意为学生争取合法权益，自从开通微博，帮学生维权又有了新招数。之后由于广工学生因为宿舍太热恳求学校安装空调，于是乐云发布了各地学生避暑睡楼顶阳台和地板等照片，以长微博的形式发表《致中国大学校长的一封公开信》，呼吁安装空调。这引起了强烈反响，数百封全国高校师生的支持信件蜂拥而至。此后，他又一连四次"上书"广工校长请求安装空调，最终促使学校成立了"广东工业大学空调安装工作组"。乐云说："学生的认可，带来的是用金钱都难以买到的幸福感和成就感。"乐云说，"其实学校始终坚持以学生为本，但传统的反映问题的渠道，诸如校长信箱、部门电话和校领导接待日等，对于新生代大学生的吸引力有限，问题依然堆积在那里，他们更愿意去微博、微信发泄。"他认为，微博所呈现的是学生真实的状态。"有时也会有声音认为学生的的要求无理，没办法办到。可即使是这些没法办到的'无理要求'，至少也要首先倾听，因为它是最真实的民意。"

【案例分析】

作为大学生思想政治教育的第一线工作者，高校思想政治教师应在新时代下主动占领网络思想政治教育的阵地，不仅要第一时间洞察到学生在网络上的动态和言论，更应让自己努力成为高校大学生中的"意见领袖"，把握学生群体中的舆论导向，将思想政治工作化被动为主动。要成为"意见领袖"，思想政治教育工作者就需要做到以下几点：一是主动承担"发言人"的角色。网络时代，如果高校思想政治工作者不主动承担学生的"意见领袖"角色，就很容易被网络舆情边缘化。这就要求高校思想政治工作者熟悉并主动运用各类网络平台，如新浪微博等，并将自己的微博账号主动向学生公布，主动与学生"互粉"；对学生在网络平台上热烈讨论的问题应主动"发声"，在大是大非面前主动引导学生群体的舆论导向。二是注重思想政治教育工作的语言表述。传统的思想政治教育多以"说教类"语言为主，缺乏新鲜言语和活泼的表达方式，而当代的网络新词层出不穷，各种充满创造性色彩的"网络语言体"也在年轻人中引发另类语言潮流。高校思想政治工作者的教育对象是年轻的大学生，因此，推进思想政治工作者的教育语言转变，以学生喜闻乐见的网络语言叙述观点，可以增强思想政治工作者的语言感染力，有效消除学生与思想政治教师的"代沟"。三是注重自身"人格魅力"的塑造。高校思想政治工作者在现实生活中是否真的可以"为人师表"，是否真心实意地关心爱护学生，是否真的可以向学生传达积极的"正能量"，是高校思想政治工作者能否形成人格魅力的关键。而真正具有人格魅力的思想政治教师，也更容易受到学生的推崇、成为学生心目中的精神领袖，继而更易于成为网络"意见领袖"。

第三章　传播学视域下高校思想政治教育内容研究

第一节　高校思想政治教育的基本内容及其现状

一、高校思想政治教育内容界定

思想政治教育内容，是指思想政治教育者向受教育对象实施教育的具体要素。这些多方面内容按照特定的层次结构相互联系、相互作用，最终构成了思想政治教育的内容系统。思想政治教育内容是思想政治教育过程的基本要素，是思想政治教育的目的和任务的具体化，直接关系到思想政治教育目的的实现和任务的完成。思想政治教育内容的确定既应以思想政治教育的目的和任务为客观依据，又要以受教育者的思想品德状况为现实依据。

关于高校思想政治教育的内容，中国共产党和我国政府在一系列关于加强和改进高校大学生思想政治教育的文件中明确指出，为实现将大学生培养成"有理想、有道德、有文化、有纪律的社会主义新人"，需要对大学生进行"以理想信念教育为核心，树立正确的世界观、人生观和价值观"的教育；进行"以爱国主义教育为重点，弘扬和培育民族精神"的教育；进行"以基本道德规范为基础的公民道德"教育；进行"以大学生全面发展为目标的素质教育",即加强民主法制教育,增强遵纪守法观念。

基于中央文件的要求,学者们把上述高校思想政治教育的内容归纳为五个部分,即政治教育、思想教育、道德教育、法纪教育和心理教育。其中,思想教育是思想政治教育的根本性内容,政治教育是思想政治教育的导向性内容,道德教育是思想政治教育的基础性内容,法纪教育是思想政治教育的保障性内容,心理教育是思想政治教育的前提性内容。我国高校目前思想政治教育就是围绕着这五个方面展开的。

二、高校思想政治教育的基本内容

高校思想政治教育的内容理论的研究,目前已形成以下一些研究成果。

第一,大学生思想政治教育内容体系是:以理想信念教育为核心,突出世界观、人生观、价值观教育;以爱国主义教育为重点,突出民族精神教育;以基本道德规范为基础,突出公民道德教育;以大学生全面发展为目标,突出素质教育。

第二,构建大学生思想政治教育内容体系要坚持导向性、科学性、系统性、时代性、稳定性原则,并对各个原则有更进一步的分析,如层次性原则。思想政治教育目标和内容的层次性就是指有序性,它是由目标和内容的整体与部分的辩证统一关系决定的。从实际出发,克服以往"高大全""齐步走"的"一刀切"做法,实行分层次、多开端的设计原则,将思想政治教育的目标和内容,分成若干不同的层次和阶段,为不同思想品德发展水平的人确定可能接受的起点,逐步向高一层次和下一阶段发展。

第三,构建大学生思想政治教育内容体系要高度关注思想政治教育内容与形式的辩证关系。

第四,构建大学生思想政治教育内容体系要遵循思想政治教育规律。思想政治教育的基本规律就是思想政治教育必须同社会经济关系发展相适应,即适应超越规律,"教育者的教育活动既要适应受教育者思想政治品德基础和发展要求,又要超越受教育者的原有基础,体现社会政治思想品德要求的规律"。这一规律决定了思想政治教育的内容既要有针对性又要有前瞻性。其他如思想政治教育社会适应规律、要素协同规律、过程充足规律、人格分析规律、自我同一规律、适度张力的规律、双向互动规律、内化外化规律等，也对思想政治教育的内容确定具有重要的指导意义。

第五，思想政治教育的内容，是根据一定的社会要求和针对受教育者的思想实际，经教育者选择设计后有目的、有步骤地输送给受教育者的思想意识、价值观念和道德规范等信息。思想政治教育内容体现了思想政治教育的性质，规定了思想政治教育所涉及的范围，蕴涵思想政治教育的目的和任务，制约着思想政治教育方法的选择。

第六，思想政治教育内容的内在属性，是指在思想政治教育内容生成和发展中具有稳定性、根本性、普遍性的特质，集中表现为导向性与科学性、系统性与层次性、时代性与稳定性的有机统一。

第七，思想政治教育目标和内容正确，是思想政治教育成功的前提。世界上任何一种成功的教育都起码应具有两个条件：正确的教育目标和内容；科学的教育原则和方法。正确的教育目标和内容是教育成功的前提，因此，必须科学地解决新时期思想政治教育的目标和内容问题。思想政治教育的目标和内容，必须依据当代中国的政治、经济、文化和历史的发展状况及需要来确定，坚持社会依据、文化依据、时代依据、身心依据、理论依据有机统一。

第八，思想政治教育的目标与内容要具备逻辑的统一性。① 坚持结构迁移说。思想品德教育目标和内容本身，以及它在人的精神世界的存在是一个有序的系统结构，安排思想品德教育目标和内容，必须符合其内在系统结构的逻辑。② 阶段形成说。教育对象思想品德的形成是连续的有阶段性的过程，思想品德教育目标和内容的设计和安排，必须以教育对象思想品德心理发展的内在顺序为基础，符合其思想品德心理发展的水平。③ 同时反复说。它是指对于广泛的不同的教育对象可以同时进行某些重要内容的思想品德教育，而且只要以螺旋式上升的规律反复进行这种教育，就能取得明显的效果。

这种同时反复进行的思想品德教育有些简单化，往往使兴师动众的教育收效不大。可见，思想品德教育的同时反复说虽然取得过成效，但不是完美无缺的，有必要突破和超越。④ 人格结构发展阶段说。首先，如果安排思想政治教育的目标和内容符合人格系统结构的内在逻辑，就会充分发挥其系统结构的逻辑力量，加速思想政治教育目标和内容的内化过程。其次，思想政治教育目标和内容设计必须以教育人格动力结构发展的内在顺序为基础，符合其人格动力结构发展的水平。

上述研究在推动高校思想政治教育内容科学化方面发挥了积极的作用，是值得肯定的。从目前的研究情况看，思想政治教育的内容研究在思想政治教育学领域是相对薄弱的，著作性成果仅有武汉大学熊建生教授于2012年出版的《思想政治教育内容结构论》和孙燕于2009年出版的《高校思想政治教育内容新论》。思想政治教育其他要素的研究著作要远多于内容研究，论文研究的情况也并不乐观。笔者2014年10月在中国知网上以"思想政治教育内容"为"题名"进行检索，共检索到776篇文献。其中，期刊论文570篇，硕、博论文37篇，这个数字远低于其他要素的研究。

三、高校思想政治教育内容建设的现状

高校思想政治教育是一个系统工程，其内容科学与否必须结合其实践来讨论。在高校思想政治教育宏观体系中，本章将重点结合高校思想政治理论课教学实践进行讨论。

对多家高校的相关调查显示，在对思想政治理论课不满意的原因中，排在前三位的问题依次为："大道理，不能解决实际问题"（45%），"过于单调，说教太多"（16%），"没有什么收获"（5%）。出现这样评价的原因是多方面的，主观原因、客观原因均有。仅就高校思想政治理论课的内容而言，上述问题具体表现为以下特点。

（一）教学内容要求明确、具体、统一，内容弹性不足

高校思想政治理论课的内容由中央文件明文规定，教育部制定具体实施细则，并由中宣部、教育部共同组织写作班子撰写教程，各校按照教育部统一编撰的大纲和教程进行教学活动。

在这样的运作机制下，教育的目的、内容、任务是明确而清晰的，特别是教材统一编撰更保证了内容的明确性、具体性和统一性。特别是自中央2004年颁布16号文件以来，思政课教程几乎每年都重新修订，其修订方式也是统一实施。除此之外，教育部、各省市教工委每年都召开教学备课会，讲解教程重修的内容和需要随机增加的内容。可以说，思想政治理论课教学内容的体制机制保证是严密而规范的，其内容的调整与内容的要求是一致和及时的。

但是，在教学内容方面弹性不足的问题也会明显地表现出来。首先，内容增减难、调整难。由于有统一的教学大纲，每位教师按照统一的大纲执行，加之统一的考试要求，在这样的要求下，即便调整也属于"小动作"。其次，教学内容的确定性不容置疑。如有质疑，则很难获得认可，更难以在教学中体现，甚至有一些学术问题大家为了避嫌也不去探讨。

高校思想政治教育内容的刚性不仅在思政课上如此，而且在整个高校思想政治教育活动的内容体系上也大致如此。一般而言，"规定动作"占高校学生处、团委和各学院党委（党总支）思想政治教育工作内容的70%，学生处和团委组织的活动相当一部分是按照上级单位下达的通知精神组织的。

（二）教学内容即时性极强，内容"夹生饭"严重

高校思想政治理论课的内容密切紧跟党的方针政策，这是它的本质规定性，无可厚非，对其解读现实问题、热点问题都具有积极的意义。但是，目前的这种即时方式需要商榷。列举最近的一个例子，就可见这个问题的端倪。

教社科司函〔2015〕34号关于印发《"思想道德修养与法律基础"课贯

彻党的十八届四中全会精神教学建议的通知》指出，在"思想道德修养与法律基础"课教学中贯彻党的十八届四中全会精神，要结合本课程的内容和特点，认真学习《中共中央关于全面推进依法治国若干重大问题的决定》（以下简称《决定》），帮助大学生从理论上认清加快建设社会主义法治国家的重大意义，了解《决定》提出的关于依法治国的新思想和新举措，在实践中自觉弘扬社会主义法治精神，从而成为社会主义法治的忠实崇尚者、自觉遵守者和坚定捍卫者。

《决定》指出，依法治国，是坚持和发展中国特色社会主义的本质要求和重要保障，是实现国家治理体系和治理能力现代化的必然要求，事关我们党执政兴国，事关人民幸福安康，事关党和国家长治久安。全面建成小康社会、实现中华民族伟大复兴的中国梦，全面深化改革、完善和发展中国特色社会主义制度，提高党的执政能力和执政水平，必须全面推进依法治国。《决定》还指出，党的领导是中国特色社会主义最本质的特征，是社会主义法治最根本的保证。把党的领导贯彻到依法治国全过程和各方面，是我国社会主义法治建设的一条基本经验。我国宪法确立了中国共产党的领导地位。坚持党的领导，是社会主义法治的根本要求，是党和国家的根本所在、命脉所在，是全国各族人民的利益所系、幸福所系，是全面推进依法治国的题中应有之义。党的领导和社会主义法治是一致的，社会主义法治必须坚持党的领导，党的领导必须依靠社会主义法治。习近平同志在论述党的领导和依法治国的关系时也强调指出，党和法治的关系是法治建设的核心问题。全面推进依法治国这件大事能不能办好，最关键的是方向是不是正确、政治保证是不是坚强有力，具体讲，就是要坚持党的领导，坚持中国特色社会主义制度，坚持中国特色社会主义法治理论。这些内容可以在第一章第二节第三目"树立中国特色社会主义共同理想"中加以贯彻，还可以在第二章第三节"做忠诚的爱国者"和第三章第二节"创造有价值的人生"的讲授中加以体现，结合对"爱国主义是情感、思想和行为的统一"和"走与社会实践相结合的道路"的分析，引导和帮助大学生充分认识当代中国坚持走中国特色社会主义法治道路、建设中国特色社会主义法治体系的重大意义，增强法治观念，树立法治意识，自觉遵法守法，在推进法治社会建设中发挥自己应有的作用……

这个文件从八个方面谈了需要强化的内容，模式基本相同。近年来，这样的文件越来越多。以前是一次党的代表大会提一次新要求，其后是重要的全会提新要求，现在是每次中央全会提新要求，以至于领导人的每次重要讲话之后都要提新要求，并且将要求之细化到课程的每一节。简单地将中央文件精神写入教学要求，随后，由于要"跟上"又会简单地将文件精神写入教程，这样的例子在每年的教材改版中随处可见。如此与时俱进，恐怕有很多弊病。

（三）教材内容力求丰富系统，内容重复较严重

高校思想政治理论课经过半个世纪的实践，改革已是"新常态"。从主观上讲，教育部门的确在不断探索其内容与目标和任务的接轨，先后推出 85 版、98 版、05 版的课改方案。特别是 05 版高校思想政治课新方案出台以来，国家花费巨大的人力和物力进行教材统编，取得了大家认可的成果。从宏观上看，的确比较全面地对接了高校思想政治教育的目标和任务，提出了同一个理论体系的内容，要不同年级、不同角度地进行讲授，体现步步高的教学方针，这些都是值得肯定的。

但是，教材内容重复较严重的现象一直没有解决。目前，四门政治理论课所使用的教材，从纵向看，本科生和硕士生的内容多有重复。有学者指出，大学思想政治理论课和中学政治课有近 1/4 的教学内容简单重复，❶ 而高中二年级思想政治与大学思想政治课程之间的重复率大约在 60%；❷ 从横向看，高校本科 4 门思政必修课之间多有重复。例如，中国化马克思主义的内容和近、现代史纲要的内容重复，中国化马克思主义内容和马原重复，思修和马

---

❶　朱丽霞.关于增强思想政治理论课教学内容针对性的思考[J].武汉科技学院学报,2006(7).

❷　艾四林.思想政治理论课新体系与教师队伍建设研究[M].北京:清华大学出版社,2008:77-78.

原的重复，形势政策和 4 门课之间的界限不清等。

大学思想政治教育专业课的设置与高中政治课本重复现象尤为严重。这突出表现在大学与中学思想政治教材关于"商品和商品经济""社会主义初级阶段的经济制度和社会主义市场经济""唯物论""辩证法""认识论""价值观""人生观"等内容存在着明显重复和相互裹挟的现象。举例来说，大学思想政治理论教材中的《马克思主义基本原理概论》与高中一年级思想政治理论教材中关于"商品和商品经济""社会主义初级阶段的经济制度和社会主义市场经济"等章节内容存在一定程度上的重复和裹挟现象，并且还与高中二年级思想政治理论教材中关于"唯物论""辩证法""认识论""价值观""人生观"等章节内容存在重复。大学思想政治理论教材中的《思想道德修养与法律基础》与高中二年级思想政治理论教材中关于人的本质、人生价值的实现、坚持集体主义取向等人生观和价值观方面的内容同样存在重叠现象。大学思想政治理论教材中的《毛泽东思想邓小平理论和"三个代表"重要思想概论》与高三年级思想政治理论教材中关于"我国的国家制度""政党和政党制度""国际社会和我国的对外政策"等章节内容也存在着重复的现象（本章的案例"我国国民教育体系思政课内容一览"描述了这方面的重复现象）。

（四）教材内容理论描述多，经典案例少

高校思想政治理论课的教学目的是引导学生学习相关理论，并以此为指导来认识和分析社会现实。目前，高校的思想政治理论课教程基本也是这样的思路。但是虽然经过几代人的努力，理论联系实际的教材建设"还在路上"。这个问题首先表现在教材内容本身理论和案例的比例一般是 8：2。例如，《毛泽东思想和中国特色社会主义理论体系概论》第七章第二节"坚定不移地推进改革"这一节，近 5000 字的内容中并没有具体地讲述一个改革的实例和改革的具体文件。其次是教师用书的例子陈旧和经典性不足。如《〈马克思主义基本原理概论〉课教学案例解析》的第一节"物质世界和实

践"设计了 8 个案例，分别是"智破人骨教堂迷案""发现 X1835""从逻辑先在性看哲学唯心主义""从实践先在性看旧唯物主义""喜为人母的猪孩""被拴住的童年""我追不上乌龟""摩尔根与近代的古代社会"。其中，只有"乌龟"案例是一个中外哲学史上的经典案例，"从逻辑先在性看哲学唯心主义""从实践先在性看旧唯物主义""摩尔根与近代的古代社会"都需商榷其案例性质。"喜为人母的猪孩""被拴住的童年"则是两个几乎一模一样的故事，像机器人、智能世界这样的更具有时代性的可替代性的例子在书中却很少被提及。又如，"真理与价值"这一节的案例"天下第一村""一问三不知""粮仓满仓"也有经典性不足的问题。

（五）教材语言简练规范，语言程式化

高校思想政治理论课教材编写和出版的规格之高，的确保证了这套教材文字语言的规范和简练，印刷和设计的精美和规范。

但是教师们普遍认为，该套教材还未能完成从理论体系向教材体系的转移，这种转移在很大程度上是未建立属于教材的语言体系。中央文件的话语体系直接进入教材的情况也多有发生，官方的政治修辞和大众的政治修辞未能很好地结合在一起。

以《毛泽东思想和中国特色社会主义理论体系概论》课为例，目前教程内容中与中央文件和经典著作的内容表述几乎一致的地方随处可见。例如，第五章"建设中国特色社会主义"第一节社会主义初级阶段理论"社会主义初级阶段的科学含义和主要特征"与党中央 1987 年十三大《沿着有中国特色的社会主义道路前进》报告文字描述完全一致。

教程中"马克思主义"被一些充满知性的、抽象的名词所表达。"唯物论""辩证法""认识论""唯物史观"等成为"马克思主义"的主要话语结构。"马克思主义"成了由一系列抽象的、被严格定义好了的名词建构起来的知识，它所指向的是一个知识的世界而非现实世界，对马克思主义的把握和追求只要在这些抽象名词之间的游走和互换就能够完成。教程式书写的语

言风格是知性的，不带有任何感情色彩，书写者被隐蔽了，它以一种宣告真理的姿态和语气，确定不移地用文字来概括和规定世界。对"马克思主义"教程式的书写，虽然在马克思主义基本原理的普及和大众化方面均起到一定的作用，但却也使"马克思主义"成为一个封闭的、冷冰冰的知识世界的符号。人们对它既熟悉，又陌生，它几乎无所不在，但又远离尘嚣。最后，"马克思主义"复杂庞大的知识性的所指很快被人们淡忘，留下的只是一个符号。

上述情况在思想政治理论课中表现比较突出，在高校的其他思想政治教育方式中其内容方面的问题也大同小异。

为了更好地推动高校思想政治教育工作有效展开，特别是加强思想政治内容研究这一薄弱环节，非常有必要在加强内容研究的同时，注意借鉴其他学科的研究成果，以开辟对思想政治内容科学化认识的新视域。本报告第一章已充分论证了传播学于思想政治教育的借鉴意义。同理，在内容建设方面，传播学理论也有可以借鉴的成果。

第二节　传播学内容分析理论及启示

传播学是二十世纪三十年代以来产生的跨学科研究的产物，是研究人类传播行为和传播过程发生、发展的规律和传播与人和社会的关系的科学。传播过程，即传者、媒介、受者、传播内容、传播效果是其研究的基本内容。其内容理论较之效果、媒介等理论研究略显薄弱，但也形成了不少已被实践证明是具有科学意义的理论。

一、信息及其传播

信息是传播的内容，研究传播内容，首先要认识信息。

信息是用来消除随机不确定的东西，信息是不确定量的减少。具有什么特点的信息才能承担消除不确定性的重任呢？信息具有哪些特点呢？

（1）客观性。信息是事物存在的方式和运动状态的表现形式，是客观现实的反映，它不随人的主观意志而改变。这是信息的第一属性。

（2）时效性。信息是事物运动的状态和变化方式，事物本身是在不断变化的，因此信息也会随之变化。脱离了母体的信息因为不再能够随时反映母体新的运动状态及其变化方式，它的效用就会逐渐降低，甚至完全失去效用。信息的时效性是与价值性联系在一起的。

（3）不完全性。由于外在环境的复杂性和不确定性，因此人们所掌握的信息不可能无所不包；同时，由于人的理性有限，人们通过所掌握的信息也不可能预见一切。任何信息都不可能、也不必要反映出客观对象的各个方面，它只是事物的某一方面的某一种变化的反映和变化。

（4）共享性。信息在一定时间和空间，在一定程度上可以用来分享。信息在传递过程中并不是"此消彼长"，同一信息可以在同一时间被多个主体共有，而且还能够无限的复制、传递。英国作家萧伯纳曾说过，如果你有一个苹果，我有一个苹果，彼此交换，那么每人只有一个苹果；如果你有一种思想，我有一种思想，彼此交换，每个人就有了两种、甚至多于两种思想。因此，信息不像物品交换后，每个人都有失有得，而信息交换后，每个人都有了更多的信息。

（5）依附性。信息不能独立存在，需要依附于一定的载体。此外，同一个信息可以依附于不同的载体，载体的依附性具有可存储、可传递和可转换的特点。

（6）价值性。信息可以满足人们对精神领域的需求，如学习材料、娱乐信息等；可以促进物质能量的生产和使用，如通过获取有效的供销信息来提高产品流通效率等。

将信息放到传播学视域下研究，可以看到，信息就是传播的内容，信息传播活动是基本的传播活动。

二、传播学内容理论精要

半个世纪以来，西方传播学的学者们围绕传播内容，进行了积极的探索，提出了若干关于传播内容优化的理论。虽然观点各不相同，但是体系和基本概念日臻成熟。从宏观的层面上把握西方传播学的内容研究，发现内容研究由三个主要的方面构成，即信息式内容研究、符号化内容研究和批判性内容研究。这些研究形成了以下一些可供借鉴的理论。

（一）香农—韦弗的信息论

美国人香农和韦弗作为信息学科的创始人，其研究对传播学有积极的意义。香农和他的继承人在二十世纪四五十年代的下述提法很值得重视。

第一，信息是用来减少随机不确定性的东西，也就是说，信息是确定性的增加。因此，信息必须客观、真实、有价值，还必须考虑其时效性。

第二，信息传播是一个编码和译码的过程。在这个香农—韦弗模式中，传播被描述为一种直线性的单向过程，包括了信息源、发射器、信道、接收器、信息接收者和噪声六个因素。这里的发射器和接收器起到了编码和译码的功能。把语言或非语言符号有机组合成表达一定的思想、意思的工作叫做编码，把信道传来的信号变换成编码前的形式，称为译码或解码。因此，传播与接受两个系统必须具有共同的编码和译码机制与程序，有共同使用的符码系统才能进行传播。传播内容必须既符合传播者的意图，同时也必须为接收者所认同。只有双方读懂的内容，才是能有效传播的内容❶。

第三，"易读性"的研究理论。

（1）字词的形式。研究认为，一则信息中的常用词越多其易读性就越高，所以应多用常见的、熟悉的字词，忌用冷僻的字词。此外，尽可能选用实体动词、及物动词；尽量少用形容词和介词，有部分成语、诗化的词和高度文学性的词也要少用或不用；尽量使用普通词汇，避免使用行话或专业词汇，以减轻受众的"词汇负担"。如果要测量一个文本的易读性，则须统计全篇"忌用"或"少用"的字词数，再除以全篇的字数，得数越大，其易读性越差。

---

❶　杨中举，等. 微传播研究［M］. 西安：西安交通大学出版社，2006.

（2）句子的形式。研究表明，长句、复合句中的从句和修饰成分往往使阅读不畅、理解困难；被动语态往往使句子软弱无力，累赘啰唆；信息中的短语、短句越多，则易读性越高。因此，提倡多用短句，少用长句；多用简单句，少用复合句；多用主动语态，少用被动语态、介词短语。测量易读性时，先统计出全篇"尽量少用"的句子数量，再除以全篇句子的数量，得数越大，其阅读的难度越大。

（3）行段的形式。研究表明，阅读者对每个段落容忍的限度是 10～15 行，200～300 字；在报纸上通常在 6～10 行之间。如果每一段落的行数和字数很多，往往会造成读者视线的游离和扫描错行，发生思维阻塞和阅读疲劳。另外，文字横排比文字竖排阅读的速度明显要快。竖排阅读的速度大约是每秒 11 个字，最慢的每秒仅 3 个字。因此，文章应分多行，常设抬头，留下空白，可以使眼睛有短暂的休息，从而缓解视觉疲劳，提高阅读效率。行段的排列也以横排为佳。

（4）迷雾指数。迷雾指数由美国教授罗伯特·冈宁于 1952 年提出。迷雾指数是指文章中词汇的抽象程度、艰涩程度和句子让人困惑不解的程度。通常，一篇文章的迷雾指数值越低，读者就越容易读懂。因此，写作、说话要具体形象，不要太抽象概括；要简明扼要，不要拖泥带水，拐弯抹角；要以通俗易懂为本，不要以卖弄知识为荣。有人计算过，英国最畅销的日报该指数平均为 10，而较严肃的日报该指数则为 13～14。职业科学家的科研论文的迷雾指数通常在 18～22，而某些科研论文的迷雾指数甚至可达 40。在 2007 年，曾有人比较过微软和苹果两家公司掌门人的演说的迷雾指数。结果表明，盖茨演说的迷雾指数为 9.37，这意味着要听懂这场演讲，最少需接受 9.37 年的教育。与之相比，乔布斯演说的迷雾指数仅为 6.9。

第四，"噪音"概念的引入，是这一模式的一大优点。噪音是指一切传播者意图以外的、对正常信息传递的干扰。构成噪音的原因既可能是机器本身的故障，也可能是来自外界的干扰。克服噪音的办法是重复某些重要的信息。这样，传播的信息中就不仅包括"有效信息"，还包括重复的那部分信息,即"冗余"。传播过程中出现噪音时,要力争处理好有效信息和冗余信息之间的平衡。冗余信息的出现会使一定时间内所能传递的有效信息有所减少。

第五,信息熵。信息是个很抽象的概念。人们常常说信息很多或者信息较少,但却很难说清楚信息到底有多少。例如,一本50万字的中文书到底有多少信息量。直到1948年,香农提出了"信息熵"的概念,才解决了对信息的量化度量问题。

(二)霍夫兰的"一面理和两面理"和"个人差异论"

卡尔·霍夫兰(1912—1961),1912年6月12日出生在美国芝加哥。1936年在耶鲁大学获得博士学位,美国心理学家,研究社会交往及态度和信念改变的先驱,是传播学四大奠基人之一。霍夫兰围绕"人的观念是如何形成的"在二十世纪五六十年代的实验的基础上对传播内容进行了深入的研究,提出了"一面理和两面理""信源可信性""睡眠者效应""恐惧唤起""反规范唤起""选择性和注意性理解"等对后世传播学研究具有积极意义的理论。

"一面理和两面理"理论认为,如果对方本来就赞同说服者的意见,只讲说服者的理由可以坚定其原有的态度;如果对方原先或当时反对说服者的主张,把正反两方面的理由都说出来,比只讲一方面理由更好;如果对方教育程度高,说出两方面的理由更为有效;如果对方教育程度低,说一方面理由较好;如果对方的教育程度低,并且原来就赞同说服者的立场,则一定要用正面理由,若说出正、反两方面的理由,反面可能导致他犹豫不定。其排列次序理论认为,问题的排列次序在改变公众的态度时显得比较重要,哪些问题先说,哪些事情后讲,其顺序的安排需讲究技巧。首先提出宣传论点,可以引起公众注意,易形成有利的气氛,最后提出的论点有利于公众记忆;如果传播内容是受众赞同的或可能接受的,那么,把它们首先提出比较有利,如果首先唤起公众的需求,然后再提出问题,则更易于被公众接受。个人差异论认为，传播对象由于自身的需要、信念、价值观等方面存在不同的认知结构，在面对广泛的信息时，只会选择性地注意、理解、记忆那些对自己有利、符合自己兴趣或者与自己意见一致的信息，其余信息就成了冗余信息。个人差异论的主要理论贡献在于提出了"选择性和注意性理解"。

霍夫兰关于态度改变的研究对于研究公众态度改变很有启发。霍夫兰认为，人的态度的改变主要取决于说服者的条件、信息本身的说服力及问题的排列技巧。为了验证说服者的作用，霍夫兰做了这样一个实验：将一群被试者分为三个级，然后让三个人分别在各个小组就一个少年犯的题目进行演说。这三位演说人分别被主持人介绍为"法官""普通听众"和"品行低劣之人"。演讲结束后，三组听众开始分别给演说者打分。结果，"法官"得了"正"分，"普通听众"得了"中"分，而"品行低劣之人"却得了"负"分。三种不同的身份和同一题目的演说，即形成了三种大不相同的影响力。这个实验结果表明：一个对某问题享有盛誉的人总比无声誉的人更能引起更多人态度的改变。霍夫兰之后的研究者专门研究了说服者的"声誉"问题。认为声誉的最主要成分是专门知识（或专家身份）和超然的态度。如介绍中的"意见领袖"必须是一个身份明确的权威。另外，超然的态度也是劝服者的声誉之一。如同战争中的和平使者往往必须是一位与双方均无利害关系的人一样，公关传播者或广告劝服者也不能以一个为厂商的利益而急不可耐的形象出现在消费者面前。

在表达一个有争议的问题时，如某企业的产品对消费者有利又有弊，是用正面理由还是正、反两方面理由都用？哪种方式更能够说服人？霍夫兰认为，如果对方本来就赞同说服者的意见，只讲下面理由可以坚定其原有的态度；如果对方原先或当时反对说服者的主张，把正反两方面的理由都说出来，比只讲一方面理由更好；如果对方教育程度高，说出两方面的理由更为有效；如果对方教育程度低，说一方面理由较好；如果对方的教育程度低，并且原来就赞同说服者的立场，则一定要用正面理由，若说出正、反两方面的理由，反面可能导致他犹豫不决。例如，在广告宣传中推广某种农用产品，如果是面对具有不同文化教育程度的农民消费者，应采用不同的宣传方式。对具有一定的农业科学技术知识的农民，因为他肯定会对各种农用产品的优劣进行过比较，因此应该对其既强调这种农用产品的优点，又介绍这种农用产品的不足之处（这样往往更会给人一种诚实的印象）。如果是面对一位一直坚信该农用产品的优良品质和效能而又没有文化的农民，如果向他再介绍这种农用产品的不足之处，相反会使他对这种农用产品产生不必要的怀疑，从而影响到他的购买信心。

问题的排列次序在改变公众的态度时也显得比较重要，哪些问题先说，哪些事情后讲，其顺序的安排得讲究技巧。在霍夫兰看来，首先提出宣传论点，可以引起公众注意，易形成有利的气氛；最后提出的论点有利于公众记忆。如果传播内容是受众赞同的或可能接受的，那么，把它们首先提出比较有利；如果首先唤起公众的需求，然后再提出问题，则更易于被公众接受。例如，广告文案的开头往往要先声夺人，结尾之处则较多出现需要消费者记忆的内容。如果首先唤起消费者的需求，然后再推出其产品，这种阐发内容的排列次序是易于被公众接受的。

他在研究中提出的一些概念，如可信度、对宣传的免疫力、恐惧诉求、睡眠效果等，都是引导后来研究的起点。

（三）符号主义学派的研究

皮尔士是现代理论符号学的奠基人之一，皮尔士把符号分为三种：像符（icon）、征象（index）和象征（symbol），符号学研究的重点在第三种。符号主义学派的基本观点是，符号是携带意义的感知，意义必须用符号才能表达，符号的用途是表达意义。罗兰·巴尔特认为，符号有两个层次的含义：明示义（denotation）和隐含义（connotation）。前者是符号明显外在的意义，后者是符号在其所依托的社会文化背景之中引申的意义，后者在前者的基础上产生，稳定程度相对较低。约翰·费斯克又发展了罗兰·巴尔特的观点，他明确提出，符号的意义分为三个层次：表面意义、深层意义和潜在意义。

含义结构论认为，大众传播媒介在表现和描述现实世界的情况时，赋予词语、符号一定的含义，从而影响受众对现实的理解和思考，进而影响受众的行为方式。模仿论认为，传播媒介通过信息内容传播来倡导某种行为模式，并通过塑造理想的人物形象来提高行为模式的魅力，以争取受众的认同，促使受众对模式的模仿。符号学中的"隐喻（metaphor）"和"转喻（metonymy）"两个概念对于研究传播很有意义。符号学用"转喻"这一概念说明一种符号的意义如何代替另一种符号的意义，所有媒介信息都经过选择，都是转喻，转喻使得受众接受了媒介所要传播的观点和意见。

（四）丹斯的螺旋形传播模式

英国学者丹斯于 1967 年提出了螺旋形模式。该模式认为，沟通过程是向前发展的，前面的沟通内容将影响到以后沟通的结构和内容。螺旋模式是丹斯在人类传播理论中提出的。他认为，传播过程是一个循环往复、不断上升的过程，前面的传播活动会影响后面传播的结构和内容。丹斯第一次通过循环模式来描述传播过程，并指出传播过程是向前发展的，今天的传播活动将影响到以后的传播内容和结构螺旋模式。他强调传播的动态性，他认为，信息在传播中会产生一种增殖的循环效应，而不是单一方向的简单反复模式。这一理论突出了信息传播过程的循环性：即信息会产生反馈，并为传播双方所共享。另外，这一理论对以前单向直线模式的另一个突破是：更强调传受双方的相互转化，因此它的出现打破了传统的直线单向模式一统天下的局面。

（五）麦奎尔的防疫论

防疫论是美国学者麦奎尔在寻求抗御态度改变的有效方法时提出来的。他认为：人的信念、思想如果未经过锻炼和考验，一旦受到攻击时，便无力抵御。要增强人思想上的防疫力，要使用滋补法，即让一个人事先接触支持其基本信念的论证；还要使用接种法，即让一个人事先接触一种弱性的、为刺激其防卫的反面论证。实验表明,接种法比滋补法更有效。当对象们接触到对于基本信念的攻击,以及对于这些攻击的反驳时,就会形成某种通用的免疫力,而形成的这种通用的抵抗力,足以使这些基本信念在接触到另一种攻击时也不至于改变。

(六) 政治传播理论

意识形态的传播是价值观的传播,价值观的传播不同于知识的传播。知识的传播主要在于它的正确性并能够被人们所理解。意识形态的传播则不一定在于它的正确和人们对于它的理解,而是在于通过满足利益诉求、提供精神寄托、产生价值共鸣、形成情感认同等满足人的(精神)需要而得到传播。人的思想的获得不是外部的强制,而是内部的需要。意识形态总是以提供满足人的某一方面需要的内容而形成自身的吸引力,社会个体总是在寻找实现自我的道路和形式。一旦这两个方面相互适配,就形成了意识形态的传播与接受。满足利益诉求、提供精神寄托、引起价值共鸣、产生情感认同,马克思主义不仅是一种意识形态(工人阶级的价值体系),而且也是一种关于人类社会发展的规律真理的知识体系。马克思主义既是作为一种认知的解释系统,同时又是作为一种提供价值的符号系统。因此,马克思主义意识形态的传播,不但在于它的正确性、真理性,从而需要对它进行深入的理解,而且还在于它为工人阶级以及其他劳动群众明确利益诉求、提供精神寄托,与他们产生价值共鸣、形成情感认同。

(七) 哈罗德·拉斯韦尔的宣传理论

哈罗德·拉斯韦尔(Harold Lasswell,1902—1977),美国政治学家,1918 年进入芝加哥大学,1926 年荣获政治学博士学位。1922—1938 年在芝加哥大学等教授政治学。1955 年当选美国政治学会会长。他的主要贡献如下。

拉斯韦尔提出了著名的"5W"传播模式(who, what, whom, which channel，what effect）。他提出了传播在社会中的三个功能：监督社会环境、协调社会关系、传递文化遗产（后来传播学者增加了传播的第四种功能：娱乐）。他将弗洛伊德的精神分析理论引入美国社会科学。他通过内容分析的途径将弗洛伊德的"本我—自我—超我"运用到政治学问题之中。

拉斯韦尔的宣传理论认为：①宣传是"观念对观念的战争"。②宣传是对敌国人民的战争，具有降低敌国国民士气的作用。宣传确实有阴险的一面，但是既然能够影响战争双方的士气，不容置疑，宣传能够成为事关战争成败的重要武器。在宣传中歪曲真相，赞美我方，唤起敌对意识等是惯用手法。另外，既然在宣传中有相当多的谎言和夸张，所以未必能经常有效地发挥作用。③宣传被定义为："由政治象征所构成的对舆论的操纵和控制。"宣传为了达到自己的意图来使用象征。而其意图的实现，是由引起关注、被对象理解、获得好评、享受利益、接受评价等各阶段的宣传活动而形成的。宣传是把"状况的激烈程度推到极端的东西"。在激烈程度低的场合容易使人们精神净化，激烈度高的场合会助长危机的发生。④宣传内容分析法，即抽出为获得某种效果而特意使用的语句，分类调查其使用数量的分析方法。这种分析虽然在语句选择和分类等方面有难度，但只要将其克服便可以获得数量式的处理分析结果。因为在危机中的语言重复很多，通过语言的频繁度分析可以明确地把握演说者的政治意图。

上述传播学内容理论，在不同历史阶段对传播内容研究起到了积极的作用，其观察传播内容的角度较之思想政治教育学理论，则更多地关注对象、关注过程和传播者的态度，注重对效果和传播反馈的定量分析。这些关于传播内容的研究成果对于我们换一个角度去看待高校思想政治教育内容是具有积极意义的。

第三节　基于传播学理论的高校思想政治教育内容建设

简单回顾上述传播学内容分析理论，联系目前高校思想政治教育的现状，特别是思想政治教育内容的确定及其特点，我们将思想政治教育作为一种传播活动考察，有以下几点是可以借鉴的。

一、借鉴信息论，加强思想政治教育内容的信息化分析

（一）切实遵循信息传播规律，加强教材内容建设

走出唯上、唯圣、唯书的教材编撰误区，立足当代人、年轻人和大学生的接受特点，遵循内容传播的编码、译码规律，在高校思想政治理论课教材编写中，处理好经典理论大众化、政策条文实例化、习题作业深入化、教材语言平实化。一个信息传递过程也是一次编码和解码的过程，教育者的教学受教育者要能看懂、教育者表述教学内容的语言，受教育者要能听懂，也就是编码者要了解译码者的接受习惯，译码者要认同编码者的基本理念，否则传播无法形成。这就要求编码者要更加深入地了解译码者的状态。在这方面，新编版的中小学教材做得较好，它强调沿着学生的生活视野展开教学内容，使用它们习惯的方法进行教学过程。高校思想政治理论课教材则对编码者的情况注意不足，其更为关注的是思想政治教育内容自身或学科自身的系统性和完整性。在一个信息传递过程中，译码决定编码，研究译码者的现状，研究其对所要研究内容的态度，研究其接受信息的习惯都是至关重要的。只有建立在了解译码态度的基础上，才能进行有效的编码，也才能促成传播过程的真实形成，否则就是"对牛弹琴"。

（二）有效运用冗余规律

对不确定性的信息、不适合编码的信息、难以被译码的信息、进行一次"大扫除"是很有必要的。冗余信息的问题也很明显，一方面教材中有效运用冗余理论的手段不足，另一方面简单重复相关内容仍然不少。如"中国化马克思主义"的内容和"近现代史纲要"的内容重复，"思想道德修养和法

律基础"课的内容和中小学教育的内容相重复，"马克思主义基本原理"内容和中学政治课的哲学常识、经济学常识内容重复的问题，长久以来得不到解释和解决。每个学科都习惯站在自己的角度选择内容，自成系统，而当它们都被放到一个大系统时，就成为相互重复的冗余信息，这样不仅挤压了有效的传播空间，而且还导致了课程的科学性受到质疑。

（三）正确认识信息的时效性，提高思想政治课内容设计的科学性

香农—韦伯信息论认为，减少不确定性，增加确定性是信息的根本特性。提高思想政治教育内容的科学性要坚持以下四点原则。

第一，注重教育内容的确定性。一切信息传递活动都应该围绕这一性质展开，尽可能去增加信息的确定性，提供客观的、真实的、有价值的且注重实效性的信息。反观高校思想政治理论课教育，其根本特质也应是通过有效的教育去强化大学生头脑中从小就接收到的科学的世界观和方法论，以及对国情世情的认识，那么就必须注重信息特有的"四性"，即客观性、真实性、价值性和时效性。目前，高校提供的思想政治教育内容（信息）的客观性、真实性和价值性是毋庸置疑的，但是其时效性则可比喻为"简单的时效，夹生的时效"。

第二，注重教育内容的稳定性。内容的稳定性是内容有效性的重要前提。在政策允许范围减少增加的次数，特别是减少用各级文件形式增加思想政治教育的内容，增加宏观管理的力度，增强各级思政教育工作者的科学管理能力。

第三，注重教育内容的有效重复。由于思想政治教育的特殊性，教育内容需要在同一维度内反复加强，也需要动用各种渠道强化同一内容，但是在进行重复时，要注重信息传递的渠道是有限的，信息内容重复过度，必然会使传递的信息量降低，造成简单重复。

第四，注重教育内容传递双方的共识。高校思想政治教育内容改进，首先要全面理解时效性问题，大学思想政治教育较之中小学跟形势更紧密，

教育内容变化更快，这固然存在理论联系实际破解教育难点和热点问题，但是，简单地注重时效性，即简单地将教育内容从中央文件摘入教材或摘入教学大纲的做法只能破坏教材内容的客观性、价值性，而无益于学生学习，达不到增加确定性的作用，也可能会因此而干扰教师的教学思路，破坏教学的整体性。从信息内容客观、真实、价值和实效这四个基本特征出发，在高校思想政治教育的内容剪裁中必须坚持注重教育内容的时效性和系统性，特别是尊重内容已有的覆盖面，以及教师将教材模式转变为讲授模式的扩张力。

二、借鉴符号分析理论，加强思想政治教育内容文本呈现研究

高校思想政治教育的七大内容从理论和实践的角度都已经证明其观点是正确的，内容之间的逻辑关系是明确的，但是其呈现方式是有待改进的。随着信息时代的到来，为符号的使用打开了更为宽广的大门，也对我们传统的内容呈现方式提出了挑战。符号是人类认识事物的媒介，作为信息载体，是实现信息存储的工具，是表达思想情、感传达文化和信息的物质手段。在表达符号日益多元的今天，研究各类表达符号与传播内容之间的关系日显重要。符号学派认为"文本编码是由字面意义和意识形态意义构成的"，在目前我国高校思想政治教育的文本中，具有这种意义的政治术语很多，它们和特定的文化历史相联系，如"红色""五星""宝塔山""八角楼的灯光"等都是特有的政治词汇，这些发生在 20 世纪的文本修辞如何让"95 后"的大学生读懂是需要研究和重构的。此外，开放式文本和封闭式文本理论、文本互动理论等也都是思想政治教育内容文本撰写中可参考与运用的。其"含义结构论"更揭示了符号在表达内容时所负载的强烈意识及对内容揭示和呈现的意义。而"模仿论"则进一步指出，内容一定要让受众认可、喜爱，以至于学习、效仿。符号本身是没有意义的，但是符号负载的内容是有意义的，如何让符号表现传者的意义，如何让受众理解并认同这意义。如果两者处于矛盾状态，传播就没有任何意义了。我们如何把思想政治教育的内容赋予到相关

符号中，如何让受教育者看到这些符号，喜欢这些符号，而且理解符号后面的东西是亟待研究的问题。在当下的教育中，大部分受教育者仅仅是看到符号，但他们不喜欢，也无兴趣于符号背后的东西。在考试的卷子上，他们或是下载或是抄录那些文字，相当一部分是触及不到他们思想的，只是一个个符号而已。梵·迪克的"源文本话语"揭示了新闻传播同社会的特殊关系，指出新闻传播从本质上说是"帮助重构预先制定的意识形态"，这种功能突出的体现在"源文本话语向新闻话语的转化"，虽然这里讨论的是新闻问题，但高校思想政治教育从本质上说也是在引导青年学生完成其政治社会化的过程，帮助他们进入预先定制的意识形态。

从高校思想政治理论课教学内容的文本呈现形式入手，认真研究其传播学的规律，完成从理论体系向教程体系再向课堂教学体系的过渡迫在眉睫。

三、借鉴批判学派理论，科学合理设置思想政治教育目标

哈贝马斯的"交往理论"在对当代资本主义批判性研究的基础上，提出了"大众抵制"的概念，是对早期枪弹论的又一次批判，同时也指出了进入传播小众、分众时代，由于受众的媒介素养提升，社会意识内容确定的艰巨性加大。思想政治教育是一项特殊的传播活动，是否需按照传播内容自由公正多样化的原则行事，还需深入研究，但这个符合传播内容的基本原则是可以参照的。目前高校思想政治教育的内容在大前提下是有一定的自由度的，但是这个大前提太微观、太详细，自由仅具有工具意义；内容观点公正是毋庸置疑的，问题在于其呈现方式以一面理居多，所以公正性难以彰显；多样性的问题则不易说清，因为传播学内容分析上的多样性更多的是指多元，我们力图创造一元多样。目前，高校思想政治教育内容体系就被一部分学生认为是伪意识，学生对这些内容的态度，从对老师的态度可见一斑，从同情安抚到最近时有出现的厌恶，当然这种情况的出现，与社会现实有着密切的关系，但这是一个危险的"抵制"信号。引入思想政治教育的内容生活化概念是丰富思想政治教育目标的积极做法。从思想政治教育的本质来看，思想政

治教育源于生活，内在于生活，因此其生存与发展不能脱离生活世界而独立存在。所以，思想政治教育只有植根于丰富多彩的生活世界，也就是从生活出发，而不是从规范出发，才能有深厚的基础和强大的生命力。此外，众所周知，道德规范产生于实践，来源于生活，所以我们不能抹杀生活对于思想政治教育的作用。

此外，思想政治教育的特殊性要求必须实现教育内容的生活化。思想政治教育的目标与自然科学教育不同，思想政治教育的目标不在于向学生灌输"知"，而在引导要他们"行"。思想政治教育只有贴近生活，与现实生活紧密结合，才能引起大学生的兴趣和注意，才能帮助其了解现实、提高政治能力，最终才有可能达到不仅让他们领悟"善"，而且更在于要他们"行"的目的；否则思想政治教育的结果是学生仅仅收获了轻飘飘的道德符号，而不是沉甸甸的品德与睿智。而生活世界的丰富多彩性要求思想政治教育从"天上"回到"地上"，从"空洞"走向"丰满"。只有如此，师生之间才有共同的语言，主体间的交流与对话也才成为可能。

四、借鉴量化分析方法，推进思想政治教育内容的合理化

传播学科面对大量的传播内容，创立了独具特色的量化研究方法，广泛运用于传播效果的检测，以及传播内容的确定。高校思想政治教育内容的分析则长期沿袭定性分析的思路。在信息爆炸的今天，这一思路显然是落后的，有必要引进定量分析的方法，对其教育内容进行全方位的检查。定量分析不仅有利于我们更为清晰地去认识、鉴别事实，去观察其动态的运行，而且还能帮助我们去调整定性分析的分寸和结果。量化分析法是现代社会广为应用的工具，应该给予高度重视。

五、借鉴"说服"理论，正确把握思想政治教育内容的说服性

传播学大师霍夫兰运用实验手段对传播中的"说服"进行了系统的研究，他认为传播的目的是增加确定性，改变人们的行为；他的"一面理"和

"两面理"的理论，认真研究了有效运用正、反两方面道理的作用；其关于说服内容的秩序理论，明示了内容合理在传播中的重要性。丹斯的螺旋模式则重点强调传播中的沟通是连续的，前面传播的内容和后面传播的内容具有较高的一致性，传播才能有效进行。尽管这个简单的道理，在思想政治教育原理中也已经明确指出，但是教育内容的中断和矛盾确实时有发生。霍夫兰的理论今天看来如同"五 W 理论"一样很简单，但仍未能被有效运用。高校思想政治教育讲"两面理"的功夫就比较差，我们更强调对青年进行导向的问题，低估他们对反面道理的辨别能力，以至于在讲授中不敢举反面的例子，唯恐其仿效，一味用正能量来影响他们。

仅以思想政治理论课教材为例，在本科四门课的教学内容中，很难看到有对负面观点的介绍，并且由于教材内容结构中98%都是正文部分，以至于在案例问题等环节也难读到另一个角度的材料及可以比较的内容。而且，在教师参考书中也没有类似的内容，即便偶尔有对其他观点的介绍，但也基本采取否定性的语态，这种贴标签式的做法只能助长"一面理"盛行。如何真正做到讲"两面理"，一是大纲为主，教材为辅。用教学大纲的方式规定思想政治教育的内容，即易保证方向、路线，又给教育者较大的自主权因为大纲的内容一般会由宏观的可塑性强的纲目构成。二是根据学生程度设计教材。目前，中、小学的教材内容丰富，不仅体现在内容的量上，更体现为教材内在的设计性，一般都是由三级标题构成，并且设有若干巩固教材内容的环节，使教材内容有了立体感。而目前大学教材几乎没有什么设计，全部是由所要讲授的理论内容构成，在这一点上，可以借鉴中、小学教材。国外的很多教材也有很多设计亮点可供借鉴。三是用好"两面理"，引发学生讨论，以深化学习内容。讲"两面理"是引发学生讨论的有利时机。

对于高校思想政治教育而言，教学内容有无说服力在很大程度上取决于教师。因为教学内容是教师在对教材内容进行"把关"，是根据需要进行加工与再创造的基础上生成的，这一过程融入了教师对教材的理解重构，以及对学生需求的想象性把握。具有说服力的教学内容必须同时具备以下两个条件。一是真理性，教学内容的真理性表现为理论要揭示事物的本质和规律性。通俗地讲，说服就是摆事实、讲道理，以理服人。但以理服人必定是以理能服人作为前提的，理能服人的真正含义应当是：说服者与被说服者都愿意接受真理。这一条件也可以表述为：对话的双方都相信存在着客观真理，且愿意通过对话，认识或发现真理。教学内容的真理性体现了教师和学生的共同价值追求，二者的共鸣促成了说服效果的生成。二是教学内容的有益性。只有当说服的内容是说服对象需要或感兴趣的话题时，对话才是可能的；对话可能，说服才是可能的。这是运用说服的一个必要条件，对这一现象的心理学解释是：对于和自身需要毫无关联的内容，没有人愿意投入精力去关注，不关注也就谈不到说服；同时，没有人愿意接受一个看上去是对自己不利的说服理由或道理，除非他能看到这个理由或道理是对自己有益的。

今天认真研究说服问题，是高校加强和改进思想政治教育的一个重大理论和实践问题。对此我们首先要不回避，为"说服"正名。因为在我们的文化中，有一些词汇被先天地赋予了特殊的能指意义。"说服"这个词就是如此。它在我们的文化中是一个贬义词，我们不能想象，运用马克思主义去说服青年学生，因为我们习惯用居高临下的角色。仅就思想政治教育而言，将沟通的目的定位于说服，是符合事物本质的，沟通是为说服服务的。沟通是说服的渠道，说服是沟通的目的。完善说服内容，对群体说服的信息内容进行合理编码，说服内容的合理编码，主要涉及说服话题和说服信息的正反包容度。简练说服话题在进行个体说服时，设置的介入性话题，这样才能更好地将说服对象置入一个理想的被说服情境中，更容易接纳说服者及说服信息，产生理解与认同的体验。承认说服信息的正反包容度，是指说服信息除了包含正面判断的说服理由之外，是否还包含了反面判断的、抗拒说服的理由，以及抗拒说服的理由如何被消解。思想政治教育内容应更多地考虑教育对象、教育内容的设计，而不能只盯着理论体系的内在要求。

六、借鉴个人差异理论，整合思想政治教育内容的针对性

传播学个人差异论的理论印证了思想政治教育要因人而异，在进行普遍

教育的同时更强调受教育者的个性特征，对症下药，这应该是目前高校思想政治教育的一个大家都能认识到又束手无策的现象，特别是在课程和主题活动两个渠道显得尤为突出，其中一个重要的原因是教育内容具有高度的权威性和统一性，这种统一不仅是宏观的，而且是微观层面的高度统一，使因材施教的空间变得极为狭小。目前，有些高校已经开始结合本校学生特征调整相关内容。例如，北京电影学院根据艺术类学生的特点压缩理论教学内容，拓展自我教育渠道，取得了初步成效。高校思想政治教育的主题活动往往是按上级的意图，按各类纪念日组织举行。这些活动不分高低年级，不论文理学生，虽然活动的质量在不断改进，不断加大投入，但是学生的参与度总是不温不火。久而久之，还会冲击对这一教育的信度。由于高校学生不仅有男女之别，文工理艺之分，而且年级不同、民族不同，个人信仰不同，家境不一，区域文化不一，因此必须赋予高校思想政治教育内容以相当的自由裁量权，以保证教育内容的有效与高效。

教材内容的编写应有学生和一线教师的积极参与。主体间思想政治教育理论认为，大学生不仅仅是教师的工作对象，而且也是一个与教师一样的有思想、有灵魂、有需求的活生生的另外一个主体。即教育过程中的师生双方都是主体的人，而教育过程中主体性的主要体现之一应是主体具有对教育内容的选择和加工的自主性和能动性。因此，思想政治教育的文本选材、制作及更新不能仅仅由专家来决定，而且还需要学生和一线教师平等地积极参与其中，并不断地进行交流和对话。从而使大学生更加感觉到思想政治教育的内容是依自己所需而确定的，教师和自己关心的是同样的话题，这样就大大提高了大学生的学习积极性和兴趣，其学习效果自然也会得到进一步的提高。

七、借鉴"防疫论""螺旋论"，调整思想政治教育内容重复问题

高校思想政治教育内容的规定性和灵活性是辩证统一的。"规定性"指

的是高校思想政治教育的内容是由国家和教育主管部门规定的，"教什么"和"怎么教"都有明确的指导性意见。中共中央、国务院于2004年颁布的《关于进一步加强和改进大学生思想政治教育的意见》和教育部颁布的《关于整体规划大中小学德育体系的意见》都对高校思想政治教育的主要内容和任务做出了明确要求。除了宏观规定外，为了增强高校思想政治理论课的实效性，教育主管部门还先后出台了"85方案""98方案"和"05方案"，对课程设置、讲授内容等都进行了指导和规定。"灵活性"指的是在高校思想政治教育的基本内容确定后，思想教育、政治教育、道德教育、心理教育、素质教育的具体内容可以根据大学生的不同类型，以及所处的不同阶段进行设计和安排。此外，学校思想政治教育内容纵向的层次是否合理也对实效性有着重要影响。我国学校思想政治教育体系并不是互相孤立的，理想的状况是小学、中学、大学既相互衔接又能根据各自教育对象的特点有所侧重，形成层次分明、逐步提升的教学体系。虽然《国家中长期教育改革和发展纲要（2010—2020）》及《关于整体规划大中小学德育体系的意见》都对构建大学、中学、小学有效衔接的德育体系提出了要求和指导性意见。但我国学校思想政治教育体系在层次上仍然存在着简单重复、倒置甚至越位等诸多问题，这也直接影响到了高校思想政治教育内容的有效性，其突出表现在：大学生对与中学阶段相似的教育内容容易产生厌倦心理，对于求知欲较强的青年学生来讲，甚至会产生心理上的麻木和情绪上的低落。此外，基于对中学阶段思想政治教育内容"知识化"的教学及考核方式的固有认识，大学生普遍存在着轻视思想政治理论学习的现象。

学术界部分学者有这样一种观点，他们认为思想政治课程的有些重复是为了保持马克思主义的整体性和系统性，但是内容重复的频率应注意以下四点：首先，在中学政治课中已经讲得很详细的部分，在大学思想政治理论课的教学中就要尽量少讲一点，而对于那些中学政治课中没有讲到的部分就要很详细地进行讲解。其次，对于中学政治课中已经进行过一般介绍的内容，在大学的课程教学中就要尽量减少一般性的描述，而是要进行更加深入的分析。再次，对于那些中学思想政治教材与大学教材的重复部分，应该采取讨论法或研究型学习的方法。最后，在大学思想政治教学过程中，应该更多地让学生自己参与讲授。

总之，借用传播学理论来解读目前高校思想政治教育存在的困惑，可以有以下两种结合的思路，一方面，我们可以将传播学已有的研究成果直接引入高校思想政治教育内容研究中，对内容存在的相关问题加以分析和探讨，解读思想政治教育内容研究存在的困惑。另一方面，我们还可以从高校思想政治教育相关的研究内容出发去思考传播学内容研究中存在的问题。在这个层面看，高校思想政治教育相关的内容研究问题都可以为传播学内容研究所借用，这样做可以拓宽传播学内容研究的视角和思路。

第四节　案例分析

案例一：正确的内容也需要设计

我国现行的中小学教材经过若干次调整，充分体现了以学生生活为基础，以学生成长为主线，集理论与实践为一体的特征，并且在导入理论上有很多符合学生特点的设计，值得高校思想政治理论课教材借鉴。

现行的小学《品德与生活》是根据《义务教育品德与生活课程标准》编写的，这套教材从内容上将思想品德、生活常识、社会常识、手工劳动、综合实践活动等多项教育内容在生活的基础上加以整合。该套教材以儿童的成长需要为主线，以儿童不断扩大的生活空间和时间为线索，整体呈现儿童的生活，从而引发儿童综合的学习和思考；并且在注重理性生活、审美生活和道德生活结合的基础上，努力实现各项教育内容和多重教育目标的综合。此教材突出以范例的方式呈现出所蕴含的科学知识、道德观念和审美观念，让学生通过观察自己周边的生活情景去"感悟"。

一、我国现行小学思想政治教育教材内容辑录

义务教育课程标准实验教科书

品德与生活

PINDEYUSHENGHUO

一年级 上册

第一单元　我在集体中成长

第二单元　金色的秋天

第三单元　我们真棒

二年级下学期教材目录

第一单元　我生活的地方

第二单元　让家园更美好

第三单元　快乐的少先队员

第四单元　我们在成长

三年级上学期教材目录

第一单元　家庭、学校和社区

一年级上学期教材目录

第一单元　我上学了

第二单元　祖国妈妈，我爱您

第三单元　我的一天

第四单元　过新年

一年级下学期教材目录

第一单元　我的家人与伙伴

第二单元　走进大自然

第三单元　健康生活每一天

二年级上学期教材目录

第二单元 我在学习中长大

第三单元 我和规则交朋友

第四单元 我的角色与责任

三年期下学期教材目录

第一单元 在爱的阳光下

第二单元 我们共欢乐

第三单元 生活不能没有他们

第四单元 寻路和行路

四年级上学期教材目录

第一单元 珍爱生命

第二单元 安全地生活

第三单元 花钱的学问

第四单元 关心你，爱护他

四年级下学期教材目录

第一单元 一方水土养一方人

第二单元 生产与生活

第三单元 交通与生活

第四单元 通信与生活

五年级上学期教材目录

第一单元 让诚信伴随着我

第二单元 我们的民主生活

第三单元 我爱祖国山和水

第四单元 我们都是中华儿女

五年级下学期教材目录

第一单元　成长的快乐与烦恼

第二单元　追根溯源

第三单元　独具魅力的中华文化

第四单元　我们生活的地球

六年级上学期教材目录

第一单元　走向文明

第二单元　不屈的中国人

第三单元　腾飞的祖国

第四单元　漫游世界

六年级下学期教材目录

第一单元　你我同行

第二单元　人类的家园

第三单元　同在一片蓝天下

第四单元　再见，我的小学

二、我国现行初中思想政治教育教材内容辑录

我国现行初中《思想品德》课是帮助学生顺利实现社会化，为以后实现有价值的人生而奠基的课程。该教材强调对教学内容的综合，强调以生活专题统整教学内容。尊重、关爱、责任是初中阶段学生思想品德教育的基本价值目标和学生生活主题，是初中教材内容的主线。该套教材采取三级标题组织所有教学内容，即以有意义的生活主题为第一级标题，以体现价值取向的观点表达课题为第二级标题，以洋溢生活气息、有寓意、个性

化的标题为第三级标题，使学科的维度，包括心理健康、道德、法律、国情等方面。课程目标的维度，包括情感、态度、价值观、能力、知识等方面。学生生活的维度，即以"成长中的我""我与他人""我与集体、国家、社会"有机统一。

七年级上学期教材目录

第一单元　笑迎新生活

第二单元　认识新自我

第三单元　过富有情趣的生活

第四单元　过健康、安全的生活

七年级下学期教材目录

第一单元　做自尊自信的人

第二单元　做自立自强的人

第三单元　做意志坚强的人

第四单元　做知法守法用法的人

八年级上学期教材目录

第一单元　相亲相爱一家人

第二单元　师友结伴同行

第三单元　我们的朋友遍天下

第四单元　交往艺术新思维

八年级下学期教材目录

第一单元　权利义务伴我行

第二单元　我们的人身权利

第三单元　我们的文化、经济权利

第四单元　我们崇尚公平和正义

九年级全学年教材目录
第一单元　承担责任，服务社会
第二单元　了解祖国，爱我中华
第三单元　融入社会，肩负使命
第四单元　满怀希望，迎接明天

三、我国现行高中思想政治教育教材内容辑录

我国现行高中思想政治教育必修课包括《政治生活》《经济生活》《文化生活》和《生活与哲学》四部分必修内容。

《经济生活》以马克思主义基本观点教育为核心价值，以参与当代社会生活的能力为基本内容，全书分为四个单元。力求以人为本，以市场经济生活知识为支撑，突出思想政治观点教育。力求贴近生活、贴近实际、贴近学生，遵循由浅入深的逻辑，符合学生的认知规律。该教材力求淡化对相关学科知识的概念化、标准化的识记和理解要求，寻求在活化知识的同时提高学习效率，控制教学总量。教材的设计从真实情景出发，引发学生的兴趣，引领学生入门。通过案例、问题、情景的设计，引领学生感悟内容目标的意义，在开放式的设计中，力求达到"内容活动化，活动内容化"的境界。教材以单元管涌图、导语、各课引言、框题、目题、活动导入、正文、辅助栏目和单元综合探究的模式呈现，共有12课、24框，每一单元有一个"综合探究"，用1课时展示成果。

《思想政治：政治生活》是高中思想政治必修2教材，全书分为四个单元，每个单元都有其各自的序言和知识结构图，简要地介绍该单元的学习内容和意义。单元下面是课，全书共九课，每课前有导言，讲述本课主题。课的下一层是框，全书共24框。最后一层结构是目，是构成课文的基本单位。每框均由三目组成，全书共有72目，三目之间有着严密的逻辑关系。第一目是情景导入，第二目是情景分析，第三目是情景回归。每个单元后面都有"综合探究"，起着实践性的引导作用，即通过具有挑战性、参与性强的真实活动，引导学生积极、主动地探究知识。

《思想政治：文化生活》教材分为四个单元："文化与生活""文化的传承与创新""中华文化与民族精神""发展先进文化"，并按照"是什么：文化的概念""为什么：文化的发展""怎么看：民族精神""怎么办：文化建设"的逻辑顺序来展开。教材分为单元、课题、框题、目题四个层次，另外教材还设有三个特色的与主题有密切关系的栏目，根据需要穿插在课文之中。它们是："专家评点""相关链接""文化名人"，这些栏目增加了教材的文化气息和可读性。在每单元之后，还安排了综合探究课，意在帮助学生进行探究性学习，引导学生把所学知识贯通起来，发展其综合运用知识分析解决问题的能力。

《思想政治：生活与哲学》是对高中生进行马克思主义哲学基本观点的教育，为他们进一步掌握马克思主义哲学理论，形成正确的世界观、人生观和价值观打下基础。教材从生活、实践出发，以探究性活动为手段，通过案例考察、问题辨析、情境导入等方式呈现其基本内容。

四、我国现行大学思想政治教育教材内容辑录

《马克思主义基本原理》（2015 年）

绪论

一、马克思主义和马克思主义基本原理

二、马克思主义的创立和发展

三、马克思主义的鲜明特征

四、自觉学习和运用马克思主义

第一章　世界的物质性及其发展规律

第一节　世界的物质性

第二节　事物的普遍联系与永恒发展

第三节　唯物辩证法是认识世界和改造世界的根本方法

第二章　认识的本质及其发展规律

第一节　认识与实践

第二节　真理与价值

第三节　认识世界和改造世界

第三章　人类社会及其发展规律

第一节　社会基本矛盾及其运动规律

第二节　社会历史发展的动力

第三节　人民群众在历史发展中的作用

第四章　资本主义的形成及其本质

第一节　商品经济和价值规律

第二节　资本主义经济制度的本质

第三节　资本主义的政治制度和意识形态

第五章　资本主义发展的历史进程

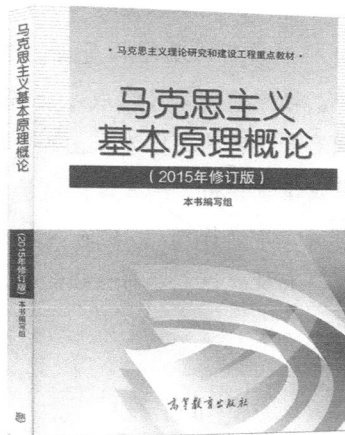

第一节　正确认识当代资本主义的新变化

第二节　资本主义的历史地位和发展趋势

第六章　社会主义社会及其发展

第一节　社会主义的产生和发展

第二节　科学社会主义的基本原则

第三节　在实践中探索现实社会主义的发展规律

第七章　共产主义崇高理想及其最终实现

第一节　马克思主义经典作家对共产主义社会的展望

第二节　共产主义社会是历史发展的必然趋势

《毛泽东思想和中国特色社会主义理论体系概论》（2013 年）

第一章　马克思主义中国化两大理论成果

第二章　新民主主义革命理论

第三章　社会主义改造理论

第四章　社会主义建设道路初步探索的理论成果

第五章　建设中国特色社会主义总依据

第六章　社会主义本质和建设中国特色社会主义总任务

第七章　社会主义改革开放理论

第八章　建设中国特色社会主义总布局

第九章　实现祖国完全统一的理论

第十章　中国特色社会主义外交和国际战略

第十一章　建设中国特色社会主义的根本目的和依靠力量

第十二章　中国特色社会主义领导核心理论

《中国近现代史纲要》(2015 年)

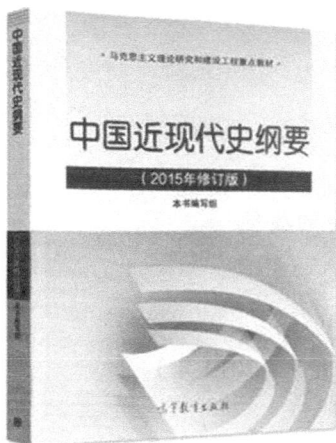

上编　从鸦片战争到五四运动前夜

综述　风云变幻的八十年

第一章　反对外国侵略的斗争

第一节　资本-帝国主义对中国的侵略

第二节　抵御外国武装侵略 争取民族独立的斗争

第三节　反侵略战争的失败与民族意识的觉醒

第二章　对国家出路的早期探索

第三章　辛亥革命与君主专制制度的终结

中编　从五四运动到新中国成立 (1919—1949)

综述　翻天覆地的三十年

第四章　开天辟地的大事变

第一节　新文化运动和五四运动

第二节　马克思主义进一步传播与中国共产党诞生

第三节　中国革命的新局面

第五章　中国革命的新道路

第一节　对革命新道路的艰苦探索

第二节　中国革命在探索中曲折前进

第六章　中华民族的抗日战争

第一节　日本发动灭亡中国的侵略战争

第二节　从局部抗战到全国性抗战

第三节　国民党与抗日的正面战场

第四节 中国共产党成为抗日战争的中流砥柱

第五节 抗日战争的胜利及其原因和意义

第七章 为新中国而奋斗

第一节 从争取和平民主到进步自卫战争

第二节 国民党政府处在全民的包围中

第三节 中国共产党与民主党派的合作

第四节 创建人民民主专政的新中国

下编 从新中国成立到社会主义现代化建设新时期（1949—2015）

综述 辉煌的历史征程

第八章 社会主义基本制度在中国的确立

第一节 从新民主主义向社会主义过渡的开始

第二节 社会主义道路：历史和人民的选择

第三节 有中国特点的向社会主义过渡的道路

第九章 社会主义建设在探索中曲折发展

第一节 良好的开局

第二节 探索中的严重曲折

第三节 建设的成就 探索的成果

第十章 改革开放与现代化建设新时期

第一节 历史性的伟大黑白和改革开放的起步

第二节 改革开放和现代化建设新局面的展开

第三节 中国特色社会主义事业的跨世纪发展

第四节 在新的历史起点上推进中国特色社会主义

第五节 开拓中国特色社会主义更为广阔的发展前景

第六节 坚定不移沿首中国特色社会主义道路前进

《思想道德修养与法律基础》(2015 年)

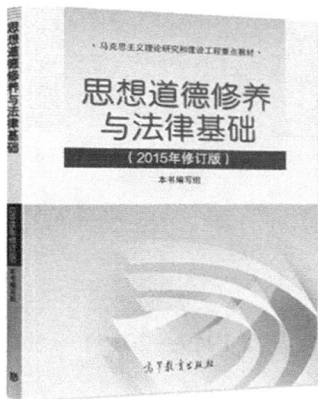

绪论　珍惜大学生活 开拓新的境界

第一节　适应人生新阶段

第二节　提升思想道德素质与法律素质

第三节　培育和践行社会主义核心价值观

第四节　学习本课程的意义和方法

第一章　追求远大理想 坚定崇高信念

第一节　理想信念与大学生成长成才

第二节　树立科学的理想信念

第三节　在实践中化理想为现实

第二章　弘扬中国精神 共筑精神家园

第一节　中国精神的传承与价值

第二节　以爱国主义为核心的民族精神

第三节　以改革创新为核心的时代精神

第三章　领悟人生真谛 创造人生价值

第一节　树立正确的人生观

第二节　创造有价值的人生

第三节　科学对待人生环境

第四章　注重道德传承 加强道德实践

第一节　道德及其历史发展

第二节　弘扬中华传统美德

第三节　继承与发扬中国革命道德

第四节　加强社会主义道德建设

第五章　遵守道德规范 锤炼高尚品格

第一节　社会公德

第二节　职业道德

第三节　家庭美德

《中国特色社会主义理论与实践研究》（2015 年）

马克思主义理论研究和建设工程重点教材

硕士研究生思想政治理论课教学大纲

中国特色社会主义
理论与实践研究
（2015 年修订版）

《中国特色社会主义理论与实践研究》编写组

高等教育出版社

《马克思主义与社会科学方法论》（2013 年）

教育部马克思主义理论研究和建设工程重点教材

硕士研究生思想政治理论课教学大纲

马克思主义与社会科学方法论

（2013年修订版）

《马克思主义与社会科学方法论》编写组

高等教育出版社

导论

一、社会科学与社会科学方法论

二、马克思主义社会科学方法论

三、坚持和发展马克思主义社会科学方法论

第一章　以实践为基础的研究方法

一、立足实践需要研究理论

二、对实践经验进行理论总结

三、在实践中检验理论和发展理论

第二章　社会系统研究方法

一、社会是个复杂的大系统

二、社会有机体与社会形态

三、研究社会系统的重要原则

第三章　社会矛盾研究方法

一、社会矛盾的普遍性与矛盾分析方法

二、社会矛盾的特殊性与具体问题具体分析的方法

三、利益分析和阶级阶层分析方法

第四章　社会过程研究方法

一、人类社会是一个过程

二、社会历史过程的客观规律性与主体选择性

三、研究社会历史过程的若干重要方法

第五章　社会主体研究方法

一、人是社会历史发展的主体

二、人的本质是社会关系的总和

三、人民群众是历史的创造者

第六章　社会认知与评价方法

一、真理与价值

二、社会认知的方法与途径

三、社会评价及其标准

第七章　社会科学研究的世界视野

一、马克思的世界历史理论

二、经济全球化及其内在矛盾

三、世界历史理论的方法论意义

【案例分析】

综合以上大、中、小学思政课理论教材的内容可见中、小学教材经过多年的不断改进，内容更加贴近学生成长，内容编排遵循教育规律，循序渐进，思想政治理论课的教材正在从显性教育向隐形教育转移。相比之下，大学思想政治教育教材的不足就比较明显，内容选择大多来自党和国家的文件，及对文件的解释，内容编排简单，语言政治化、理论化较为明显，案例少而陈旧，缺乏利于授课的单元设计，问题过于宏观且针对性、开放性欠缺。

案例二：从规定动作到自选动作

高校党团组织是对大学生实施思想政治教育的主要部门，他们的工作内容对教育效果有着重要的影响，下面是某高校2011年各二级学院党总支的工作总结。通过这些总结，可以了解当前高校有关部门大学生思想政治教育内容的实践状况和有关问题。

校团委

一、创先争优，实现三大突破。

二、以历史事件为契机，通过多种形式，加强团学青年思想教育。

三、加强校际、校院交流，促进共青团组织建设。

四、广泛开展社会实践及青年志愿者活动，引导学生在实践中锻炼成长。

五、以服务学生为目的，组织各项活动，丰富校园文化生活。

六、开展学术特色鲜明的文化活动，树立良好的校园学风。

A 学院党总支 2011 年工作总结

一、党的组织建设和思想建设。

二、加强党风廉政建设，坚持民主集中制原则。

三、充分发挥党员先锋作用，发扬党员组织能力。

四、将多党合作和政治协商制度深入到学院总支工作之中。

B 学院 2011 年党总支工作总结

一、开展思想宣传学习，加强党员的思想建设。

二、结合专业特色，创建学习型党支部。

三、完善组织建设，加强战斗堡垒作用。

C 学院 2011 年工作总结

一、明确以文化传媒为特色的办学定位。

二、率先实质性开展"双导师制"，实践导师队伍初步建立。

三、狠抓教学管理，完成各项教学运营任务。

四、完成 MBA 特色案例库与图书资料中心的建设。

五、加强学生日常管理，形成适合学院学生管理工作的新特色。

六、做好学生的职业生涯规划与团体辅导工作。

七、充分利用优势平台，圆满完成招生工作。

八、积极开展对外合作与交流，拓展事业领域。

九、加强学院党务工作。

D 研究院党总支 2011 年工作总结

一、紧跟时代形势，加强师生思想政治工作。

二、树立服务理念，加强学生教育和管理工作。

三、严肃工作程序，认真做好总支常规工作。

四、加强院分工会自身建设，不断增强工会组织活力。

五、积极沟通协调，做好研究院行政工作。

E 学院党总支 2011 年工作总结

一、认真组织开展理论学习，坚持用中国特色社会主义理论武装师生员工的头脑。

二、以迎接建党 90 周年为契机，大力开展主旋律教育，深入推进"创先争优"活动的开展。

三、加强党组织建设，进一步健全党员发展机制，做好党员发展工作。

四、加强廉政教育，落实党风廉政建设的各项任务。

五、提升情感浓度，加强人文关怀，开展各项学生教育管理工作。

六、高度重视群众工作，充分发挥工会和教代会的作用。

七、认真落实各项措施，维护学院安全稳定。

F 学院党总支 2011 年工作总结

一、深入学习贯彻中央领导同志视察大学的重要讲话精神，为学院发展提供方向保障和持续动力。

二、贯彻落实学校"二次创业"战略，推动学院发展。

三、规范管理，创新方法，加强党的基层组织建设。

四、因势利导，开拓渠道，开展富有实效的思想政治教育工作，推进学风建设。

五、广泛宣传，深入落实，继续做好教代会相关工作。

六、增强意识，加强教育，做好党风廉政建设工作和反商业贿赂工作。

七、党政协力，全面推进学院教学、科研工作及学院改革、建设。

八、创造条件，积极主动，支持分工会独立自主开展工作。

九、预防为主，加强管理，完成社会治安综合治理工作目标。

G 学院党总支 2011 年工作总结

一、创建学习型党组织，切实加强思想建设。

二、以"创先争优"活动为契机，全面推进党总支基础建设。

三、认真落实党风廉政建设责任制，切实加强党风廉政建设。

四、创新载体，丰富内涵，提高校园文化建设水平。

五、坚持以和谐为立足点，确保学院各项工作健康持续地发展。

六、以党建带团建，发挥团总支在学生工作中的作用。

H 学院党总支 2011 年工作总结

一、重视入党积极分子的培养，规范党员教育管理工作。

二、以纪念建党 90 周年为抓手，加强理想信念教育，积极推进"创先争优"活动的开展。

三、继续加强支部建设，充分发挥战斗堡垒作用。

四、支部活动丰富多彩，教育效果取得新进展。

五、学生工作。

I 教研部党总支 2011 年度工作总结

一、加强学习，做好党员干部的理论武装工作。

二、创先争优，开展主题实践活动。

三、围绕中心，服务主体业务工作。

四、健全组织，加强内部组织建设。

J 学院党总支 2011 年度工作总结

一、强化党总支政治核心地位和监督保证作用。

二、加强党的组织建设，做好入党积极分子培养和党员发展工作。

三、深入开展"创先争优"活动，以创建学习型党组织和建党 90 周年为契机开展党建和思想政治工作。

四、加强党风廉政建设，未雨绸缪防微杜渐，重视师德教风建设，以教风促学风。

五、指导学生日常管理和就业工作，重视班风学风建设，致力于建设一支高水平的学工队伍。

六、通过党建带团建强化对共青团的工作指导，抓好团学工作。

七、注重发挥学院分工会的作用，工会工作在学院建设和发展中的作用不断增强。

八、加强统战工作和退休教师工作，充分发挥党外人士和老同志在我院学科建设、教学管理等方面的作用。

K 研究院党总支 2011 年工作总结

一、强化组织建设。

二、完善学生支部建设。

三、做好组织发展工作。

四、协同做好工会各项工作。

五、积极参与和开展各项活动。

L 研究院党总支 2011 年工作总结

一、充分发挥党总支的政治核心作用，带领全院师生、认真做好学院的各项工作，形成良好的教风和学风。

二、健全党员发展机制，调整党支部结构，做好党员发展工作。

三、坚持"以人为本"的工作方针，努力把各项学生教育管理工作做实做细，营造良好的人文氛围。

四、充分发挥工会和教代会的作用，切实推进院务公开工作。

五、充分发挥党总支的政治核心作用，把党员的廉洁自律与模范作用放在工作的首位，努力做到廉洁奉公。

M 学院党总支工作总结

一、深入开展"创先争优"活动，以"创先争优"带动学院各项工作向前开展。

二、抓思想建设不放松，促理论学习作指导，提高党员自身修养。

三、加强基层党支部建设，做好组织培养发展工作，完善组织管理体系。

四、加强对外宣传，认真做好学院网站新闻信息的发布、更新工作。

五、发挥工会组织的作用，积极组织开展丰富多彩的职工文体活动。

六、学生工作沿着科学健康的轨道发展，实现了管理育人、服务育人的目标。

七、分团委按照既定的工作目标，确保共青团工作的顺利完成。

N 学院党总支 2011 年工作总结

一、始终将安全稳定放在首位，自觉维护校园稳定。

二、继续开展"创先争优"工作。

三、继续深入抓好学习型党组织建设工作。

四、庆祝建党90周年系列活动丰富多彩。

五、继续推进党总支保障、沟通和服务"三大平台"建设工作。

【案例分析】

通过查看上述部分工作总结，可以清楚地看到当前高校党群部门、特别是基层党组织对大学生实施思想政治教育是其工作重点，各学院围绕中心工作，开展了一系列相关活动，在注重开展有针对性、时效性和学生喜闻乐见的活动方面有很多创意，起到了积极的作用。但是，也可以看到，教育内容的同质性、重复性和大量规定动作等特点，这些无疑都会影响思想政治教育的效果。如何把规定动作和自选动作相结合，提高高校思想政治教育目标的契合性，教育内容与受教育客体的结合性，使思想政治教育更符合传播内容的要求等方面还亟待进一步提升。

第四章　传播学视域下高校思想政治教育受众研究

第一节　高校思想政治教育的受众

高校思想政治教育一直是思想政治教育学科研究的重要领域，而思想政治理论课是高校思想政治教育的主阵地。思想政治理论课的受众——大学生，直接决定着大学思想政治理论课的收效。因此，研究他们的思想现状，研究如何提高高校思想政治教育的水平，具有重要的现实意义，是当前一个迫切需要解决的课题。

受众即受传者、接受者，接受信息的人，它既包括大众传播中的信息接收群体——报刊的读者、广播的听众和电视的观众，也包括小范围信息交流中的个体——参与者和对话人。在传播过程中，受众可以只有一个，也可以有几个人、几十个、几千、几万人等；可以是一国的人，也可以是全世界的人。

受众是构成传播过程的两极中的一极，在传播中占有非常突出的地位，扮演着极其重要的角色。丹尼斯·麦奎尔认为，受众可以按照各种不同的、彼此相交的方式来定义，可以由地点（place），人口特征（people）、各种媒介或渠道（medium or channel）、讯息内容（content）和时间来界定。也就是说，按照地点、人口特征等，可以划分不同类型的受众，不同的地区、年龄、性别、信仰、文化水平等的受众，每一类型的受众都会有不同的特点和需求。在高校思想政治教育领域，大学生是教育的受众，因此，要进行成功的思想政治教育，深入了解这一人群是非常必要的。

一、大学生受众的政治思想现状

大学生是一类特别的受众，他们是思想政治教育的对象，他们的特点是在发展变化中的，研究他们的特点与政治思想现状，对于进行成功的思想政治教育，有着极为重要的意义。

从总体上看，大学生群体高度评价党和政府的工作，肯定党的执政地位和执政能力，认同中国特色社会主义理论，正确的世界观、人生观和价值观已逐步形成，对国家未来发展充满信心，具有较强的社会责任感，是爱国、热情、务实和进取的一代。

（一）大学生政治思想的主流积极向上

大学生对中国特色社会主义理论和党的领导是充分肯定的，在我国必须坚持改革开放不动摇而不能走回头路、科学发展观是发展中国特色社会主义所必须坚持和贯彻的重大战略思想、中国共产党是中国特色社会主义事业的领导核心等重大问题上，超过85%的大学生表示认同；90%的大学生对我国举办上海世博会、广州亚运会，应对青海玉树地震、甘肃舟曲特大山洪泥石流等严重自然灾害，海地地震国际救援行动等工作表示满意，93%以上的大学生对中国特色社会主义事业进一步发展，综合国力增强，国际地位提高，经济平稳较快发展充满信心。他们的价值观积极向上，道德水准比较高。他们关注个人发展和自我价值的实现，认为一个人在社会中生存和发展最主要依靠个人能力和自我奋斗，价值取向更为务实，特别是在与自身利益攸关时，

其选择表现出一定的功利性。❶

根据教育部网站"2015 年高校学生思想政治状况滚动调查"的资料显示，当前高校学生充分信赖以习近平为总书记的党中央治国理政能力，高度认可"四个全面"战略布局，对 2014 年党和政府工作都给予了积极的评价，广大高校学生对党和政府过去一年的工作普遍都给予充分肯定。对调查所列举的 2014 年以来的 10 项重大决策部署均保持较高的满意度，对"中央持续高压反腐行动"的满意度连续三年排在第一位。对全面深化改革、全面从严治党和全面依法治国表示乐观的学生占比分别为 84.7%、84.5% 和 81.9%。学生们对习近平总书记等中央领导同志的印象更加立体和丰满，中央领导集体"实干、亲民、务实、廉洁"的形象深入人心，网络上流行的"领导人是怎样炼成的""学习中国"等动漫产品和 APP 应用受到了广大青年学生的追捧。

调查表明，高校学生对中国特色社会主义和中国梦的理论认同、政治认同和情感认同进一步深化。广大高校学生坚决拥护党的领导，拥护社会主义制度，对实现中华民族伟大复兴的中国梦充满信心，显示出较高的理论自信、道路自信、制度自信和文化自信。93.9% 的学生对"中国特色社会主义事业进一步发展，综合国力不断增强，国际地位明显提高"表示乐观。对"在重要领域和关键环节改革上取得决定性成果""党的创造力、凝聚力、战斗力进一步增强"等方面未来发展趋势均持乐观态度的学生也保持较高比例。

调查显示，高校学生高度关注国内外政治和经济热点问题，表现出了心系国家发展与民族利益的国际视野和较高的政治素养。高校学生对调查所列举的 10 项时事热点均表示高度关注，"设立国家公祭日、抗战胜利纪念日、烈士纪念日""昆明严重暴力恐怖事件""习近平系列重大外交活动"排在了关注度的前三位。在网络热词的筛选中，学生们对"习大大""中国梦"等网络热词印象深刻。

调查表明，高校学生高度认同社会主义核心价值观。对"大学生应成为

---

❶　2011 年首都大学生思想政治状况的调查与分析[J]. 北京教育(德育版),2011(7):8.

社会主义核心价值观的积极传播者和践行者""诚信是做人之本""没有理想信念，或理想信念不坚定，精神上就会'缺钙'"等理念的认同度均在90%以上。爱国、敬业、诚信、友善等主流价值观已成为广大学生的价值遵循和人生追求。

调查显示，高校学生立志成才意愿强烈，他们更加注重社会责任感和综合能力的提升。"社会责任感"被学生列为学校最应加强培养的11个选项之首。在最希望学校加强培养的环节中，五成以上的学生选择了"学习、科研能力""实践能力""心理调适能力""创新创业能力""组织领导能力""团队协作能力""人际交往能力"。学生们对学校加强思想道德素质、综合能力、国际视野、人文素养等方面培养的需求也较为迫切。❶

这一调查清晰地表明，当代大学生虽然会有一些抱怨和质疑，但他们政治思想的主流是好的，是积极向上的。他们在长期的思想政治教育氛围中，逐渐形成了比较坚定的政治信仰和正确的政治态度，在大是大非面前的态度是正确的、坚定的。

（二）个性特点鲜明，价值观趋于多元

当前的在校大学生基本为"90后"，他们的思想观念、人生态度有着鲜明的特点，他们关注社会实践和创新活动，为的是锻炼自己的能力。但他们对思想政治课往往没有兴趣，尽管有大多数的学生认为开设政治课非常有必要，但仍然有部分学生表示不喜欢政治课，部分人认为政治课内容空泛，联系实际不够，和他们所关心的热点问题，如就业、提高自身能力关系不大。超过半数的大学生表示曾经旷过课，还有很多学生表示在课堂上经常做与课程无关的事，如做其他课程的作业、上网、看报纸、发短信等。他们很少主动和教师交流，也极少主动回答教师提出的问题，只有当教师点到自己名字时他们才回答问题。对课程的态度，有相当一部分学生对内容不感兴趣，满

---

❶ 2015年高校学生思想政治状况流动调查表明大学生思想主流持续积极向上［EB/OL］.［2015-05-29］.http://www.moe.edu.cn/publicfiles/business/htmlfiles/moe/s5987/201505/188174.html.

足于及格就行。

对于入党问题，入党动机的多元化是现在大学生存在的一个突出问题。以中国传媒大学为例，"在被问到您（或您要求）的入党动机是什么，20.1%的同学选择'信仰共产主义'；34%的同学选择'为他人和社会多做贡献而入党'；36.9%的同学则认为'有利于自我完善、早日成才'；47.2%的同学是为了有利于个人前途和就业；13.9%的同学则从众跟风，随波逐流，认为入党意味着很优秀，别人都入，所以我也要加入；11.5%的同学并不是自愿入党，而是迫于家长要求。"（摘自《中国传媒大学政治素质调查报告》）大部分同学对入党并不积极，觉得可有可无，甚至已经入了党的大学生也没有应有的责任感和荣誉感，当问及班里谁是党员时，往往选择沉默。

对于爱国主义问题，大学生多会表明自己的爱国主义态度，但遇到具体问题就出现了多种选择。例如，很多同学会表示不愿意响应政府号召，去建设西部；还有很多同学甚至在表达爱国的同时，选择有机会就移民。这种看似矛盾的心态，其实表现出了大学生并没有真正理解爱国主义，也缺乏对祖国的真情实感。大学生对社会上存在的腐败现象深恶痛绝，认为它严重危害国家的发展和形象，但是当他们自己有参与不正之风的机会时，一部分人会不计后果地选择参与进去。

当代大学生思想活跃，渴求知识，追求进步，奋发成才。他们自我意识明显增强，表现出思维活跃，个性张扬，对社会生活中的新思想、新观点反应迅速，具有明显的反抗和批判的意识。因此他们的行为在其价值观主导下表现出较强的自主性，其思想观念表现出明显的多元性。这种自主、多元有好的一面，能促使他们在事业的追求中具有更强的主动性和积极性。但另一方面，他们在这一问题上也往往表现为自以为是，以自我为中心，只考虑自己的情绪和要求，甚至少数大学生表现为行为举止孤僻，不懂得尊重他人，个人利益至上。在集体和个人的关系问题上，他们更多的是倾向于关注个人利益，"是否对我有利"成了他们作出选择的一个重要标准。

（三）追求成才，但贪图享受，艰苦奋斗意识下降

当今的大学生，生长在改革开放新时期，享受了很高的物质文明，也具有了更多的物质要求，对物质和精神生活有着较高的追求，从而形成了其个性化的生活情趣。有些大学生甚至认为"人生在世，吃喝二事"，行为表现出不思进取，不爱学习，忽视学业，满足于"60分万岁"，把大量的时间用于上网打游戏、聊天、追星、参加各种娱乐活动、吃喝玩乐等。有些人甚至不考虑自身的经济承受能力，用名牌、摆阔气、互相攀比，追求高档消费，甚至是追求超前消费。他们中很多人认为"艰苦奋斗"这个词是过时的，如果长辈、教师提及，他们往往会嗤之以鼻。一些家庭经济条件不好的学生，一方面觉得与"炫富"的学生格格不入，但很多学生会羡慕和向往。

有些大学生希望自己成为有用之才，但不愿意通过艰苦的努力去实现；他们对于物质享受有很大的兴趣，认为成才就会有更好的享受。至于"敬业""艰苦奋斗"这样的词汇，很多人表面上接受，实际上却很排斥。当问及如果工作不顺利、不顺心时怎么办，很多学生选择辞职；当问及遇到困难时怎么办，却往往选择"努力一下就放弃，没必要坚持"。他们不愿意经过长期努力，使自己成为工作领域内的翘楚，反而期待一夜成名，一举成才，甚至相信靠机遇、命运会成功。对于一些娱乐明星的铺张、奢靡，很多大学生是羡慕的，甚至作为自己奋斗的方向。这是很令人忧虑的现象。因为任何时代、任何国家，成功成才都没有捷径可走，期待坐享其成，不愿意艰苦奋斗，是当代大学生亟待解决的思想问题。

二、大学生政治思想状况形成原因分析

出现以上问题有多方面的原因，其中包括社会、教育体制、学校、教师、家庭和学生等，我们在这里重点分析的是大学生——我们思想政治教育的受众出现这样问题的原因。

第一，思想政治教育有成效，但过于表面化，应试成分掺杂其中，严重

影响了思想政治教育的效果。在长期的思想政治教育中，一些基本的政治概念，是非观念，大学生已经形成，他们了解基本的政治常识和概念，可以准确对大是大非问题做出选择，这是我们思想政治教育的成功体现。但大学生经过惨烈的高考，学得筋疲力尽，突然没有了严格的管束，没有了直接的奋斗目标，放松下来后不愿意继续努力学习，尤其是思想政治理论课多为大课堂，教师点名不便，于是不少学生选择逃课、在宿舍睡觉、上网、玩游戏，或上课时干其他事情。对于政治问题，很多学生认为与己无关，没必要关注和认真考虑，就是为了考试才去背的，对很多真正的含义并不清楚。部分大学生不重视思想政治理论课，很多学生觉得学不学一样，只要学分够了就好，而专业课是相对重要的，将来工作直接用得上。有学生甚至坦言，反正将来求职时也没人问政治课学得如何，现在考试及格就行了。还有许多学生觉得已经掌握了基本的政治理论，已经经过了高考，学得已经够了，不想再投入精力进行学习，不想再深入探讨与政治相关的问题，甚至采取排斥的态度，对于教师在课堂的讲授无动于衷，因而政治课抬头率大受影响。

第二，社会的开放环境，为大学生提供了多元化发展的空间。当代社会呼吁张扬个性，人性解放，而大学生正处于放荡不羁、唯我独尊、充满叛逆色彩的人生阶段，对于显然有些说教意味的思想政治理论课，很多学生不以为然，甚至充满了厌倦和排斥。他们思想活跃，乐于、善于接受新思想、新观念，而且现在社会的开放与包容，为他们创造了宽松的思想空间，为他们多元化的形成与发展提供了条件。

由于意识形态和社会发展道路的不同，一些别有用心的西方国家始终与中国处于隐性敌对状态，随着全球化的扩展，中国开放程度的加深，网络信息技术的普及，一部分当代大学生越来越容易接触西方国家的文化及价值观念，对西方国家逐渐产生一种跟风学习、顶礼膜拜的心态。有些学生认为，西方文化引领了时尚潮流，看西方的电影、电视剧、吃西餐、过洋节就是开放和新潮的表现，在潜移默化中接受了西方的意识渗透。

大学生渴望成功成才，因此热情参与各种校园活动，有很积极的态度，愿意进行创新，有效完成各种任务，在活动过程中得到锻炼。但这些活动必然会与社会接触，社会上各种不良观念、行为都会直接对大学生产生不良影响。他们身处的社会大环境，是市场经济、信息爆炸、网络时代、个性偶像等各种新事物层出不穷的时代，这使得他们可以有更开阔的视野，但也面临着更多的机会和诱惑。他们崇尚流行，关注时尚，喜欢娱乐、哈韩、哈日，追求高物质享受，不关心国家前途和政治问题，对社会上的腐败和不正之风，有时明知不对却往往不知道怎么应对；还有的时候，有些学生甚至会因为羡慕而参与其中，毕竟他们的辨别力不强；也有的学生认为这是社会的常态，没必要介意。

第三，心态浮躁，习惯于"快餐文化"。思想政治理论课需要沉下心来聆听、思考，去领悟一些比较深刻的问题，而相当一部分大学生坐不下来，心也静不下来，只想考试过关，平时上课"三天打鱼，两天晒网"，考试时期待教师给划重点、划范围。

第四，把对一些社会问题的不满，迁怒于思想政治理论课。很多学生关注社会，关注党和政府的方针政策，关注社会热点问题，对党和政府在处理某些社会问题上的不足或失误，对党的干部中的腐败贪污现象，他们不满、愤慨，并以此推论：思想政治理论课都是空话，不能解决实际问题，听也没有用。

对于现阶段我国社会保障制度所存在的种种弊病，多数学生能够从多方面给予合理归因，对于现阶段的贫富分化问题，他们只将其看作是我国前进发展的阶段性问题，虽然不可避免，但可以调和，通过改革逐渐缩小贫富差距，实现共同富裕。但是，由于近代西方资本主义国家较早地完成工业化，其国家现代化进程发展较早，而我国社会主义在一定时期内发展缓慢，故而在经济、科技等方面还落后于西方国家。基于此种现状，一些西方国家便开始大肆宣扬社会主义并不适宜于中国、中国特色社会主义路线实质上就是变相的资本主义等观点。在这些错误思潮的诱导下，一些大学生开始对中国特色社会主义路线产生怀疑和动摇，他们甚至认为我们现在走的就是资本主义道路，还有小部分同学对中国特色社会主义的政治、经济、文化制度都持怀疑甚至是否定态度，不能正确认识中国改革开放后出现的一些挫折和存在的问题，缺乏辩证的态度。

第五，家庭的因素。现在的大学生为"90后"，他们是执行计划生育政策后出生的，他们一部人在"衣来伸手，饭来张口"的同时，又衍生了"陪读、陪考"的现象。在家长眼里，这些孩子只需要把学习搞好就行了，其他的都不需要管，家庭对子女非常溺爱。这就容易造成了他们任性、敏感和以我为中心。又因为长期以来他们过度被保护，抗挫折能力不强，心理素质比较差，艰苦奋斗就更谈不上了，根本没有吃苦的意识，而且怕吃苦，排斥吃苦，追求吃喝玩乐，追名牌、追明星，以此为乐，对于劳动模范、先进人物等都没兴趣，或者是感动一下，事后又依然故我。

"90后"大学生的成长时期正处在我国各方面条件都很好的时期。国家经过几十年的发展，经济有很大好转，每个家庭的经济条件相对比以前好，在孩子身上的投入也会更多。很多父辈因为自己吃了很多苦，不想让自己的子女再受苦，想让子女过上优越的生活，即使自己再累、再苦，也不能让孩子受一点委屈，在物质上几乎有求必应。另外，孩子受到整个家庭全心全意的照顾和爱护，除了学习以外，孩子什么事情都不干，整个家庭都以这个孩子为中心，他们可以任意发脾气、提要求，家长都无条件地接受。这些大学生从小就是温室里的花朵，基本没有经历过狂风暴雨的洗礼，一旦遇到什么挫折就觉得世界一片灰暗，周围的人都和自己过不去，怨天尤人。他们不能接受批评，不能吃苦，不能受委屈，希望自己一步成才，工作舒适、优厚的待遇等，而这些都被认为是理所当然的。

这里必须提及的是传媒的影响。在网络超级发达的今天，大学生的识别能力比较低，很多似是而非的观点必然对大学生造成观念上的影响。大学生的观念本身就存在着逆反的心态，使得他们很容易相信网络上的一切，对教师课堂上的讲述，习惯打上问号、提出质疑。多元化的价值观、贪图享受的愿望，都与传媒的关系密不可分。媒体记者存在差异，有的却是水平不高，甚至存在错误的观点，这对涉世未深的大学生来说，很难明辨是非。例如，介绍西方的民主，他们认为这比中国的人民代表大会制度好；谈及腐败，认为是中国共产党整体出现的问题；尤其是历史虚无主义的影响甚嚣尘上，似乎一些别有用心、无良媒体的文章，很容易迷惑大学生，似乎他们中的一部分人，更愿意相信这些蛊惑而不愿意相信教科书。

第二节　传播学受众分析理论及启示

"受众"是传播学中一个非常重要的概念，它是指"各种不同类型的传播活动中的信息接受者，是一般意义上的读者、听众、观众的统称"。❶ "受众理论是以受众为核心所建构的传播学"❷，它是传播学的基本理论之一。受众理论的研究表明，人们对传播活动的认识，总是与对传播效果的研究和追求密不可分的，这就凸显出受众的重要性。受众是传播的归宿，受众是传播信息的接受者，受众成为传播过程的核心环节，受众的接受状况成为评价传播效果好坏的基本依据，可以说，受众是决定传播活动成败的关键。

传播学领域的"受众"与思想政治教育学科领域"对象"相对应，高校思想政治教育的对象，就是传播学意义上的受众，在这里特指大学生群体。高校思想政治教育工作要取得积极的实际效果，就一定要了解工作的对象，传播学的受众分析理论为此提供了借鉴。从传播学受众理论的视角出发，借鉴传播学受众分析的理论成果，对新时期特定的大学生群体——主体性客体的思想政治教育现象进行分析，为高校思想政治教育突破困境、不断进行改革和创新，提供了新的途径和手段。

---

❶ 段京肃.传播学基础理论[M].北京:新华出版社,2003:141.
❷ 刘强.传播学受众理论略[J].西北师大学报(社会科学版),1997(11).

一、受众分析理论与思想政治教育接受论的融通性

（一）受众分析理论的发展

传播学领域的受众分析理论，随着大众传播的兴起，经历了几个发展阶段。

"魔弹论"或"靶子论"曾经兴盛一时。这一理论建立在两个假设的基础之上。一个假设认为，大众媒介具有无往不胜、难以抵御的传播威力，另一个假设则认为，受众则处于被动挨打、不堪一击的地位。它们好比打靶场上的"靶子"，大众媒介可以完全控制受众，而受众面对媒介是没有抵御能力的。媒介向受众传播什么，受众就接受什么，然后就像中了"魔弹"的"靶子"那样直接倒下。

这种对受众不堪一击的假设源于大众社会（mass society）的观念。二十世纪，工业文明浪潮在欧洲已成汹涌澎湃之势，进而席卷世界。此时许多严重的社会问题逐渐暴露了出来。一些社会学家，像涂尔干、韦伯、特尼斯等对工业化及其所带来的矛盾进行思考，展开批判。如特尼斯的《礼俗社会和法理社会》就是这样一部著作。礼俗社会和法理社会是特尼斯社会学思想的一对重要范畴，与此相类似的涂尔干的无机关联和有机关联，韦伯的传统权威和官僚权威，以及当代人类学家格尔茨的原始关系和公民关系等范畴，都是用来对比传统社会与现代社会的。这些学者的共同点是都把现代的工业化社会视为大众社会。大众社会的本真意义，原指"乌合之众"的社会。所谓乌合之众，是说生活在法理社会中的芸芸众生互不相干，成分复杂，他们之间不存在亲情的纽带，只有法律的关系。有人把这种乌合之众称为"孤独的群体"。李金铨曾说："这是'比邻若天涯'的世界，不是'天涯若比邻'的世界。"1947 年，而布卢默给'大众'一词做过四层描述。第一，大众分布广泛，差别很多；第二，大众是个不知名的群体，由不名的芸芸众生组成；第三，大众互不往来，很少沟通；第四，他们

独断独行，很难采取一致的行动。这种观点代表了当时思想界的流行观点。这便是"魔弹论"或"靶子论"的思想渊源。而在实践上，二十世纪人们把"大众"理解为"乌合之众"，与学者总结两次世界大战期间的德国等国的宣传策略密切相关。

当然，这种"魔弹论"或"靶子论"很快便被后来的传播学领域中日益兴起的实证研究所推翻。研究证明，受众并不是这一理论所形容的束手待毙的靶子，任由媒介扫射，毫无抵御能力，而是会进行独立思考，会对媒介的传播内容做出一定的选择和判断的有机体。于是"魔弹论"和"皮下注射论"等遭到了否定和抛弃。而"大众"一词的含义也发生了根本性的变化。

全球范围内的政治学、社会学、心理学等社会科学研究的大发展进一步促进了传播学的发展。西方传播学者提出了一系列关于受众的新理论。美国传播学家梅尔文·德弗勒在 1975 年出版的《大众传播理论》一书中，将受众理论总结归纳为：个人差异论、社会范畴论、社会关系论和文化规范论。另外，后来出现的"社会参与论"和"使用与满足论"作为两种重要的受众理论也引起了学术界的广泛讨论。

简单地总结受众分析理论的发展过程，可以看出，人们对受众的认识是一个历史的过程，与现代社会的政治文明发展呈正相关。

（二）思想政治教育接受论的形成

接受论的理念最早体现在解释学中，此后在接受美学和传播学等学科也开始了对接受者的研究，到二十世纪六十年代发展成为接受理论。后来，随着人们认识的深化和各学科的融合，开始对接受理论进行多学科、多角度的探讨，形成了对思想政治教育接受问题的研究。我国思想政治教育学科设立于 1983 年，从那时起，思想政治教育接受理论逐渐成为思想政治教育学的基础理论之一。自二十世纪九十年代以来，思想政治教育学理论界对思想政治教育接受理论予以了高度关注，思想政治教育接受理论渐成体系。集中表现在思想政治教育接受的含义与特征、类型与机制、过程与规律、效果及其评

价四个方面。❶

　　邱柏生等编著的《思想教育接受学》认为，思想政治教育接受论的含义是"所谓接受是：指主体（即受教育者）在外界环境影响下尤其是在教育的控制下，选择和摄取思想教育信息的一种能动活动。""人的思想政治品德是在社会环境影响、教育控制和个人主观能动性三者相互作用的过程中逐步形成和发展起来的。"❷很多学者认为，这一概念不够完善，学界公认的比较合理的概念是张耀灿、郑永廷等在所编的《现代思想政治教育学》中提出的有关"思想政治接受论的概念"，即："思想政治教育接受是指发生在思想政治教育领域内的接受活动，它反映了思想政治教育接受主客体之间的相互关系，是接受主体出于自身需要，在环境作用影响下通过某些中介对接受客体进行反映、选择、整合、内化、外化等多环节构成的、连接的、完整的活动过程。通过有效地接受社会和社会群体的一定的思想观念、政治观念、道德规范，就可以被内化为接受主体的品德思想，并外化为品德行为。"❸在对思想政治教育接受理论讨论的过程中，有学者提示："第一，思想政治教育中的接受主要是对价值准则、价值导向的接受，而不是对科学认识成果的接受，其目的是使受教育者树立一定的世界观、价值观和人生观，形成某种理想和信念；第二，接受对象是思想政治信念。这些信息也是特殊的，一方面它们不具有人们通常所以为的直接实用价值，另一方面它们都具有鲜明的阶级性。"❶

　　尽管学者们对思想政治教育接受论的特征的看法不尽相同，但毫无疑问，学者们共同的观点就是以接受主体为核心，有相当一部分学者认为，思想政治教育接受的机制分为社会机制和个体机制，并对此进行了充分的研究。思想政治教育接受的社会机制主要是指社会各种环境因素对思想政治教育接受

---

❶　回顾与评价:思想政治教育接受理论的研究进展[EB/OL].[2014-08-14].http://www.cssn.cn/mkszy/sxzzjy/201408/t20140814_1291114.shtml.

❷　邱柏生.思想政治教育接受学[M].太原:山西人民出版社,1992:3.

❸　张耀灿等.现代思想政治教育学[M].北京:人民出版社,2001:135.

❶　汤新华.思想政治教育接受过程的特殊性与教育方法创新[J].探索,2002(5).

活动的影响；思想政治教育接受的个体机制主要是指接受主体自身的生理、心理因素对思想政治教育接受活动的影响。

思想政治教育接受理论的形成，表明思想政治教育从过去过于重视教育主体的施教活动及其主导地位而忽视教育客体的主体地位向逐渐重视教育对象的主体转变。

（三）传播学受众理论与思想政治教育接受论的融通性及启示

传播学受众理论与思想政治教育接受论的融通性表现在传播学受众理论和思想政治教育接受论都走过了一个从不重视"受众"到以"受众"为核心这样一个过程。这实际上说明了二者都追求实际的效果，因而二者都注重对实践过程及实践规律的研究。这里的"受众"对传播学而言是传播对象，对思想政治教育接受理论而言是接受主体，对思想政治教育而言是"主体性客体"，对高校而言，可以直截了当地表述为大学生。可见，随着人类文明的发展和进步，"受众"的主体意识不断觉醒，"受众"的核心地位必然凸显出来，这与传播和思想政治教育这两种人类实践活动的目的密切相关。传播的目的和思想政治教育一样，在于使一种思想内化为"受众"自己的观念，外化为"受众"自觉的行动。这些都必须由"受众"自己来完成。

传播学受众分析理论与思想政治教育接受论的融通性给思想政治教育工作以极大的启示。高校思想政治教育的"受众"是大学生，面对世界范围思想文化交流交融交锋形势下价值观较量的新态势，面对改革开放和发展社会主义市场经济条件下思想意识多元、多样、多变的新特点，要培育和践行社会主义核心价值观，要培养社会主义事业的建设者和接班人，就一定要重视对思想政治教育的对象的研究，根据不同时期、不同形势和不同情况，借鉴多学科的理论和实践，全方位加大研究力度，加深对思想政治教育对象的理解，在创新理论的同时，创造性地开展工作，使高校思想政治工作取得实效。

二、传播学受众分析理论概述

（一）选择性定律概述❶

选择性定律是就受众对信息的接受、理解和贮存而言的，它包括选择性接触、选择性理解和选择性记忆这三层含义。这条定律的基本思想是，受众在接收信息的过程中都势必要根据个人的需要和意愿而有所选择、有所侧重、甚至有所曲解，以便使所接受的信息同自己固有的价值体系和既定的思维方式尽量协调一致。正是因为这些选择性因素，使对同一信息的释码常常因人而异。

选择性接触又叫选择性注意。它是指人们尽量接触与自己观点相吻合的信息，同时竭力避开相抵触的信息这么一种本能倾向。选择性接触不仅指受众对投合心意的信息给予更多的注意，而且更指他对不合心意的信息总是加以排斥。换言之，选择性接触既包括对某类信息的接触，也包括对另一类信息的不接触。有一句话很好地说明了这个道理，"你永远也无法叫醒一个装睡的人"，因为他藏身在选择性接触这道防卫圈中。

由此看来，一种信息要达到受众的认知领域，首先就得突破选择性接触这道防卫圈，即设法引起受众的注意，使他对此发生兴趣，只有当信息被接收之后，才谈得上理解和认同，才有可能达到传播者预期的效果。不过，在当前的传播生态下，尤其是在新媒体环境下，受众对信息进行选择性接触的余地已经越来越小，选择性接触这道防卫线已经越来越脆弱。

所谓选择性理解，是指受众总是要依据自己的价值观念及思维方式而对接触到的信息做出独特的个人解释，使之同受众固有的认识相互协调而不是相互冲突。英国有句谚语："有一千个读者就有一千个哈姆雷特。"这说明的就是选择性理解。李普曼在《舆论学》中写道："对于所有的听众来说，完

---

❶ 李彬.传播学引论(增补版)［M］.北京:新华出版社,2003:141-146.

全相同的报告听起来也不会是同样的。由于没有相同的经验，每一个人的领会也就有不同，每个人会按照自己的方式去理解它，并且渗入自己的感情。"有学者把选择性接触比喻为消极防御，而把选择性理解比喻为积极防御，说明的就是选择性理解具有主动性，其实质是受众具有主动性。这说明信息中所含的意义不是由传播者硬塞到受众手中的，而是由受众根据主观意愿自己从中发现的。也就是说，在对信息如何理解上主动权掌握在受众手中，而不是掌握在传播者手中。

所谓选择性记忆就是指人们根据各自的需求，在已被接受和理解的信息中挑选出对自己有用、有利和有价值的信息，然后储存在大脑之中。如果说选择性接触和选择性理解都是有意识的行为，那么选择性记忆往往属于无意识的行为。美国研究者曾做过一项实验。他们找了两组大学生，其中一组对苏联持肯定态度，另一组则对苏联持否定的态度。研究人员请他们先阅读一份全面介绍苏联情况的材料，里面的事实有好有坏，过后让他们根据记忆复核材料的内容。结果是，敌视苏联的那一组学生记住的大多为材料中所反映的坏的内容，而赞赏苏联那一组学生记住的大多是好的内容。这项研究为选择性记忆提供了科学证明。

选择性定律十分突出地显示了受众在传播活动中所占据的重要地位。认清这种地位就能进一步加深对所谓传播即共享信息的理解，进一步把握传播的双向交流性。选择性定律也表明译码活动的复杂性与多样性，正是因为有一系列选择性因素的存在，尤其是由于选择性理解的作用，要想保证译码的客观、准确和实事求是，几乎是不可能的。也就是说，信息经过译码而发生扭曲与变形的根源在于受众握有一张选择性"王牌"。事实上，受众的译码活动也就表现为对信息的选择性处理。在此过程中，由于每个人的生活经验、政治态度、文化修养、知识背景、性格特征、心理构成等诸多因素都可能造成错综复杂的影响。

（二）个人差异论和社会类型论

个人差异论是以"刺激—反应论"的心理学模式为理论基础的。它是从行为主义的角度来对受众进行研究的，认为不同的受众成员对大众传播信息有不同的接收行为，这取决于个人特性的诸多差异。与思想政治教育接受论相一致，个人差异论把"受众"看成接受的主体，在接受传播的过程中，看重个人的主体地位。德弗勒曾一针见血地指出"魔弹论"的荒谬之处："魔弹理论认为，一条信息以相同的方式传给每一只眼睛或耳朵，产生基本相同的反应。至于这是谁的眼睛或耳朵，那就无关紧要了。"个人差异论认为，每个受众的个人成长环境、所处的时代及各自社会经历的不同，必然使人的心理、性格和行为方式有很大的差异，在社会上不存在完全相同的个体，因而在传播学领域中也就不存在整齐划一的受众。不同的受众由于自身的价值观念、兴趣爱好、需求、习惯等方面的差异，会对传播所提供的信息做出不同的选择和理解，并导致个人的观念、态度和行为方式等方面的变化也是不同的，是因受众个体的不同而不同的。

受众分析理论表明，人们之间的个性差异不容忽略，因为它使受众会对同样的信息产生不同的理解。也就是说，同样的信息对不同的受众会产生不同的影响。在有些人看来大为令人动情的东西，在另一些人看来则可能无动于衷。

社会类型论是个人差异的扩展。个人差异强调的是不同的个人对相同信息的不同反应，社会类型则强调的是不同的群体对相同信息的不同反应。

（三）社会关系论概述

受众分析既要对受众个体进行单体解剖，更需要将受众置于一定的社会关系中进行考察。像早期的受众理论仅仅囿于受众的个人因素，而忽略其广泛的社会联系，就难免把人当成挨打的"活靶子"。

从社会关系角度考察受众的突出代表，是美国社会学家、传播学家拉扎斯·菲尔德等学者所从事的一系列研究。他们在研究二十世纪四十年代美国两次总统大选期间，大众传播和选民的投票行为之间的关系时，发现人们在日常生活中所处的社会关系，会严重影响人们对大众传播信息的反应模式。

这种从社会关系的角度入手，着重分析社会关系对受众个体或群体对大众传播信息的接收行为的影响的研究，即被称为社会关系论。社会关系论认为："大众传播的受众成员既非相互分离的个人，也非仅仅按照性别、年龄、文化程度等一系列可变因素而归类的社会群体，他们既有自己的生活圈子，又属于各种团体，而且还和别的团体打交道。"处于复杂多元的社会关系中的受众个体或群体，他们对大众传播信息的选择，无时无处不受社会关系的影响和制约，社会关系由此也影响和制约传播效果。这些影响和制约主要来自受众所属团体的压力或合力，这种影响有时是显在的，更多的时候可能是潜在的，而发生改变的则是受众接受信息时的态度和行为。

"这种新理论认为大众传播的效力是有限的。它要对受传者产生影响，必须通过一系列中介因素。这些中介因素包括有个人接受信息必经的选择过程（包括性注意、选择性理解、选择性记忆）、群体规范形成的压力和各种个人影响等。"[1] "现在，传播学者已经通过大量实验证明，受众在信息面前绝不是驯服的奴隶，而是具有高度自觉的主人。他们掌握自主权，不但选择信息，而且还自行解释、自行决定吸取还是舍弃。因为作为传播媒介的报纸、广播、电视，已无法继续盲目自信其无上权威，他们承认自己面对的受众是很难征服的。如果不设法研究受众的需求，努力提高传播技艺，是无法提高命中率的。"[2]

社会关系论中的社会关系，一般来说主要包括人际关系、群体规范和意见领袖等。也有学者认为，群体压力理论是与社会关系论密切相关的一种理论，这种理论的主要观点认为：群体压力能够制约受众的信息接收行为。人们一般都会愿意参加与自己意见一致的团体，团体成员意见的一致性会加强人们坚持这些意见的信心。而不符合团体的利益和规范的传播信息往往会受到团体的抵制。

---

❶ 李彬.传播学引论(增补版)[M].北京:新华出版社,2003:229.
❷ 李彬.传播学引论(增补版)[M].北京:新华出版社,2003:230.

（四）　使用与满足论

所谓使用与满足，是指受众使用媒介以满足自己的需求而言。使用与满足论，是受众分析中的一种新兴理论，它同传统的媒介传播信息以影响受众的思路迥异，因为一个立足于媒介，另一个则是立足于受众。❶

使用与满足论兴起于二十世纪四十年代，形成于二十世纪七十年代。这一理论的代表人物有鲍尔、卡茨、布鲁姆勒、麦奎尔等。鲍尔是其中的代表性人物，他在 1964 年发表了一篇重要的论文《固执的受众》。他在文章中指出，以往的传播研究总是站在传播的角度，总是从传播者如何影响受众的态度这种思维定式上考虑问题，这在他看来是犯了方向错误。他认为，传播研究应该站到受众的角度，应该着重探讨受众对信息的处理，以及对整个传播过程的决定性作用。他有两句话因为说得很巧妙而常被人们引用。他说，以往的研究总是问"信息如何作用受众"，而现在的研究则应问"受众如何处理信息"。这句话很明显地反映出两种不同的研究方向。❷ 施拉姆对此评价道："这篇文章证明了几十年前已经得出的结论。人民不是射击场上的靶子，当他们受到宣传弹的射击时并不是随之倒下……受众是固执的，他们拒绝倒下。而且传播的信息也并不像枪弹，它们并不是身·向接受者的，而是放置在接受者可以爱怎么处理就怎么处理的地方。"❸

可见，所谓使用与满足论，也是从受众方面看待传播活动的新兴理论。它特别强调受众的作用，突出受众的地位，认为受众通过对媒介的积极使用，从而实际上制约着整个传播过程，而受众的使用媒介都是基于自己的需求，都是为了满足自己的愿望。❹

李彬认为，使用与满足论在理论上存在明显的偏颇。该理论过分强调受众对传播活动的主导意义，把受众的能动性夸大到不适当的程度。虽然不无

---

❶ 李彬.传播学引论(增补版)[M].北京:新华出版社,2003:231.
❷ 李彬.传播学引论(增补版)[M].北京:新华出版社,2003:232.
❸ 李彬.传播学引论(增补版)[M].北京:新华出版社,2003:232-233.
❹ 李彬.传播学引论(增补版)[M].北京:新华出版社,2003:234.

矫枉之功,但也未免矫枉过正。使用与满足论的最大问题在于它把受众个人同社会系统相分离,从根本上忽略了受众个人与群体网络的关系。

(五)"沉默的螺旋"理论

"沉默的螺旋"理论最早见于诺埃勒·诺依曼于 1974 年发表在《传播学刊》上的一篇论文。1980 年,他以德文出版的《沉默的螺旋:舆论——我们的社会皮肤》一书,对这一理论进行了全面的概括。沉默的螺旋来源于这样一个事实:1965 年德国阿兰斯拔研究所对即将到来的德国大选进行了研究。当时,两个政党在竞选中总是处于并驾齐驱的状况,第一次估计的结果出来,两党均有获胜的机会。然而,6 个月后,即在大选前的 2 个月,基督教民主党与另一个党获胜的可能性是 4:1,对基督教民主党在政治上的胜利期望升高有很大的帮助。在大选前的最后两周,基督教民主党赢得了 4% 的选票,社会民主党失去了 5% 的选票。在 1965 年的大选中,基督教民主党以领先 9% 的优势赢得了大选。这一年大选带来的困惑和对它的解释逐渐发展成为沉默的螺旋的概念。❶

这一理论描述了这样一个现象:人们在表达自已想法和观点的时候,如果看到自己赞同的观点且受到广泛欢迎,就会积极参与进来,这类观点越发大胆地发表和扩散;而发觉某一观点无人或很少有人理会(有时会有群起而攻之的遭遇),即使自己赞同它,也会保持沉默。意见一方的沉默造成另一方意见的增势,如此循环往复,便形成一方的声音越来越强大,而另一方越来越沉默下去的螺旋发展过程。❷

这一理论多用于对舆论的研究。在有些传播学经典教材中,并不把它归为受众分析理论当中的一种。但是,这一理论的渊源就在于对受众社会心理的分析,在于社会心理对个人行为的影响。因此,从起源上讲,它当然是受众分析理论之一。

---

❶ 郭庆光.传播学教程[M].北京:中国人民大学出版社,2011.
❷ 郭庆光.传播学教程[M].北京:中国人民大学出版社,2011.

这一理论既受到了很多肯定，也招致了许多批评。有学者指出，该理论过分强调"害怕孤立"这一社会心理因素，忽略了其他导致社会行为的动力因素。即使感到孤立，在权衡利弊后，人们不一定保持沉默；在这里，个人的差异也应予以考虑。对"社会孤立"的恐惧，不是一个绝对的常量，而应是一个受条件制约的变量。

此外，网络的兴起使"沉默的螺旋"理论受到了巨大的冲击。有学者分析这种冲击来自四个方面：一是网络传播对更大范围的受众产生更深刻的作用，从而改变了"意见气候"。二是在"沉默的螺旋"假设中起重要作用大众社会心理的"从众心理"可能会因为网络传播而发生改变。三是网络中的受众具有匿名性，其恐惧心理已经被一种"无所谓"的心理代替。四是着眼于发展，网络在客观上尊重个体的表达与个性的发展，使传统的从众心理弱化。

三、受众分析理论对思想政治教育的启示

传播学受众分析理论为高校思想政治教育的改革与创新提供了理论上的依据，尤其是为深化对大学生——高校思想政治教育对象的认识方面提供了宝贵的借鉴，给高校思想政治教育带来了启示。

（一）提高认识：充分认识高校思想政治教育对象的地位和作用

在高校思想政治教育领域，对思想政治教育的对象——大学生的地位和作用的认识，一直存在争论，从单纯的客体论，到主体论，再到主体性客体论❶的提出，人们对大学生在高校思想政治教育中的地位和作用的认识也一直在争论中得以深化和进步。传播学的受众分析理论启示我们，只有充分认识大学生在高校思想政治教育当中的地位和作用，才能使高校思想政治教育工作更加符合大学生的实际，符合思想政治教育工作的规律，从而取得实际

---

❶　祖嘉合.对思想政治教育主体及其特性的思考[J].教学与研究,2007(3).

的效果。

我们认为，在高校思想政治教育中，大学生的地位是"主体性客体"，在目的和目标的层次上，居于高校思想政治教育工作的核心地位。这既是高校思想政治教育的出发点，也是落脚点和目的地。此外，由于大的社会时代背景的变迁和大学生特有的年龄、心理和经历等方面的特点，其在大学思想政治教育中的作用是多方面的，也是不容低估的。例如，运用传播学多级传播理论，在大学生中培育多层次的"意见领袖"应该是不错的选择。

传播学受众分析理论告诉我们，大学生是"主体性客体"，这种认识具有一定的科学性。它符合客观实际，相对于社会上纷繁复杂的信息集群化的袭扰，大学生既不是中弹即倒的靶子，也不是能够抵御各种不良信息的"固执的受众"，但大学生特有的年龄、心理和经历等方面的个性化特征，又使他们对自身的认识不够客观，不够符合实际。尤其是网络时代的到来，网络对大学生的学习生活方式的改变是巨大的，网络也必然给思想政治教育的样貌带来巨大的改变，挑战和机遇并存。大学生群体是当之无愧的网络时代先锋，要做好网络时代的大学生思想政治教育工作，也要求必须充分认识大学生在思想政治教育中的地位和作用。

（二）与时俱进：全方位提高对高校思想政治教育对象的研究和认识

马克思主义历史唯物主义和辩证法都告诉我们，事物是发展变化的，并且它总是在矛盾运动中发展变化。传播学受众分析理论和思想政治教育接受理论发展的历史都告诉我们，"受众"大学生也是如此。不同的时代，大学生既有共性的特征，也有个性的特征，共性寓于个性之中。因此，不同的时代，大学生群体特征也各不相同。这就要求我们必须与时俱进，全方位提高对大学生的研究和认识。

首先，体现在理念上，要树立起与时俱进的理念，全方位提高对大学生的研究与认识。传播学上对受众分析和研究的重视，已经转化为经济、政治、文化等多个领域实践上的应用。例如，经济领域的传播和广告，无论是大众、分众、小众传播，还是品牌效应、经济效益和社会效益的取得，都要符合大部分消费者或一部分消费者的旨趣。思想政治教育的接受过程就是不断"减少接受主体的思想道德水平与社会所期待的道德水平之间的差异的过程"。一方面，社会的发展与进步一定会对大学生提出更高的思想道德修养方面的要求，并且带有一定的强制性，使大学生的思想道德水准更规范，更适应社会的发展。另一方面，个体之间思想品德与社会所要求的思想道德标准之间存在着一定的差异，这种差异性矛盾正是促使个体不断提高自身的思想水平的动力。

其次，在内容与形式方面，要借鉴传播学受众分析原理和规律，结合传播学受众理论来研究思想政治教育，这是信息时代的新的路径选择。"因此，适时将传播学研究的重要成果引入到教育研究领域，重视开展对于二者的学科交叉研究，不仅是传播学发展的需要，而且也是教育学和思想政治教育学研究取得新突破，以及在实践中提高教育实效性的必然趋势。"❶ 从传播学受众分析的角度来看，思想政治教育接受过程就是传播过程。没有传播，便没有思想政治教育。从效果的角度看，思想政治教育接受过程实际上就是考察接受主体通过教育主体的传播。接受了多少信息以及接受的程度，即接受主体由此获得多少思想、观念和能力的问题。因此，二者在内容和形式上具有相当大的融通性，可以相辅相成，共同发展，使传播学受众分析理论更具有应用性和实践指导意义；同时，使思想政治教育"受众"研究更具有科学性，更易于取得思想政治教育工作的实际效果。

总之，正如施拉姆所说："我们要明确的一点是人类传播是人做的某种事，它本身是没有生命的，它本身没有什么不可思议的，除非是传播关系中的人使之成为不可思议，信息本身并无含义，除非是人使之有含义。因此，我们研究传播时，我们也研究人——研究人与人的关系，以及他们所属的组织和社会关系；研究他们怎样相互影响；受影响；告知他人和被他人告知；

---

❶　欧阳林.思想政治教育传播学[M].北京:北京交通大学出版社,2005.

教别人和受别人教；娱乐别人和受到娱乐。"❶

传播学及受众分析理论告诉我们，对于高校思想政治教育对象——大学生，提高对其地位和作用的认识，全方位了解和研究大学生是极其重要和必要的。

第三节　针对大学生受众进行政治思想教育的对策

依照传播学的观点，对传播过程中信息的接收者——受众的分析是大众传播的重要研究领域。思想政治理论课的课堂、校园文化的场所等，都是传播的阵地。大学生即受众，是否能很好地接收课堂及各种正面的信息，对传播的效果有着决定性的影响。如何提高传播效果，也是影响课堂教学效果的关键。怎样对大学生进行有效的思想政治教育，采取合理的对策，是我们研究的落脚点。

一、思想政治教育受众的特征

（一）受众是区分为不同层次和类别的，应区别对待

我们课堂的学生群体，不是一个模式的，他们的思想、价值观念，原有基础存在很大的差异，不了解这一点，我们所进行的传播活动就容易失败。如前文所述，"90后"大学生基本政治态度是积极向上的，他们具有相近或相似的生活经验、兴趣和爱好，但又有不同的特征。他们中有文科生、理科生、艺术类学生，有的来自城市，有的来自农村，城市中有南方人、北方人，汉族和少数民族等，其理解力、性格、脾气、对学习科目的爱好各有差异。例如，如果传播方式一成不变，那么势必造成学生的不满。因此，必须因班级特点而采取不同的传播方式。如对理科生要注意讲清基本概念，让他们明

---

❶　威尔伯·施拉姆.传播学概论[M].北京:新华出版社,1984:4.

确所学内容；对文科生，则要深入探讨某些专题，引发他们的兴趣；而艺术类学生的活泼，但文化基础稍差，则要加以引导，多多给予鼓励，帮助他们产生学习兴趣。

而在校园活动中，不同学生的特点也会影响传播结果。艺术生相对活跃，一般的艺术生家境好，有优越感，在各种活动中自我感觉好，文艺演出总是担任主角；来自城市和来自农村的学生也有差异，城市生觉得自己见多识广，农村生有时则会产生自卑，放不开自己。校园活动只有充分考虑不同学生的不同特点，才会有更好的效果。

（二）受众是自由的，不能对他们实行强制和约束

在某种意义上，课堂上的受众与电视机、收音机前的受众是一样的。他们是自由的，传播者根本无法控制他们的思想和爱好。课堂虽然有纪律制约，但这个纪律是松散的，很难真正发挥作用。百人左右的大课堂，点名都很困难，学生课堂上出入自由，听不听课更是自由的，也就是我们通常所说的到课率、抬头率问题。学生对信息的接收，不能靠强制。这是因为他们已经有了自己的思想观念和评判标准，不能靠强迫来解决到课率和抬头率问题。

（三）我们的大学生受众数量多，无法做到一对一的交流

一对一的交流是最有效的，交流双方可以有充分的反馈，及时了解对方对发布信息的理解程度，及时进行调整。因为学生人数众多，教师相对缺编，思想政治理论课课堂一般都在一百人左右，所以不是一对一，而是一对十，甚至一对一百。在这样的大课堂中，学生很难避免走神，而教师也很难充分、及时地了解学生的情况，这就是目前大多数思想政治理论课的交流环境。关于我们的校园活动，各级组织都下了很大功夫，希望在活动中对学生产生积极影响，但校园活动同样面临着人数多、想法多，难以关注所有的问题。这些都会影响到思想政治传播的效果。

二、针对思想政治教育受众的对策

面对这样一个一时难以改变的现状，从传播学的角度，我们可以采取以下对策。

（一）借鉴“使用与满足”理论，让大学生认识到思想政治理论课的现实意义

“使用与满足”是一种受众行为理论，其研究起源于二十世纪四十年代。部分传播学专家从受众的传播接触动机和使用形态出发，提出这一理论。“使用与满足”理论认为，受众成员是有特定需求的个人，把他们的媒体接触活动看作基于特定的需求动机来使用媒介，从而使这些需求得以满足的过程。❶ 这一理论是从受众角度出发，分析他们的需求动机，考察传播给人们带来的心理和行为上的影响。赫尔塔·赫佐格曾对白天的连续节目做过研究，他发现白天的连续广播剧深入人心，听众中有很大一部分是妇女，她们爱看这些电视剧，是因为她们已把它作为发泄感情的途径，有“哭的机会”。❷ 以此引申至思想政治理论课，我们的大学生受众，如前文所述，他们关心的是毕业后的前途和就业。在校期间，他们希望提高教学质量，强化实践环节，提升其就业能力。此外，他们还关心社会上的热点问题，希望得到合理的、及时的解读，同时他们还有一些生活中的困惑，例如，人际关系、经济问题、恋爱问题等，非常需要得到帮助。如果思想政治理论课可以积极关注大学生的这些问题，则必然会激发学生的兴趣。

（二）变被动接受为主动参与

主动参与的方式可以调动学生的内在学习热情，在教学过程中同学们可

---

❶ 郭庆光.传播学教程[M].北京:中国人民大学出版社,1999:180-185.
❷ 威尔伯·施拉姆.传播学概论[M].北京:新华出版社,1984:209.

以互动的形式参与进来。口头上的讲解、呼吁，说服力不一定很强，教师有时会陶醉于自己的讲授而忽略听众的反应；而学生印象深刻的，除了部分教师的精彩讲授，更多的往往是他们自己直接参与的活动。例如，准备小组展示、课堂发言、专题演讲等，他们会很认真地准备，会认真学习相关内容。有效地参与不是外部强加的行为，而是一种内在需求与特征的综合体现，远比被动接受教师的讲授效果要好。因为它可以在比较大的程度上发挥学生的积极性和创造性，这种主动地参与帮助他们更多地了解课程内容，从而加深了理解，也加深了印象。这种方法是对受众内在需求的调动。曾有不少学生谈到，他们本来就对某个问题有兴趣，小组展示让他们有机会去深入思考和研究，而且有机会在大家面前展示，很有成就感。学生们各有所长，展示中可以把自己最出色的一面展现出来，尤其是在得到教师和同学赞扬时，更是大大激发了他们的学习积极性，这就成了"我要学"，而不再是以前简单的"要我学"。曾有毕业好几年的学生见面时，仍然记得当年在课堂上的演讲，以及得到教师表扬的情景。

（三）　变单方面说服为双方面说服

实事求是地说，单方面说服和双方面说服都有各自的优势，单方面说服是指只承认、讲授正面观点，不谈相反的观点；双方面说服是指同时呈现相反的信息，以说服人们接受。在课堂上，不同的场合、不同的讲授内容，决定使用哪种方式，不能一概而论。沃纳等人曾在美国犹他州立大学教学楼做实验，他们在垃圾桶上贴上标签："请不要把铝制罐头盒投入垃圾箱，请将其投入一楼入口处的回收箱。"同时，也展现了相反的观点："这样做可能会给你带来不便，但这的确很重要。"结果回收率达到了80%，是没有信息时的两倍。❶ 可见，人们存在一种心理，你越是只谈正面观点，尽管反复论述，反复强调它的合理性，但人们还是不愿接受，而且更会从反面去思考：就没有不足的地方吗？和它相反的观点是什么？为什么不告诉我其他的观点？反

---

❶　戴维·迈尔斯.社会心理学[M].侯玉波,乐国安,译.北京:人民邮电出版社,2006:190.

面观点就没有一点道理吗？这样一来，反而会削弱正面观点的传播。因此，在课堂上需要正面地、坚定地宣传，同样也需要介绍不同的观点，并且在介绍中分析这些观点的问题所在，为什么是不正确的，应该怎样看才是正确的。反复重复某个观点，忽略不同的看法，往往会适得其反。尤其是在人们对相反的观点有所了解时，双方面说服就更有说服力，而且说服的效果会更持久和更稳定。而对那些已经持有某种态度，而我们只想加以强化、不想改变其观点的人，在我们要进行某些宣传介绍时，使用单方面说服比较好，否则会造成学生的困惑。

（四）关注大学生的个性特征，进行积极有效地引导

大学生大多处在 20 岁左右的年龄段。这个年龄段的青年，是比较容易转变观点的；而年龄越大，反而越不容易改变观点。但年轻人更容易表现出情绪的不稳定，他们会因为一件事情而表现出绪低落，对社会丧失信心，又会因为一件事情而表现出情绪高涨，热血沸腾。针对青年人这样的特征，在传播过程中应予以充分的注意，适时地"动之以情"，引导他们在激情中受到感染。还有需要注意的是，不能只看共性，一定还要注意到学生的个性特点。例如，原有态度的特点，就对接受新观念、改变观点有影响。如果在他们入学前就已经形成了坚定的、非常清晰的某种观点，那么转变起来就比较麻烦；如果仅仅是模糊的、不明确的观点，就比较容易发生变化。有些学生入学前就受到某种影响，如网络、亲身经历等，已经产生了某种消极观点，那么他们就会对思想政治理论课产生抵触情绪。这种类型的学生虽然不多，但确实存在，并在学生中有一定影响。例如，曾有学生在网络上看了不少关于"文革"的文章，并受到很大影响，于是他认为"文革"不应全盘否定，也有其可取之处，再来一次也不错。有的学生，家长是做纪检工作的，看到的黑暗面比较多，对社会的看法趋于消极。这类学生往往还喜欢表达自己的看法，显示自己的与众不同。他们具有与教师截然不同的看法，以表示自己有独立思想，认识深刻。因此，对这类学生不能因其人数少而有所忽略，除了要专

门进行教育，个别谈话，促使其转变认识，还要在课堂上当众说明，否则会对整个班级造成影响。

从思想政治教育的角度，我们同样有很多值得进一步研究的地方。只要我们深入关注学生，积极引导，有所作为，就一定会取得良好的结果。

（五）创新大学生思想政治教育的途径和方法

创新是时代的需要，大学生思想政治教育同样面临创新的要求。创新大学生思想政治教育的理念是保障大学生思想政治教育的系统化、科学化的必然要求。以人为本、和谐发展是大学生思想政治教育的根本前提，要改变"我是来做你的思想工作的"这一观念。尊重学生、理解学生、关心学生、引导学生，了解大学生的内心需求、个性特征和成长背景，有针对性地开展思想政治教育和指导工作，切实帮助学生解决实际问题，并以此调动学生通过提高思想政治素质实现自我发展和完善的积极性与主动性，引导学生把个人梦与中国梦紧密结合起来。习近平总书记指出："实现中华民族伟大复兴的中国梦，就是要实现国家富强、民族振兴、人民幸福。"在国家层面上，中国梦是民族复兴、国家强盛之梦；在个人层面上，中国梦是人民生活幸福、人生出彩之梦。通过思想政治教育，引导学生在投身中国梦的伟大实践中实现个人梦，在实现个人梦的过程中以中国梦为基础，中国梦和个人梦是紧密联系在一起的。还应注重大学生的个性需求。当代大学生个性独立而又具有依赖性，思想早熟但并不成熟，在价值观取向方面有时带有一定的盲目性。为了保证大学生思想政治教育工作的有效开展，保证思想政治教育的科学性、合理性和可行性，必须尊重大学生群体的个性需求，找准学生的关注点和定位，着眼于大学生思想政治工作的最终目标。

载体创新也是创新的必要因素。坚持课堂教学的主渠道作用，课堂教学是实施大学生思想政治教育的主阵地、主渠道，使社会主义核心价值体系在思想政治课堂中升华。通过《思想道德修养与法律基础》《中国近现代史纲要》《马克思主义基本原理概论》《毛泽东思想和中国特色社会主义理论体系概论》和《形势与政策》等课程，坚定学生的共产主义信念，培养爱国主义精神和时代精神。在课堂上，体察和把握学生的思想脉搏，让学生在收获知识、发展能力的同时，加强思想政治教育，正所谓"随风潜入夜，润物细无声"。

必须注意发挥校园文化的多样化优势，充分利用学生喜闻乐见的校园文化活动。坚持开展思想政治教育，始终坚持以理想信念教育为核心，坚持不懈地引导广大青年跟党走中国特色社会主义道路。努力构建社会主义核心价值体系、增强社会主义意识形态的吸引力和凝聚力，在实施中抓住青年的兴奋点，寓教于乐，努力满足青年对新鲜事物的追求。加强思想政治教育，坚持寓教于情、寓教于理和寓教于乐，让学生受到民族精神和时代精神的熏陶，提升个人能力素质。可以利用文化宣传栏，制作专题宣传展板，营造和谐的校园文化氛围；针对国际、国内热点，邀请专家举行时政类讲座，组织广大同学集中讨论学习，出版理论学习刊物，丰富理论学习阵地；通过文体比赛、读书推荐、参观、播放视频等形式，引导学生全面发展。随着信息时代的发展，新媒体已成为大学生获取和交流信息的重要途径，也为大学生思想政治工作的发展思路和实现途径提供了全新的平台。通过新媒体平台，使学生在潜移默化中受到教育，全面提升整体素质。充分利用新媒体的影响力，最大限度地宣传党和国家的政策；通过新媒体拓宽师生间、学生间的沟通渠道，增强集体凝聚力，增强思想政治工作的针对性，使学生管理工作高效便捷；围绕成长成才、就业创业、社会实践、志愿服务等话题，有效把握大学生发展的风向标。

（六）对大学生在思想上进行积极的引导

大学生在政治思想方面并不成熟，很多想法是摇摆不定的，还有的想法是受各种因素影响的结果，自己并不是很明确，因此对他们的积极引导是非常重要的。他们的想法不是坚定的，完全可以通过我们有效的工作实现他们政治态度和政治立场的改变。我们引导青年的总目标很明确，就是引导广大大学生坚定地树立跟党走中国特色社会主义道路的信念。在新的时代条件下，根据党和国家事业发展的新形势和新要求，以及青年成长发展的特点，我们应该对大学生进行这样一些具体的引导：一是把坚持爱国主义、社会主义和党的领导三者有机统一起来。这是首要的、核心的一条，是要引导大学生把握、熟悉和理解中国近代社会进步发展的历史逻辑，理解坚持社会主义道路、坚持党的领导的必然性。二是把民族精神和时代精神结合起来，要让大学生更好地理解在全球化的背景下，迅速发展的中国与世界的关系，中国和世界发达国家发展的历史。三是把青年学生的个人成长与社会责任有机结合起来，要让大学生在迅速发展变革的时代背景下处理好个人与社会的关系，尤其是理解中国梦的实现和个人价值实现的联系。

用社会主义核心价值体系引导大学生思想政治工作，大力弘扬民族精神、时代精神。社会主义的核心价值体系是社会主义意识形态的本质体现，是全党全国各族人民团结奋斗的共同思想基础。为了坚持社会主义核心价值体系，我们必须巩固马克思主义指导地位，坚持不懈地用马克思主义中国化的最新理论成果武装全党、教育人民，用中国特色社会主义共同理想凝聚力量，用以爱国主义为核心的民族精神和以改革创新为核心的时代精神鼓舞斗志，用社会主义荣辱观引领风尚，巩固全党全国各族人民团结奋斗的共同思想基础。民族精神是一个民族赖以生存和发展的精神支撑。一个民族如果没有振奋的精神和高尚的品格，就不可能自立于世界民族之林。在五千多年的发展中，中华民族形成了以爱国主义为核心的团结统一、爱好和平、勤劳勇敢、自强不息的伟大民族精神。在改革开放新时期，中华民族又形成了勇于改革、敢于创新的时代精神。在全面建设小康社会、加快推进社会主义现代化的进程中，民族精神和时代精神对于中华民族的凝聚力、激励作用越来越突出，已深深熔铸在民族的生命力、创造力和凝聚力之中，成为社会主义核心价值体系中不可或缺的一部分。个别大学生存在爱国主义热情高、共产主义信仰低和入党动机功利化的现象，不能够很好地将爱国、爱党和热爱社会会主义融合为一体。因此，加强青年大学生的爱国主义教育和政治理论教育就显得尤为重要。应增强理想信念教育的实效性和针对性，要以爱国主义教育为切入点，在大学生中间弘扬爱国、爱党、爱社会主义的主流精神，引导大学生坚定在中国共产党的领导下走中国特色社会主义道路，实现中华民族伟大复兴的共同理想和信念。

（七）有针对性地帮助大学生提高分析、判断能力

随着改革开放的深入发展，西方社会思潮也不断地在我国思想界进行传播和渗透，这为大学生认识世界提供了新钥匙，使大学生价值观呈现出多元化特点，社会思潮冲击共产主义道德的主导地位和传统道德，模糊了部分大学生的道德意识。西方文化及其生活方式对大学生的影响非常大，在青年中流行的青少年亚文化和生活方式，体现出民族主义和享乐主义等社会思潮的巨大影响。网络社会给我们带来了许多便捷和好处。互联网在一个较短的时期内侵入了绝大部分大学生的生活和学习之中。但是，正如任何事情都有其两面性一样，网络也给我们带来一些不容忽视的负面影响，影响了大学生思想政治素质的形成和发展。更重要的是，它去除了高校思想政治教育工作队伍的信息垄断权。网络的发展使大学生的世界观、人生观、价值观和道德观都呈现部分异化的趋势。网络文化中的霸权主义使大学生的社会主义理想信念面临严峻的挑战。

我们的思想政治教育的内容应当与时俱进、紧贴时代特点和社会现实；既要坚持不懈地进行正确的理想信念教育，又要针对新形势下人们的精神渴望和心理需求，以科学知识开启心智，培养良好的品质，提高意志能力；在面对各种媒体的多种信息冲击时，帮助大学生提高辨别力，避免在似是而非的各种观点面前出现困惑和迷茫，引导大学生学会分析问题，改正已经形成的错误观点。既要加强政治理论和革命传统教育，又要切合时代要求，引导他们树立适合社会主义市场经济发展的新思想、新观念；既要加强理论路线、方针政策和法律法规的正面教育，又要有力地鞭挞和批判各种错误思潮和腐朽没落的思想，倡导健康文明的生活方式。

高校思想政治教育的受众，是一个极具特色、不断变化的群体，对其特点的分析也是一个需要长期进行的研究课题。应以促进思想政治教育的有效性、提高课堂教学质量为目标，塑造符合中国特色社会主义建设的高端人才。

第四节　案例分析

案例一：感动中国的"10·24"英雄集体[1]

2009年10月24日，是个星期六，风和日丽，长江大学文理学院广播电视新闻专业5091班、5092班的几十名学生正准备为自编自导的校园励志剧《霹雳阿傻》拍摄外景镜头。

下午2点15分左右，有两个少年不小心落水，沙滩上立刻一片惊呼："有人落水了，快救命啊！"大家循声望去，只见十几米远的江面上，两个少年在江水中挣扎沉浮。没有犹豫，没有害怕，17岁的李佳隆来不及脱下牛仔裤便纵身跃入冰冷的江水，龚想涛、徐彬程、方招、张荣波和城建学院的陈及时也相继跃入江中。

万里长江，险在荆江。宝塔湾江段表面平静，其实暗流涌动，水下情况复杂。李佳隆、方招、徐彬程和张荣波4名同学奋力向离岸边较远的那名少年游去。少年的胳膊在水面上时隐时现，情况十分危急。水情复杂，浪大水急，同学们体力消耗很大。此时的李佳隆已经显得力不从心，只能竭力保持悬浮。当徐彬程游过来的时候，李佳隆便将少年推向了徐彬程。徐彬程接过少年后，艰难地向江边就近的一艘渔船游去，好不容易到了船舷，徐彬程拼命将少年往船上推。但是，由于在水中根本无法用力，再加上受到惊吓的少年小手不断发抖，怎么也爬不上去。情急之下，徐彬程潜到了江水中，用自

---

[1] "10·24"集体:结链救人感动中国(长江大学)［BE/OL］.［2010-05-20］.http://stu.people.com.cn/GB/186922/11649753.html. https://baike.baidu.com/item/10%C2%B724%E8%8B%B1%E9%9B%84%E9%9B%86%E4%BD%93/14011193? fr=aladdin.

己的肩膀把孩子顶了起来！船主也应声赶来接应，把该少年拉上了船。获救的少年叫陈天亮。

与此同时，陈及时、龚想涛游到了离小沙丘较近的落水少年身边，一起使出浑身力气把那个孩子托出水面，并各架起孩子的一只手臂，奋力地向小沙丘靠近。本来离得比较近，很快就能上岸，可是突然一个漩涡将他们无情地卷走。情急之中，站在小沙丘上的孔璇来不及脱掉鞋子，就小跑着奔向渐渐靠近小沙丘的少年。她一边将手伸向水里的孩子，一边向身后的同学大声喊着："快啊，拉住我的手！"姜梦淋赶紧拽住了孔璇的手，李立科紧紧抓住了姜梦淋的手，紧接其后的是黄检、昌子琪、万莉莎、贾云芸、孟亮雨、何东旭。大学生们手拉手连成了一条"人链"，这一瞬间形成的"人链"，是生命的桥梁，它迅速地向江中延伸。"人链"最前端的孔璇，拼命往江水里靠。尽管江水已经漫过了她的脖子，但她并没有退缩，而是尽量将右手伸向落水少年。

可是脚下暗流涌动，加上流沙很滑，同学们根本站都站不稳，"人链"被水冲得左右摇摆，随时都有断裂的危险……突然，孔璇的手滑了出来，一下子掉进了江中的陡坎里。姜梦淋试着想抓住她，却由于脚下的沙面塌陷，也掉到了深水里。就在姜梦淋落水的一瞬间，原本处在"人链"末端的何东旭冲到了最前端，顶替了姜梦淋的位置。何东旭个子高、胳膊长，一把就抓住了被陈及时、龚想涛托举着的落水少年。获救的少年是张志鹏。

但是，少年获救的一瞬，大家还来不及高兴，沙丘边沿就再次大面积坍塌，人链被冲断，何东旭掉入陡坎，没入深水之中。紧急时刻，有3名冬泳队员从百米外奔跑着赶了过来。又是一阵紧张的抢救，6名同学成功上岸。但是陈及时、何东旭、方招三位同学却没能获救，他们被无情的江水吞没，生命定格在10月24日这一天。

"10·24"英雄集体大学生"结链"救人的英雄壮举发生后，引起了轰动，中央电视台、新华社、人民日报、中国青年报等100多家新闻媒体聚焦荆州，进行了全方位、大篇幅的宣传报道，在全社会产生了强烈反响。

就在事发当天，宝塔湾畔搭起了露天灵堂。大批市民自发前往悼念三位牺牲大学生，千只纸鹤，万朵鲜花，寄托着人们的无限哀思。2009年10月28日，荆州市和长江大学为三名烈士举行隆重的追悼会。荆州举城悲恸，殡仪馆内外，人潮涌动。上万名市民，男女老少，熟悉的，陌生的，捧着黄色、白色的菊花和青翠的富贵竹叶前来送英雄最后一程。中共中央政治局委员刘延东送来花圈，全国优秀共产党员、全国道德模范吴天祥特地从武汉赶来为英雄鞠躬壮行。在灵车启动后，送行的车队绵延数公里，沿途鞭炮声不绝，有300多辆的士、私家车护送英雄回家。人们说："这是荆州千年古城史上最宏大、最悲壮的葬礼！"

时任中共中央政治局常委李长春，时任中共中央政治局委员、中央书记处书记、中宣部部长刘云山，时任湖北省委书记罗清泉、时任省长李鸿忠等领导分别做出批示，要求大力宣传、学习"10·24"英雄集体先进事迹。教育部和湖北省委在长江大学举办学习"10·24"见义勇为舍己救人大学生英雄集体先进事迹座谈会。全国各地、各高校纷纷行动起来，通过座谈会、演讲赛等各种形式，掀起了学习英雄的热潮。艺术工作者为英雄们谱写了20多首歌曲，在全社会广为传唱。网络上，人们自发展开了讨论，有对英雄的敬意，有对生命价值的反思，更有对传统美德、社会正义的呼唤和颂扬。2009年12月21日，"全国见义勇为舍己救人大学生英雄群体先进事迹报告会"在人民大会堂三楼小礼堂举行。6名报告团成员先后走上人民大会堂的演讲台，从不同角度、不同侧面，饱含深情地讲述英雄群体的感人事迹和崇高精神。90分钟的报告会，共响起45次掌声。报告会开始前，时任中共中央政治局常委李长春受胡锦涛总书记委托，亲切看望大学生英雄集体代表和报告团成员，并向英勇牺牲的3名大学生烈士的亲属表示亲切慰问。

2009年10月26日，共青团湖北省委、共青团荆州市委授予徐彬程15名大学生"见义勇为先进青年群体"，追授陈及时、方招、何东旭3名同学"见义勇为优秀大学生""见义勇为优秀共青团员"荣誉称号。

2009年10月27日，湖北省高校工委、省教育厅授予徐彬程等15名同学

"见义勇为舍己救人英雄集体"、追授陈及时、何东旭、方招 3 名同学"舍己救人英雄大学生"荣誉称号。

2009 年 10 月 28 日，教育部授予徐彬程等 15 名同学"全国见义勇为舍己救人大学生英雄集体"荣誉称号，追授陈及时、何东旭、方招 3 名同学"全国舍己救人优秀大学生"荣誉称号。

2009 年 10 月 29 日，湖北省文明委于授予 10 月 24 日在荆州长江抢救落水少年的 18 人英雄群体"湖北省道德模范特别奖"。

2009 年 10 月 30 日，团中央、全国青联于授予"10·24"英雄集体"中国青年五四奖章集体"荣誉称号，追授陈及时、方招、何东旭"全国优秀共青团员"荣誉称号。

2009 年 11 月 10 日，湖北省人民政府追认"10·24"舍己救人见义勇为牺牲的长江大学学生陈及时、何东旭、方招为革命烈士。

2009 年 11 月 11 日，中共湖北省委、湖北省人民政府授予 18 人为"全省见义勇为舍己救人英雄群体"荣誉称号，追授陈及时、何东旭、方招 3 人"全省见义勇为舍己救人英雄大学生"荣誉称号。

2009 年 11 月 27 日，中华见义勇为基金会于授予陈及时、何东旭、方招等抢救长江落水少年的 18 人"全国见义勇为英雄群体"光荣称号。

2009 年 12 月 4 日，"10·24"英雄群体当选 2009 年度十大法治人物。

2010 年 1 月 19 日，"10·24"英雄集体获湖北大学生年度人物特别奖。

2010 年 2 月 9 日，荣获"2009 感动中国人物特别奖"。

2010 年 2 月 10 日，荣获"2009 中国教育年度新闻新闻人物"集体奖。

2010 年 3 月 25 日，荣登"2009 中国好人榜"。

2010 年 4 月 12 日，湖北省委高校工委、教育厅、共青团湖北省委授予长江大学"10·24"群体"大学生年度人物特别奖"。

【案例分析】

感动中国的"10·24"英雄群体，充分体现了当代大学生的精神风貌，他们在关键时刻挺身而出，为救两名落水少年，湖北长江大学 10 多名大学生义无反顾，手拉手扑进江中，两名少年获救，而 3 名大学生却不幸被江水吞没，英勇献身。这些英勇的"90 后"大学生舍己救人的壮举深深打动了我们，他们为新时代大学生树立了榜样，他们用自己的行动唤起了社会的良知，他们的行为代表了当代大学生的主流。

案例二：清华学霸❶

马冬晗，女，当之无愧的学霸，清华大学精仪系 81 班本科生，于 2011年获得清华大学本科生特等奖学金。三年学分绩班级第一，连续两年素质测评第一。任精仪系团委副书记，曾是精仪系学生会近些年来第一位女主席。多次获得各种奖项，拿到多个奖学金，并历任精仪系乒乓球队、排球队、羽毛球队队长，可谓是德智体全面发展。有一个双胞胎妹妹马冬昕，和她一样也是保送进清华大学。她们高中都就读于大连育明高级中学，并在高中双双成为预备党员。马冬昕也是特别奖学金的获得者，同时还是海淀区的人大代表。

马冬晗是精仪系近些年来第一位女学生会主席，她感到有很大压力，同时深感是一种挑战，当然，也带给她了最难忘的回忆。马冬晗喜爱打乒乓球，她发现精仪系有很多和她一样热爱这项运动的同学，但是大家没有组成一个队伍。作为学生会主席，她积极组建了精仪系乒乓球队，用心呵护培养。"体育可以锻炼身体，而且最重要的是，它的团队精神可以感染每一个人，学生会主席的责任就是凝聚力量。"马冬晗说。

在学生会主席的工作岗位上，马冬晗学会了更加深入地思考问题和解决问题。组织"一二·九"大合唱，马冬晗和同学们都觉得已经排练得很好了，并且在场上发挥得也很好，但是最后结果并不理想。比赛结束后，大家在合唱教练的指挥下一起在紫荆 8 号楼下合唱了系歌，很多人都难过得哭了。

---

❶ 百度百科.马冬晗[EB/OL].[2016-10-27].https://baike.baidu.com/item/%E9%A9%AC%E5%86%AC%E6%99%97/8757614? fr=aladdin

这次经历马冬晗感想良多，"刚上任时总希望做出些可以证明自己能力的事情，操之过急，其实是自己对系学生会不够自信。我后来就改变了工作思路，我认为学生会最重要的不是拿奖，而是让同学们增强内聚力。"

马冬晗不仅做学生会工作，还每年都担任班委的工作，但是心态却各不相同。大一做宣传委员，大二当学习委员，她努力抓班上的学风，推动班里的学习，她也希望整顿自己的学风，督促自己勤奋踏实的学习。大三做党支部组织委员，努力完成党支部布置的各项任务，做好支部工作。而说到大四，马冬晗表示，处于"班级自治"的状态，保证大家都很高兴就好啦。

马冬晗还兼任一字班新生导引工作，和班主任一起和10个新生结成对子，平时除了交流学习经验，大家也一起搞活动、做体育运动。"我很喜欢和他们交流，我记得我来到大学，第一次见到辅导员就喜欢上了这种感觉。辅导员太可爱了，我希望研一的时候也当辅导员！"

马冬晗、马冬昕走进清华园，成为清华大学有史以来第一对保送进清华大学的孪生姐妹。据悉在清华大学刚评出的校园特等奖学金获得者中，马冬晗、马冬昕分别以综合评分第一名和第二名的成绩获得本年度清华特等奖学金（全校共有5人获此殊荣）。她们双双被保送"硕博连读"。

2012年10月，一段《清华大学特别奖学金答辩——马冬晗》的视频在微博上走红。视频中进行特别奖学金答辩的就是精仪系马冬晗，她多门功课都超过了95分，被戏称为"清华学霸"，密密麻麻的学习时间安排表更是让网友感叹："比国家领导人还忙""深刻感觉自己连呼吸都在浪费时间"。

获奖情况：2009—2010学年度，清华大学本科生优秀共产党员；2009—2010学年度，清华大学"一二九奖学金"；2008—2009学年度，清华大学"清华之友——苏州工业园区奖学金"；2010—2011学年度，北京市三好学生；2010—2011学年度，北京市"先锋杯"优秀基层团干部；2009—2010学年度，清华大学优秀学生干部等。

【案例分析】

马冬晗马冬昕姐妹是大学生中的佼佼者，她们刻苦学习，积极工作，全面发展，她们的努力，让人们感受到了大学生最优秀的一面，乐观，积极，健康向上。从她们身上，我们感到的是满满的热情和勤奋，努力学习的毅力，看似学习时"走火入魔"，但她们又是全面发展的典型，她们是当代大学生的榜样。

案例三：中国最美女大学生❶

女大学生为两位盲人带路 3 公里。

2007 年 11 月的一天下午，一名身着白色外套的漂亮女孩走进郑州火车站广场，女孩的手上握着一根竹竿，竹竿的那头，是一前一后两位盲人。"我在紫荆山乘坐 38 路公交车时，遇到了他们，得知他们要坐火车回许昌老家，看他们不方便，就来送送他们。"女孩告诉记者。记者发现这件事后觉得是太好的题材，要好好采访，"不要问我的名字好吗？送送他们不是很自然的事吗？谁都会这样做的。"面对记者的询问，这个女孩委婉地拒绝透露姓名。记者不停地追问，她说出自己是中原工学院大四学服装设计的学生，"哎呀，不要拍照好吗？"面对记者的相机，她有些焦急，脸都红了。

火车站售票厅里，大家将此情况告诉了值班民警任睿，他立即向售票员说明了情况，一会儿工夫，两张到许昌的火车票递到了盲人的手中。周围的乘客看到这个情景都纷纷称赞：这女孩儿外表美，心灵更美，可算是"中国最美女大学生"了。后来记者乘车测量，从紫荆山到火车站的距离约为 3 公里。一名大四女学生，将两位盲人从郑州市紫荆山带到火车站，并帮他们买票，一点不觉得麻烦、耽误时间，虽是一件小事，但深深感动了所有知道了这件事的人。

---

❶ 女大学生为两位盲人带路 3 公里［BE/OL］.［2015-09-22］.http://news.sina.com.cn/s/2007-11-09/075414269053.shtml.

【案例分析】

案例分析：这个最美女大学生是中原工学院学生刘紫君，这是一件小事，但不是每个人都会做这样的小事，细微之处见精神，从这件小事，我们可以看到当代大学生美好的精神风貌，高尚的道德品质。期盼这样美好的事情越来越多。

第五章 传播学视域下高校思想政治教育渠道研究

思想政治教育渠道，又称之为思想政治教育载体，是指在思想政治教育过程中承载并传递思想政治教育信息，能为思想政治教育主体所操作并与思想政治教育客体发生联系的一种物质存在方式或活动方式。思想政治教育渠道既包括物质形态，又包括活动方式，如会议、理论学习、管理工作、文化建设、历史文物、大众传媒、精神文明、创建活动、经济建设成果等。教育者正是借助这些渠道或载体对受教育者进行思想政治教育，与其发生双边互动，从而达到一定的教育目的。思想政治教育渠道一般必须能够承载并传递思想政治教育内容和信息，必须成为联系思想政治教育主、客体的中介形式，必须具有可操作性。思想政治教育主、客体可借助这种形式发生互动。

在此，笔者将分析高校思想政治教育传统渠道的现状和所存在的问题，探讨网络新媒介时代高校思想政治教育所面临的机遇与挑战，提出充分利用新媒介提高大学生思想政治教育效果的一些建议。在此基础之上，笔者展开了基于传播学理论模式的高校思想政治教育渠道研究，重点就传播学理论中的"游戏论""议程设置"理论、麦克卢汉的理论、"两级传播理论"与"意见领袖"之于高校思想政治教育渠道改进与创新的启示加以归纳和阐述。

第一节　高校思想政治教育传统渠道现状研究

目前，高校思想政治教育传统渠道（载体）大致分为五类，即课程渠道、活动渠道、管理渠道、谈话与咨询渠道（人际传播渠道）和大众传播渠道。在此处笔者将重点分析以上传统渠道存在的问题及其原因，并在此基础之上阐述网络新媒介时代高校思想政治教育渠道创新所面临的挑战。

一、课程渠道

课程渠道又称为课程载体，是指由教师通过组织课程教学实施的思想政治教育活动。该渠道形式稳定且有制度保障。教育者对活动过程控制力强、主导性作用明显，教育内容明确，科学性、体系性都很强，主要作用于人的理性认识。教育效果有赖于理论的科学性和说理的清晰性、针对性，因此教育效果比较直接而明显。高校思想政治教育课程渠道主要包括思想政治理论课程、专业课程和人文素质课程教学三种类型，而其中的高等学校思想政治理论课是大学生思想政治教育的主渠道。

作为大学生思想政治教育的主渠道的思想政治理论课是高校思想政治教育的最基本、最重要的载体。课程渠道是帮助大学生树立正确世界观和人生观、价值观的重要途径，体现了社会主义大学的本质要求。但是，随着全球化进程和国内社会生活的多元化，大学生的价值观、价值取向也趋向多元化，从而给思想政治理论课教学带来了内在的冲击。加之长期以来人们对思想政治理论课功能认识存在误区，夸大了思想政治理论课的功能，使高校思想政治理论课面临着尴尬甚至被藐视的境地。此外，由于体制、历史及现实的诸多因素，国内高校思想政治理论课程的内容政治化现象明显，不贴近学生的生活，难以给学生提供具有实际意义的指导，教材内容重复较多，各课程内在衔接不够，内在的、逻辑的统一性有待加强。思想政治理论课教学过程中的方式方法简单陈旧，理论联系实际的针对性和实效性还有待提高。加之思想政治理论课教师的职业倦怠，在很大程度上导致了其教学质量难以提高，从而影响了这一主渠道作用的发挥。

二、活动渠道

活动渠道又称为活动载体，是指主要由党团组织、学生组织通过举办各种校园活动，对学生施加思想政治影响的活动过程。该渠道形式丰富多样，教育者对形式的运用灵活性强，受教育者参与面广、参与积极性高。活动过程生动活泼、趣味性强，教育实施过程自然、愉悦，教育主要作用于人的情与意，致力于人的自我激发与和谐发展。教育效果有赖于受教育者的积极性和自身体验。高校思想政治教育的活动渠道目前主要包括校园政治活动、社会实践活动、校园文化活动和校园体育活动这四种类型。

通过这些活动，教育实施者可以培养学生的社会交往能力、竞争意识和团队精神，培养学生的自立、自信、开朗的人格品质，培养学生热爱生活、乐观向上的生活态度和健康的生活方式，对学生知识的开拓、能力的培养、情操的陶冶、品格的训练、道德的内化和精神的升华都起着积极的促进作用。活动渠道由于其形式的优越和效果的显著在西方已经受到了充分重视，也在教育实践中发挥出了极大的作用。在国内高校的思想政治教育领域，虽然不能单纯强调活动渠道，把它作为主导，但它却可以渗透到我们的主导渠道——课程渠道中去，把活动以适当的形式渗透到思想政治理论课、专业课和人文课程中去，以取得更大的成效。但是必须看到，这一渠道的实施和空间的拓展难度比较大。

据问卷资料调查显示，58.38%的学生认为校园文化活动的内容和质量一般，仅6.09%的学生认为校园文化活动内容丰富、质量高；64.40%的学生认为社会实践活动形式多样、内容丰富，35.60%的学生则认为社会实践活动的形式和内容单一。出现这种情况的主要原因是，高校在思想政治教育载体建设中没有很好地把握学生思想变化发展的特点。

三、管理渠道

　　管理渠道又称为管理载体，是指学校行政系统将思想观念、道德标准具体化为行政指挥、组织纪律、规章制度等方式，以规范和指引学生日常行为的管理活动过程。该渠道形式规范性强，涉及面广，教育者对渠道的运用主要依托组织进行，并具有经常性。教育过程有明显的行政权威和制度威慑力的存在，教育主要作用于人的日常行为，致力于人的习惯养成，教育效果有赖于管理活动的适当性。教育成效具有长期性、稳定性。高校思想政治教育渠道主要包括教学管理、班级管理、宿舍管理和日常行为规范管理这四类。

　　管理活动一方面是学校运行秩序化的需要，另一方面也是对学生秩序感、纪律性的培养的重要途径。教育者可以通过管理活动，对大学生在学习、生活、就业等方面的困难采取措施，真诚地帮助他们，使其感受到社会的关爱，从而培养其对社会的信赖感和归属感。这样一来，管理活动就自觉地承担起了思想政治教育的责任，成了思想政治教育的载体和渠道。管理活动在现实中既是学校运行秩序化的需要，也是培养学生秩序感、纪律性的必需。对大学生而言，他们的自制力还不强，对他们的管理能够提高思想政治教育的效率，克服说服教育的"软弱"之处，能够帮助他们培养良好的行为倾向和习惯。但是，现实中的高校管理多数还是仅止于此，作为思想政治教育渠道的功能并不明显。如何通过管理活动，对大学生的学习、生活、就业等方面给予指导和帮助，让他们感受到社会的关爱，从而培养起对社会的信赖感和归属感，这是高校管理要担当思想政治教育渠道所必须完成的任务。

四、人际传播渠道（谈话与咨询）

　　谈话作为人际传播的重要方式，是思想政治教育者与一个或几个受教育者进行面对面的交谈，向其传导某种思想和观念，帮助其解决某种思想问题或认识问题的一种教育形式。该渠道形式适应性强，教育目的性和针对性强，有良好的互动性，教育者的主导性强。谈话通过情理交融说服，致力于当前个体的特殊问题的解决，教育效果直接而具体。

谈话可以使思想政治教育走向深入细致的关怀，从而动态地把握学生的思想状况。作为针对个体进行思想政治教育的渠道，心理咨询是指思想政治教育者运用心理咨询专业知识和技能帮助学生心理调适，促进学生认识自我、完善自我的活动方式。心理咨询渠道最大的特点就是效果明显。但是，由于传统思想的束缚，许多学生还是把它们视为"禁忌"，认为那是犯了错误或是心理不正常教师才会采取的方式。这两种载体要想广泛地发挥其思想政治教育的作用还有很长的路要走。

五、大众传播渠道

大众传播渠道又称为大众传播载体，是指教育者利用大众传播工具向受教育者传播包含思想政治内容的信息，实现思想政治教育目的的活动方式。该渠道形式众多，可以弥补时空限制，教育者对载体的运用有极大的选择和加工余地。但是，在运用此渠道进行传播的过程中，教育者对渠道的控制力不够理想。信息首先触发和作用于人的情感、感性认识层面，进而影响人的思想意识，教育效果有赖于信息传播的有效性和信息接收者对信息的识别和处理，大众传播渠道对于信息的传播影响面宽，但深度往往不够。高校思想政治教育的大众传播渠道主要包括印刷媒介载体、电子传媒载体和网络载体这三类形式。

大众传媒成为思想政治教育载体是思想政治教育积极应对信息生产、传播和接收模式的变化的产物。对于身在校园内的大学生而言，更多地通过大众传媒对社会现实获得了解。它对大学生的行为模式、价值取向、政治态度、心理发展、道德观念等都产生着越来越大的影响。从印刷媒介到电子传媒，再到网络新媒介的这一过程中，思想政治教育信息被越来越生动、越来越广泛地发送到受众者中。尤其是网络新媒介时代的到来，高校思想政治教育面临着巨大的挑战，教育渠道亟须改进与创新。只有这样，我们才能让网络丰富的知识资源、迅捷的传播方式、即时平等开放的优势特点为思想政治教育所用。我们必须尽快去站稳网络这块阵地，并使其担当起思想政治教育的重任。

六、校园传媒渠道

校园传媒渠道是高校思想政治教育传播的独特渠道。校园传媒包括校园广播、校园电视、校报和校园刊物、黑板报、宣传栏、校园网、校园手机平台等传统形式和微信、微博、QQ群等新媒介形式。一般情况下，校园传媒受到学校党委、相关职能部门、党团组织等机构的领导或指导。校园传媒的信息覆盖完整，在大学生群体中具有较高的公信力。校园传媒在高校中传播先进思想和文化，营造积极向上的舆论氛围和舆论环境，在帮助大学生确立正确的世界观、人生观、价值观的过程中发挥不可替代的作用。然而，受校内外多种因素的影响，高校校园传媒的影响力正受到严峻挑战，这一传媒所承载的思想政治教育功能的发挥还存在下面四点问题。一是校园传媒自身的定位普遍不清，具有"媚俗化"倾向，趣味偏低，缺乏指导性和权威性。这主要与缺乏专业从业人员和从业人员的素质普遍不高有关。大量的在校学生被吸纳到校园传媒中，这些学生传媒人不但职业素养不足、政治觉悟不高、技术运用不成熟，而且流动性比较大，这使校园传媒的思想政治教育的导向作用很难发挥。二是校园传媒还远没有做到"三贴近"。校园传媒普遍存在"媚上化"倾向，某种程度上已经成为学校工作歌功颂德的"传声筒"。而对于师生需求、教学科研等问题的思考和讨论比较少，而过多的宣传和说教在一定程度上很难赢得学生的信任。三是校园传媒需要进一步整合。各种媒介间缺乏沟通机制，没有协调渠道，无法形成思想政治教育的合力，更不要说实现议程设置的功能。四是技术应用过于落后，平台单一，需要进一步开发和使用新媒介技术，利用新媒介或校园传媒的媒介融合发挥思想政治教育作用。❶

---

❶ 王学俭,刘强.新媒体与高校思想政治教育[M].北京:人民出版社,2012.

第二节　新媒介时代高校思想政治教育渠道研究

新媒介（New Media）是利用数字技术、网络技术，通过互联网、宽带局域网、无线通信网、卫星等渠道，以及电脑、手机、数字电视机等终端向用户提供信息和新媒介的定义娱乐服务的传播形态。新媒介是信息科技与媒体产品紧密结合的产物。数字电视、移动电视、直播卫星电视、IV、网络电视（WebTV）、播客、博客（Blog）电视上网、移动多媒体（手机短信、手机彩信、手机游戏、手机电视、手机电台等）、楼宇视屏、网上即时通信群组、对话链（Chat words）、搜索引擎、简易聚合（RSS）、虚拟社区、电子信箱、门户网站等新媒介形式。

新媒介的特点在于其多媒体、数字化、交互性和实时性，是目前信息资源最为丰富、便捷的新兴媒体介质。随着信息技术的迅猛发展，新媒介对人们生活的渗透和影响无处不在，影响着人们的消费模式、生活品位、价值观念等，正在重塑我们的日常生活形态。作为接受新事物快、好奇心强、思想活跃的群体，大学生受新媒介的影响无疑是最显著的。新媒介信息占据了大学生的闲暇时间，成为这个群体与外界沟通的最重要的渠道。

一、新媒介时代思想政治教育面临的机遇与挑战

随着网络新媒介时代的到来，互联网和新媒介业已成为大学生思想政治教育传播的新的重要的传播途径。这是因为，首先，网络具有传输速度快、信息容量大、使用方便等特点而深受当代大学生的欢迎，网络传播的媒体多样化、形式活泼，可以使教育传播形式更具多样性。其次，网络可实现平等的对话和直接交流，便于师生开展"平等互动式"的交流，有利于积极信息的传播等。因此，这为有效开展大学生思想政治教育传播提供了机遇和可能性。最后，新媒体语言也推动了自由个性的张扬，互动沟通更加便捷，思想政治教育可以实现无处不在。教育者和受教育者只要拥有电脑或手机终端，

就可以随时随地上网浏览、刷微博、发微信、进行 QQ 聊天、转发各种信息，甚至连网络游戏中的游戏人物的精神都可用以进行思想政治教育。

虽然，网络传播渠道对于高校思想政治教育具有其他传播渠道所没有的巨大优势，为思想政治教育开辟了新领域、创建了新平台、提供了新模式、提出了新课题。新媒介的兴起为高校思想政治教育带来了机遇，同时也提出了不小的挑战。

首先，网络传播呈现出传播者大众化趋势和受众权力的增强趋势。在网络上，人人都可以做传播者，网络中传播者的大众化趋势日益明显，网络受众可以自由选取信息、发布信息，对网络信息处理具有更大的"自主权"。其次，网络传播中传播内容更加庞杂、多元、难以控制。在传统媒介传播中，由于"把关人"的介入，传播内容能以主旋律的、正面信息为主，而网络传播的开放性、虚拟性使网络传播内容呈现开放性和多元化态势，主流的和非主流的、正面的和反面的信息并存，良莠不齐、鱼龙混杂，有效控制非常困难。最后，网络传播中舆论倾向于自发形成，呈现出"议程设置"功能弱化和"沉默的螺旋"作用增强的情况。一方面，新媒介的技术为思想政治教育工作者摆脱传统的思想政治工作时空限制提供了技术支持，网络现场直播、异地同步交流、短信息、QQ、MSN、人人、微博、微信等新媒介的使用，必将使思想政治教育手段得到空前的丰富。但是，另一方面，也应该看到，新媒介传播的虚拟和非时空性，其传播的信息庞大而杂乱，其中不乏色情、暴力、犯罪等内容，对其控制比较困难，容易造成负面影响。

二、新媒介可以成为思想政治教育的有效途径

新媒介可以成为思想政治教育的有效途径，主要体现在以下三个方面。

一是新媒介不受时空限制，使思想政治教育更加便捷，增强了教育的时效性。微信、QQ、MSN、电子信箱、博客、专题网站、手机报、微信等，突破了时空的限制，极大地缩短了思想政治教育者与大学生之间的时空距离和心理距离，使传者与受者之间的行为更加随意、自由、真实，传播方式可以

变得更加灵活、多样，避免了传统交流方式的许多弊端，增强了思想政治教育的效果。

二是新媒介传播的信息丰富、多样、有趣，增强了思想政治教育的吸引力。新媒介具有信息较量大、时效性较强和更易于接受等特点，对大学生人生观、价值观的形成具有导向作用，有利于大学生开阔视野、丰富阅历、拓展思维空间；有利于知识结构的丰富完善和优化组合；有利于世界观、人生观、价值观的发展、完善、形成和确立；有利于其健康心理、健全人格的培养和塑造。总之，新媒介通过文化无意识机制对大学生产生了潜移默化的影响。

三是新媒介有利于大学生在虚拟的甚至是隐蔽的氛围环境中自在地接受思想政治教育。BBS、聊天室、网络游戏都具有虚拟性和身份的隐匿性，有利于传者与受者无隔阂地自在交流。思想政治教育者将所有现实中思想政治教育的内容、方法与途径通过有效转换，在虚拟环境中进行有效的组织和实施，以非强迫性的方式将有关道德观、价值观、政治意识等方面的知识、观点和经验传递给学生，从而影响学生的人生观、价值观等精神世界。可以说，它对学生的影响和作用是不知不觉、潜移默化的。

三、充分利用新媒介提高大学生思想政治教育的效果

一是充分发挥多种新媒介的合力育人作用。充分利用互联网、校园传媒、数字电视、手机短信等多种新媒介，共同营造积极向上的校园文化和健康的媒介舆论环境，实现合力育人效果。媒介舆论对道德舆论发挥着引导和监督作用，新媒介以其快速、便利、高效、友好的方式引导大学生坦荡做人，善待社会与他人，帮助大学生确立与现代社会相适应的道德修养、思维模式、行为方式和情感方式，以及社会主义的是非观和价值观等。校园新媒介正向的舆论导向就像新鲜空气一样，给大学生以精神上的陶冶和滋养，成为对大学生进行思想政治教育的一个新的重要阵地。

二是运用校园网络媒体创新思想政治教育。首先，建设高校专题思想政治教育网站、思想政治教育论坛，搭建思想政治教育网络平台，加强校园网

络管理。思想政治工作者必须增强阵地意识，采取相应措施在网络上建立具有鲜明的马克思主义立场、观点的思想政治工作网络系统，开辟思想政治工作阵地。要建立网上的思想政治教育网站及网页，把党的宗旨、邓小平理论、"三个代表"重要思想，思想政治工作研究成果，社会主义建设成就、博大精深的民族文化输入网络，让民众尤其是大学生群体阅览了解，抵制腐朽思想的侵蚀，以足够的主流网络信息占领网络空间，并且以主流信息的强大攻势对人们进行生动活泼的思想政治教育。其次，要重视健全校园网络管理制度建设，把好各种信息的进出和传播关，为健康信息创造更加便捷的通道，尽可能地减少消极信息在校园网络上传播。

三是使社会网站成为对大学生进行教育的重要阵地。首先，可以在网上设立理论教育专栏，以丰富、生动、图文并茂的文章及多媒体课件对人们进行马克思主义理论教育；设立形势教育栏目，定期和不定期地在网上进行在线交流，及时解答有关形势政策问题等。例如，人民网开设的"强国论坛"，当国内外发生重大事件及网民关注的民生社情问题时，都会邀请有关政府官员与相关专家及当事人做嘉宾访谈，在与网友的讨论中，整合、梳理论坛上杂乱无章的信息，在互动中引导舆论，指引人们的思想方向。其次，注意强化社会网站的社会责任意识，弘扬社会主旋律和主流文化，加强对社会网站、论坛的舆论引导，培养思想先进、理论水平较高的"意见领袖"，发挥其在网络舆论中的引导作用。加强监管，通过完善法律、法规和监管技术手段，规范社会网站的行为。

四是运用手机媒体创新思想政治教育。手机媒体的基本特征是数字化，最大的优势是携带和使用方便。手机媒体作为网络媒体的延伸，具有交互性强，信息的获取快、传播快、更新快等特征。这些特征使手机媒体已渗透到生活的各个层面，深刻地影响着人类的传播活动。运用手机媒体对学生进行思想政治教育，可以运用微信朋友圈、QQ群等平台，对学生进行双向互动、平等的交流，实现参与式的思想政治教育；开发思想政治教育手机播报平台，定向、定时发送，对学生进行社会主义核心价值体系的教育；运用手机短信群发等功能，对学生进行学业、就业指导等服务；利用"红色短信大赛"等形式，发挥大学生自我教育的作用。

五是运用电视新媒介创新思想政治教育。电视新媒介包括数字电视、IPTV、移动电视与户外新媒介等。运用户外、车载、电梯间的电视媒体等，传播优秀思想和价值观。根据户外、车载、电梯间的电视媒体"强迫收视"的特点，将社会主义核心价值观的内容数字化、形象化地展现在人们面前，使人们在潜移默化中受到教育和熏陶。同时，通过这些媒体对优秀价值观的传播，营造良好的道德建设环境与氛围。思想政治教育者可以运用校园电视平台，对学生进行教育。校园电视是学生在学校中收看电视节目的主要工具，一般放置在宿舍和教室里。校园电视除了播放国家和省、市电视台的节目外，还可以播放学校电视台自制的节目。学校还可以结合学校和学生自身的特点，制作与学生生活紧密相关的、内容健康向上的电视节目，对学生起到引导和教育的作用。

第三节　基于传播学理论的高校思想政治教育渠道建设

传播学理论中关于运用渠道、媒介开展有效传播的理论研究成果极其丰富，其中不乏对于改进高校思想政治教育渠道具有启示作用的理论观点。在此，笔者将就传播学理论中的"游戏论""议程设置"理论、麦克卢汉的理论、"两级传播理论"与"意见领袖"，对高校思想政治教育渠道改进与创新的启示进行归纳和阐述。

一、"游戏论"对高校思想政治教育渠道建设的启示

（一）斯蒂芬森的"游戏论"简介

1967 年，威廉·史蒂芬森在《传播的游戏理论》一书中，把人类的所有

行为分为"工作"与"游戏"两种，进而把传播也分为"工作性传播"和"游戏性传播"两种。他认为，工作性传播导致"传播—不快"，工作是为了谋生，有任务、有压力，所以不愉快；而游戏性传播导致"传播—愉快"，游戏时，没有任务、没有压力，仅仅是为了开心。与其从功利出发把传媒当成工具，不如以游戏为目的，把传媒视为玩具，传媒几乎所有的内容都含有游戏和娱乐的成分。

首先，斯蒂芬森首先区分了三组概念。第一，他区分了"社会控制"与"趋同的选择"这两个概念。在"社会控制"下，参与者没有自由，人们会感到压力而被迫去做某事，依据"责任、服从"进行行为的选择。而在"趋同的选择"中，参与者享有自由，存在讨价还价，是在自由选择的前提下出现的趋同行为，具有个性化的特征。第二，他区分了"play"和"game"这两个英文单词的概念。play 在汉语里最准确的表达是"玩"，它意味着主观上自由地投入，不受规则束缚；而 game 则最接近于中文的"比赛"，即要求在固定的时间、空间和规则下进行的竞争，参加者比较关心争夺的目标。传播游戏关注的是游戏中主体的自由、投入与愉悦，但并不强调规则。它强调的是人们在传播中的主观感受，即传播快乐，这是传播游戏理论的核心概念之一。第三，他区分了作为"游戏的传播"与"作为工作传播"这两个概念。"游戏的传播"会带来"传播快乐"，而"作为工作传播"往往会带来"传播痛苦"。因为，游戏是愉快的，而工作是痛苦的；游戏是自由的，而工作是被强迫的、受控制的；主观的游戏是非现实的、幻想的，而工作则是现实的、工具性的；游戏是为了促进自我存在，而工作是为了现实的报酬。

其次，斯蒂芬森传播的"游戏理论"包括以下四个核心观点。第一，斯蒂芬森一再强调的传播游戏只是传播中的边缘现象。如果将它作为核心理论解释传播现象，肯定会以偏概全。第二，传播游戏并不是一个外在的可观察行为，它是内在的，即自由地沉浸在幻想的世界中所获得的传播快乐。有时甚至连传播者自己当时也意识不到这种快乐。因为在游戏过程中全身心地投入和专注让人没有办法从第三者的角度去反思自己的感受，我们所说的快乐只是一种事后的回忆和意义赋予。通过游戏，人们进入了日常现实之外的另一个现实。第三，传播游戏理论带有很明显的存在主义色彩，事关主体性与自由。史蒂芬森甚至大胆地提出，大众媒介既没有压抑也没有操纵大众。大众通过传播快乐获得了自由，提升了自我。第四，史蒂芬森号召人们关注传播游戏的形式，研究传播快乐，而不是仅仅把注意力放在信息内容上，这也是该理论受到批评的原因之一。

（二）斯蒂芬森的"游戏论"对于高校思想政治教育渠道建设的启示

传播不仅仅是外在的、工具性的，不仅要从信息的、实用的、效果的角度来思考传播，还要关注个人在传播过程中的主观感受、自我存在与发展。乔治·米德曾说过："游戏是社会生活的模拟演练场，在其中我们学会角色与互动规则。"可见，虽然这一理论是一个视大众传播媒介为娱乐或等于玩具的理论而受到广泛的批判，但是他的"游戏性传播导致愉快"却给思想政治教育改进和创新提供了新的视角。在思想政治教育的各个传统传播渠道中，适当应用"游戏性的传播"，减少"工作性的传播"，突出心理愉悦、自我存在、个人自由，通过游戏发展自我意识，从这个意义上来讲，游戏性传播可以使教育过程更加生动有趣，减少学生的压力和任务，寓教于乐，使学生主动接受。

（三）基于"游戏论"，高校思想政治教育渠道改进与创新的建议

第一，可以将游戏理念融入传统的活动渠道中。创新活动的形式要在各类活动的组织实施的过程中重视细节设计，通过多变新颖的活动形式使大学生积极主动地参与到思想政治教育过程中，使学生在活动中心理愉悦，获得自我存在感从而提高教育效果。

第二，可以将这一理论适度地应用到课程渠道中。改革教学方式，增加

实践教学环节比重，在教学设计中有意识地创造性地开展鼓励学生积极参与的讨论、参观、辩论、自主课堂等环节，探索改进考试与考核方式，变"工作性的传播"为"游戏性的传播"，努力实现寓教于乐，使学生主动接受相关理论。

第三，在利用大众传播渠道开展思想政治教育的过程中，要选择学生最欢迎和最容易接受的新媒介，如微博、微信、人人等媒体渠道，尽量运用最新的传播技术和技巧，将思想政治教育的内容尽量通俗化和形象化，以学生喜闻乐见的形式进行传播，从而有效增强教育效果。

第四，将思想政治教育与网络交往相结合，在相对亲切而轻松的氛围中实现思想政治教育。思想政治教育工作者应坚持与学生互动交流，并尽量学会通过各种网络交往工具，提升个人的亲和力和感染力。要切实了解大学生在学习、工作和生活中所遇到的困难和问题，及时掌握他们的思想动态，尊重、理解、关心和帮助他们，为受教育者提供个性化的服务和指导，使其能够及时分清是非善恶、认识到自身的不足和缺陷，在互动交流中解决问题和进行情感的交流。

第五，将思想政治教育与网络学习相结合，突出思想政治教育的"游戏的传播"。网络学习是一种基于互联网及其数字化资源的一种全新的学习方式。思想政治教育者可以综合运用多种媒体元素和丰富的网络信息，创新思想政治教育机制。可以通过建设网络课程、推行网络教学，让学习书本知识与浏览多媒体信息相结合、知识学习与解决受教育者深层次思想问题相结合，从而大大增加思想政治教育的"趣味性"和"亲和力"。也可以建设思想政治教育的辅助学习网站，根据不同的功能定位，在把握正确导向和思想政治教育内容的前提下，既为学习者提供更为丰富的学习辅助资料、组织开展专题讲解和互动讨论，又可以方便受教育者获取新闻资讯、查询各类生活实用信息，进行休闲和娱乐、思想情感交流和心理健康咨询等，全方位地为大学生的成长与成才服务。这样，受教育者出于实际需要，自然会更频繁地点击进入相应网站，思想政治教育的效果就会更加明显。

第六，将思想政治教育与网络娱乐相结合，突出思想政治教育的"游戏的传播"。网络娱乐可以成为网络思想政治教育的重要载体。探索如何利用好网络娱乐，使人们在网络中既能娱乐又能受到思想政治教育，对于提高思想政治教育的实效性具有非常重要的意义。由于网络信息集知识性、娱乐性、趣味性和政治性于一体，图、文、声、像并茂，网络思想政治教育可以寓教于乐，把集体主义、社会主义、爱国主义等教育内容制成网络娱乐软件，化抽象为形象，变枯燥为生动，增强思想政治教育的吸引力和感染力，从而使枯燥政治的理论教育变得生动活泼。因此，思想政治教育工作者可以向网络上传思想高尚、健康向上的视听资料，做好大学生网络下载、收藏的管理和服务工作；可以在网站上设置影音评论区，时时关注受教育者经常浏览的影音资源及其评论内容，进而把握其思想动态，进行及时的积极引导和教育；可以通过参与型网络游戏娱乐方式，把思想政治教育渗透到网络游戏中，使思想政治教育与网络游戏完美结合，使大学生在快乐、轻松的网络虚拟实践中受到教育。

二、"议程设置"理论对于高校思想政治教育渠道建设的启示

（一）"议程设置"理论简介

美国传播学家 M·E·麦库姆斯和唐纳德·肖于 1972 年提出了"议程设置"理论。该理论认为：大众传播往往不能决定人们对某一事件或意见的具体看法，但可以通过提供信息和安排相关的议题来有效地左右人们关注哪些事实和意见，同时也可以左右人们谈论的先后顺序。可以说，新闻媒介提供给公众的是他们的议程。受众对于某一事物的重视程度与大众传媒对其的强调程度成正比，受众往往会因媒介的议程而改变对某一事物重要性的认知和态度，并对媒介认为重要的事件首先采取行动。公众对某一问题重要性的认知往往与其接触传媒的多少有关。常接触传媒的人的个人议程与大众媒介所设置的议程更可能具有一致性。"议程设置"理论不仅关注媒介所提供的议

题,而且还关注这些议题的表达方式。根据这一理论,大众传媒通过对某一特定的议题进行持续的、显著的报道,可以把公众的注意力吸引到这一特定的议题上,从而实现议程设置的第一层次,即问题议程设置。不仅如此,大众传媒还可通过对这一议题进行选择性、倾向性的报道,影响人们对这一议题的看法,进而实现议程设置的第二层,即属性议程设置。大众传媒通过这两方面的作用,就能够实现对公众舆论的影响。

(二)"议程设置"理论对于高校思想政治教育渠道建设的启示

"议程设置"理论从考察大众传播在人们环境认知过程中的作用入手,重新揭示了大众媒介的有力影响,为效果研究摆脱"有限论"的束缚起到了重要的作用。"议程设置"理论重新提出了大众传播过程背后的控制问题,对于我们详细地考察传媒的"舆论导向过程"具有一定的启发意义。"议程设置"理论为人们认识传播与社会提供了一个新角度,它能够帮助人们积极承担"环境守望者"的角色。"议程设置"理论有利于积极引导正确的舆论,提高社会成员的整体素质。议程设置理论有利于抵御不良信息,保护民族文化,有利于促进社会向心力和凝聚力的形成。

在思想政治教育中运用"议程设置"理论,有助于提高思想政治教育的导向性的实现。思想政治教育者可以通过设定具有特定意义的"话题",并借助有效的传播方式,实现对被教育者思想和行为的引导。在思想政治教育中应用"议程设置"理论,必须充分发挥教育者在选择、加工、传播教育内容方面的主导作用,从而形成教育者在思想政治教育传播过程中的"把关效应",进而提高思想政治教育的导向性。此外,在思想政治教育中进行议程设置,教育者通过实施有目的、有计划的信息传播活动,可以有效地避免盲目性,确保教育活动取得较大的成功率,进而提高思想政治教育的有效性。

（三）基于"议程设置"理论，高校思想政治教育渠道改进与创新的建议

第一，精心设置议题增强教育的导向性。思想政治教育的议题选择应结合社会生活，选择具有导向性、贴近实际的内容，及时回应时代、现实提出的挑战，直视受众的批判与怀疑。一是可以将社会热点问题设置为思想政治教育的议题，引导大学生对国内外的形势进行正确认识和分析。例如，将"北京奥运会""上海世博会"等社会热点问题设置为议题，对大学生进行爱国主义的教育。又如，将大众传媒报道的中东地区社会动荡不安、国外恐怖暴力事件不断等国际问题设置为议题，帮助大学生从中感受社会稳定有序的必要，进而更好地理解构建和谐社会的重大意义。二是坚持"以人为本"，根据受众现实生活中的关注问题、疑难问题和困惑问题进行议题设置，突出强调思想政治教育内容的生活性和实用性。例如，在正式进入社会之前，大学生需要了解一些必要的社会知识、掌握一些基本的社会经验。可以将那些与大学生发展相关的问题设置为议题。如，设置"成功认识必备的基本素质""如何处理好人际关系""如何能够成功求职"等议题，可以帮助大学生们在正确认识社会、思考人生的同时，确立正确的道德观念。三是将校园中发生的具体事件设置为议题。这些发生在身边，甚至是大学生亲身经历的事件，更容易引起大学生的关注和参与。例如，可以设置"如何正确对待同学间在物质生活上的差距""如何处理好专业学习与恋爱的关系"等议题，开展专题教育，引导学生进行积极的讨论，以帮助大学生树立正确的价值观和行为规范。

第二，要把握思想政治教育的最佳时机。把握最佳时机是做好大学生思想政治教育的一个非常重要的条件，选择最佳的时机开展思想政治教育可以获得事半功倍的效果。那么，什么是最佳的时机呢？"议程设置"理论认为："人们在对某一议题采取某种立场时，需要一定的认识基础。"当受众对某一

话题关注和议论较多且最需要有人答疑解惑之时，就是开展思想政治教育的良好时机。"议程设置"的内涵是媒介可以左右公众对议题重要程度的感知。传播学者们通过进一步的研究发现，一则新闻从出现在报纸、广播、电视、网络等新闻媒体上的"媒介议程"转向"公众议程"进而变成公众关注的话题，这之间存在两个月到半年的时间差。只要教育者根据大学生的思想现状，选择在这期间进行议题设置，引导其树立积极、正确的价值观，就可以取得最佳的思想政治教育效果。

第三，思想政治教育议题应尽量做到双向互动。通过适当的教学手段进行集中的、持续的传播，避免采用单向灌输的传播方法，充分发挥受众的积极性、主动性和创造性。面对传播中受众注意力的稀缺，传播者在进行议程设置时，要不断追求创新，以增强传播的显著性，进而赢得受众的注意。在构造议题的过程中，要注重被教育者的接受特点和心理需求。思想政治教育者和受众之间是民主、平等的关系，教育过程中的信息是双向流动的，教育者应重视受众的信息反馈。只有这样，才能激发受众参与和接受教育的积极性。

三、麦克卢汉的媒介理论对高校思想政治教育渠道建设的启示

（一）麦克卢汉的媒介理论简介

麦克卢汉在《理解媒介：论人的延伸》一书中提出了"三论"，即"媒介即是讯息""媒介的本质是人的延伸"和"冷媒介和热媒介"理论。其中，前两种理论对于思想政治教育具有较大的启示作用。

媒介即讯息也称作媒介即信息，任何媒介的"内容"总是另一媒介。麦克卢汉认为，一种新的媒介一经出现，无论它传递的内容是什么样的，这种媒介自身就会引发社会的某种变化。而这种变化就是该媒介的内容，就是这一媒介带给人类社会的信息。麦克卢汉还认为，媒介技术的力量在于它把各种感官功能相分离。麦克卢汉将媒介技术视为人体或人类感官的延伸，并提

出了"感官的平衡"这一概念。

这一理论强调，从长远的角度看，真正有意义的信息并不是各个时代的媒介所提示给人们的内容，而是媒介本身。换句话说，人类只有在拥有了某种媒介之后，才有可能从事与之相适应的传播和与之相关的社会活动。媒介最重要的作用就是"影响了我们理解和思考的习惯"。因此，对于社会来说，真正有意义、有价值的"信息"不是各个时代的媒体所传播的内容，而是这个时代所使用的传播工具的性质、它所开创的可能性，以及它所带来的社会变革。

"媒介的本质是人的延伸"理论则强调了作为人的延伸的新媒介，如声音、文字、图像、文娱节目、现场采访、现场参与无处不在，凭借声色俱全、图文并茂、声情融汇等特点，实现了人多种感觉形式的并用，增加了信息的获取量，为人们提供了真实的表现效果，感染力极强，使高校思想政治教育能够达到"随风潜入夜，润物细无声"的教育效果。在新媒介时代，"人的延伸无处不在"。在某种程度上说，这是人感知传播的"时间无屏障""空间无屏障"和"资讯无屏障"状态，一些人和群体的落后的腐朽思想和文化思潮甚至各种反社会主义、反马克思主义的论调、资产阶级消极思想文化都可能渗透到高校，新媒介中人的延伸的不确定性和难以控制性，给大学生思想观念和道德认知上带来了深刻影响，抵消了高校思想政治教育的部分效果。

(二) 麦克卢汉的媒介理论对于高校思想政治教育渠道建设的启示

麦克卢汉强调媒介技术本身对整个文化发展进程的影响，从而开创了一种新的研究传统，即以媒介技术为焦点，以媒介技术史为主线把文明发展史串连起来的研究传统。他还开拓了一系列新的研究领域，包括传播媒介与经济的进程、媒介技术的性质与权力结构的特征、媒介的形式特性与社会的文化特征、媒介特征与人的感官、心理活动过程等。"媒介即是信息"表明了媒介本身具有宣传、鼓励、教育、引导、批评等思想政治教育功能，从而把大学生欲知、应知、未知的信息都传达给他们，使大学生的思想能跟得上时代发展的步伐，并不断地丰富和发展。"媒介的本质是人的延伸"，借鉴麦克卢汉对媒介本质的分析，我们应该正视新媒介给高校思想政治教育带来的负面影响，反思传统思想政治工作中的教育主、客体对于媒介大多处于被动、呆板、机械的状态，甚至常常被打上"政治化"的烙印，仅仅把媒介作为阶级宣传和统治的工具，无视媒介的人格化色彩。

（三）基于麦克卢汉的媒介理论，高校思想政治教育渠道改进与创新的建议

首先，加强大学生媒介素养教育，增强其对媒介信息的自我把关能力，培养理性人格。通过媒介素养教育提升学生的媒介素养，就要通过一定的教育途径和生活经历逐渐建立起学生获取媒介信息的意义和独立判断信息价值的知识结构，培养其解读媒介信息的正确视角，对繁杂的媒介信息的选择、理解、质疑、评估、表达、思辨性应变的能力，以及创造、制作媒介信息的能力。它还可以帮助学生学会规避媒介信息的牵制，进一步提高其控制自己的信念和行为的能力，使大学生群体成为积极的信息使用者。具体可以通过以下方式实现对学生的媒介素养教育：正式将新媒介素养教育纳入学校素质教育的范畴，通过组织新媒介知识讲座和开设选修课、普及新媒介知识，将新媒介应用渗透到有关课程教学中，在校园媒体中尝试搭建起媒介素养的实践平台，充分利用校园传媒为大学生创造积极健康的媒介环境、对大学生开放更多的高校校园媒体勤工助学岗位、组建培养媒介素养的学生社团或兴趣小组，党团组织可以通过开展各种网络竞赛、新媒介操作培训、媒介素养讲座等，充分发挥校园媒介的媒介素养教育功能；整合社会教育资源，逐步构建其"高校—社会—家庭""三位一体"的联合网络与格局，形成教育资源的集中与整合；逐渐培养其正确的媒介认知能力，着重使大学生能够辨别信息的真实性，具备良好的信息选择和自律能力，具备道德判断、道德认知和道德选择能力，培养其对媒介信息的良好的反思和批判能力，培养大学生健

康的媒介文化观，使其具备批判性思维能力。

其次，强化高校思想政治教育工作者的媒介意识。新媒介的复合性与信息传播的快捷性，对高校思想政治工作者的媒介素养提出了新要求。从事大学生思想政治教育的工作者应该熟悉新媒介、自觉更新知识、提高新媒介素养，这是迎接新媒介时代挑战的必然要求。具体可以从三个方面强化高校思想政治教育工作者的媒介意识：一是激发高校思想政治教育工作者的信息传递意识，通过媒介素养教育培养其对媒介所传播信息识别的敏感度，通过捕捉有用信息、分析信息、判断信息并接受信息，逐渐提升其信息需求意识、实效意识、超前意识和创新意识。二是通过媒介素养教育培养高校思想政治教育工作者的交流沟通意识，使其熟练掌握媒介的交流沟通功能，与学生开展畅通的交流。三是通过媒介素养教育培养高校思想政治教育工作者的塑造教育影响意识。高校思想政治理论课教师要学会利用新媒介不受时空限制的特点，以更直观、更能调动学生兴趣的教学方式满足学生的受教育需求，利用新媒介技术促进优质教学资源的共享，对学生进行人生观、世界观和价值观的引导，充分发挥新媒介的优势，在实践中探索吸引学生们的注意力，拓宽思想政治教育的工作空间，创新教育载体的方式，恢复思想政治教育工作的主导地位，给予学生如影随形的关心和教育。

最后，高校思想政治教育工作者应转变教育观念，创新发展理念，探索新媒介技术背景下大学生思想政治教育的特点和规律；本着尊重媒介、理解媒介、关心媒介、爱护媒介的原则，深入媒介中间倾听他们的呼声；抓住媒介关心的热点和焦点问题，以民主的方式加强横向、双向乃至多向的平等交流和对话；通过思想政治教育制度平台，不断激发媒介主动参与高校思想政治教育的热情。

第四节　案例分析

案例一：变"工作的传播"为"游戏的传播"[1]

闯关上党课

天津大学开设了网上党校，将整个入党过程设计得如同游戏闯关一样，积极分子需要一点一点积累，一关一关地通过考核。以闯关的形式进行网上党校培训，学生中的入党积极分子要想成为一名合格的共产党员，至少需要在网上党校闯过 30 关。网上党校严谨而周密的课程安排、新颖的学习形式、丰富的学习内容、活泼生动的呈现形式，使学员们不仅不感觉枯燥无味，在一定程度上保证了党校的教学质量。

飞信传国学

天津科技大学生物工程学院建立了通过飞信平台，组织开展了"生物人之尚德修身日信"活动，在学生中掀起了国学热一阵学国学、用国学的热潮。每天，辅导员都会精心编辑的国学语录经典，通过飞信平台发送所有学生。同学们无论在宿舍、图书馆、操场或者食堂，随时可以看到飞信国学语录，大家会三五成群地在一起饶有兴致地讨论着各种国学话题。作为生物工程学院的理科生，平日里专攻数理化，通过学国学、用国学，提升个人的人文修养，读起词义深奥的国学经典却是朗朗上口、有滋有味。自从建立了"生物人之尚德修身日信"飞信平台，厚重的国学书本变成了掌中的手机，晦涩的国学课走出了教室，校园的每一处都可以随时随地变成学习的课堂。

---

[1] 大学生思想教育走进 IE 时代[EB/OL].(2010-04-08)[2016-05-15].http://www.jyb.cn/high/gd-jyxw/201004/t20100408_352062_1.html.

网上团支部

天津师范大学在最受年轻人关注的网络社区"百度贴吧"里建起了网络团支部。网络团支部仅仅成立短短 3 个月，这里已经拥有了近千名实名制注册的支部成员，发帖量达 4700 多篇。在极具人气的百度贴吧里建立团支部，不仅成为团组织活动的一个新媒体平台，也为年轻人展示自我、交流互动搭建了舞台。在网络团支部里，根据团员青年的爱好和需求开辟了不同的特色小组，有外语俱乐部、创意文化和校园原创文学小组等。团员青年们在网络团支部的小组里分享着自己的 DV 作品，连载自己的原创小说，讨论感兴趣的各类话题，进行网络上的政治学习等。可以说，每个人在网络团支部里都可以找到自己的舞台，尽情展示自己的才华。此外，网络团支部还有服务板块，如"创业先锋""远眺职场""研途有你"板块，为毕业生提供了大量丰富的就业服务信息，大家也可以通过这个平台分享职场经验。

在"严肃游戏"中完成隐性教育

近年来"模拟人生"的"严肃游戏"等类游戏风靡全球，这种社区类游戏可以教给玩家怎样与人交往、经营家庭、旅行、举行派对等。但是，因为这类游戏多是以西方文化为背景，其渗透的是西方世界的价值观，教育界认为这是"电子海洛因"。应该通过青少年喜闻乐见的形式，在虚拟世界里实现价值观念的输入。"严肃游戏"启发了很多思想政治理论课教师，基于"严肃游戏"的思想政治理论课辅助教学的尝试已经在国内高校展开。例如，在北京理工大学，新媒介中心研究团队开发了"情商加油站"的"严肃游戏"。这款游戏通过模拟的形式教初入校门的学生如何面对感情。游戏的场景设置涉及图书馆、食堂、操场、宿舍等，非常贴近学生生活实际，对于解决情感问题提供了非常真诚的建议。参加测试的同学反映"这种仿真的教学环境激发了学生的兴趣，使学生在教育游戏中得到思想政治道德体验，从而达到隐性教育的目的。"

【案例分析】

思想政治教育者要从斯蒂芬森的"游戏论"中获得启示，有意识地将"工作的传播"变成"游戏的传播"，特别是要在"有用"和"有趣"上下功夫，通过创新教育渠道和手段，切实提高思想政治课的教育教学的实效性。例如，可以借鉴日本的经济漫画和社会漫画，用漫画的形式来阐释经济现象、社会现象背后的社会规律，使之"具象化"，增加内容的可读性和趣味性。同样，通过渠道和方式的创新，可以将思想政治理论课中关于社会发展趋势、党的路线方针政策等看似枯燥的内容，用大学生喜闻乐见的形式和渠道进行传播，效果一定也是令人满意的。此外，思想政治理论课的实践教学环节可以充分利用多媒体技术，以更好地发挥学生的主体性。比如，有些高校举办思想道德修养与法律基础课"学生讲师团年级汇讲"，学生围绕某一指定的教学内容自拟题目，以团队的形式自己完成备课、授课整个过程，课件制作精美，还会利用数字视频等形式展示教学内容。新媒介技术的应用，提高了学生的创造力，提升了学生自我学习、自我教育的效果。利用网络时代各种信息传播渠道，全面占领网络阵地，让思想政治教育的科学理论"入眼""入耳""入脑""入心"，形成"育人为本，思想政治教育为先"的主旋律，进一步推进蓬勃向上的校园网络文化建设与和谐校园建设。

案例二：以"易班"为平台，进行思政教育的"议程设置"

易班（E-Class），又叫上海大学生在线，是上海市教卫党委和上海市教委下设的事业单位，以公司的形式运营，主要负责全市教育系统的网络文化建设工作。在教育部的大力提倡下，易班在2007年8月诞生，上海交通大学、东华大学、上海海洋大学成为易班的第一批试点单位，让大学生参与到网络平台互动交流中进来，在全国推广大学生在线的平台建设中表现尤为突出。易班作为学生的实名互动平台，其开发借鉴了SNS社区的核心理念，整合包括互动社区、IM即时通信、新闻、相册、校园应用、论坛、邮箱、网盘、博客、掌上易班、微博、通讯录等多种功能。如此丰富多彩的功能是非常吸引现代大学生的，方便了大学生在网上的活动。同时，易班也比较注意根据师生需求，研发了话题、日程表等基于班级的特色应用，允许各校能根据各自需求开发易班插件，让学生在网络上充分享受现实校园生活的乐趣。学生党支部也可在易班上建立自己的班级，通过发布各类话题、公开党务讯息、共享信息资源、在线实时互动发挥党组织的战斗堡垒作用和先锋示范作用，同时让学生党员在全面接受群众监督的情况下促进自我发展与成长。

钱密林曾总结在使用易班进行高校学生党建和思想政治教育工作的经验时提到："在易班上建立党支部，可以利用易班班级中的多项功能，实现日常信息发布、党务信息公开、时事政治宣传、组织生活开展、专业知识深化、学习互助答疑、资源经验共享、党员成长风采展示、党员群众互动等。为深入学习两会精神、学习贯彻十八大报告精神、学习领会新党章，充分发挥党建工作的"思想引领、文化引领、实践引领和服务引领"作用，上海大学环境与化学工程学院学生党总支利用易班党支部阵地，带头在易班上开展了主题鲜明的党员先锋行动，实现易班网络平台的全面育人功能。在分门别类的支部各功能版块中，党员、积极分子通过踊跃发帖回帖、交互协同，达到了利用网络平台引导舆论舆情、树立党支部良好形象的功效。"❶

【案例分析】

在这个案例中，有效地运用了议程设置理论，从而提高了思想政治教育的导向性。借助易班（E-Class）这一有效的传播平台，思想政治教育者通过设定具有特定意义的"话题"，通过分门别类的"功能应用"对被教育者思想和行为进行引导。易班（E-Class）议程设置要达到预期效果需要做到以下几点：一是在涉及"讨论话题"时，要尽量做到贴近实际、贴近生活、贴近学生。在此案例中，可以根据学生专业、年级、学院情况适当调整支部讨论

---

❶　钱密林.基于功能分类角度的易班党支部建设路径探索——以上海大学学生党支部"易班先锋行动"为例[J].新余学院学报,2013,5(3).

话题，充分发挥网上党支部功能，将支部严肃问题幽默化、熟悉问题陌生化、抽象问题生动化等，以易班为载体，以互动为形式、贴近学生，多搞一些参与式活动，将现代教育教学理念贯穿党建工作中，贯穿到大学生思想政治教育过程中。二是抓住议程设置的最佳时机，党支部及时发布网上消息、支部书记及时主动了解学生状况并及时将意见反馈给学生党员，从而有效提高易班网上党支部的使用效果。三是发挥支部书记的人格魅力、发挥组织员的榜样作用、发挥支部学生党员的群聚效应，从而达到师生齐心协力共同参与，增强易班网上党支部活跃度，始终保持易班网上党支部的活力。❶

案例三：媒介即讯息——充分利用新媒介开展思想政治教育

新媒介在改变大学生的价值观念❷

"随着新媒介技术的发明与普及，社会的虚拟化倾向日趋明显，虚拟的生存空间，是新媒介带来的客观存在。"北京理工大学马克思主义理论教研部副主任李林英说。

李林英所做的一项有关新媒介在大学生思政课中的应用的课题调研显示："网络终端设备已成为大学生日常生活的必备工具，大学生是接触和使用新媒介最早、最直接的群体。网络搜索成为大学生解决学习问题的最佳途径，大学生通过查阅资料将网络与自身的学业需求结合起来。"新媒介正在影响着大学生思维方式、思想观念甚至是人生观和价值观。传统思想政治教育注重单向灌输，学生处于被动的受教育状态。新媒介技术的快速发展，让高校现有的思想政治理论课教育模式受到影响，如何利用新媒介开展思想政治理论课教学，改进和创新思想政治理论课的教学手段和教学方式，从而达到满

---

❶ 刘铁英.基于易班(E-Class)党支部探索大学生党员教育管理新模式[J].湖南科技学院学报,2012,33(2).

❷ 新媒介在改变大学生的价值观念[EB/OL].(2011-07-05)[2016-02-05].http://www.edu.cn/zong_he_news_465/20110705/t20110705_644749_2.shtml.

意的教学效果都构成了非常严峻的挑战。

有研究显示，教师获取信息的能力和技术落后于学生，技术能力不够成为首要阻碍因素。教师对数字资源现状不满意的占 35.3%，认为多媒体教学资源不足的占 89.4%。在新媒介环境的影响下，如何提升高校思想政治理论课的说服力和感染力，让思想政治理论课入脑入心，成为学生真心喜欢、终身受益、毕生难忘的课程，是摆在高校思想政治理论课教师面前一个重要的课题。

发挥网络新媒介的独特作用❶

北京大学依托北大未名论坛开展大学生心理辅导，学生只需要在相关版面匿名发帖求助即可获得咨询师的专业建议。学校心理咨询师固定时间在线咨询，同时开设了专题引导的版面开展心理疏导。对于网上发现的心理案例，积极引导至线下，进行主动积极的干预。这一线上线下相结合的工作方法，在一定程度上阻止了部分严重个案的发生，也对其他学生起到教育作用。此外，北大心理辅导中心还启用专用微信公共账号，由心理咨询师团队定期推送心理健康知识普及的文章，受到学生普遍关注。

中南大学利用新媒体推进思想政治教育工作，先后创建 22 个思想政治教育网站，其中 12 个成为省部级示范性网站或全国高校百佳网站。学校积极培养意见领袖，依托学校领导、教学名师、辅导员、优秀学生等微博正面回应学生困惑。

武汉理工大学利用新媒体推进思想政治教育工作，成立了微文化工作室。加强软硬件设施建设，注重相关人才的培养，为思想政治教育提供技术支持和人力保障。学校积极构建了以官方微博、微信为核心，以学院部门、班团支部、校园文化、社团协会、师生达人为成员的"双微"矩阵。依托新媒体平台，打造思想政治教育课堂品牌栏目，开展理想信念教育。学校还开通了

❶ 探索行之有效的新经验——高校创新大学生思想政治教育综述[N].中国教育报,2014-05-02(01).

新浪微博自助认证和粉丝服务两大平台，培育以知名教授、辅导员、思政课教师、优秀团干等为代表的校园意见领袖，引导师生积极参与核心价值构建和主流文化引导活动。

利用微信公众账号开展思想政治教育❶

南昌工程学院开通公众微信"南工水宝宝"，该微信主要功能定位为文化、生活和服务类。微信平台开设了"信息公告""学在南工""便捷服务"三大功能板块，具体设置了"学生事务""生活文化""读书学习""学子助手""休闲娱乐""投诉建议"等六大类栏目群。目前，平台提供各种服务功能达50余项。每天通过微信平台开设的特色栏目，对大学生进行思想政治教育、心理教育和素质教育。

西安邮电大学的学生工作部和校团委先后建立了"西邮党员工作站"、"西邮下午茶"和"西邮科创平台"3个微信平台。"西邮党员工作站"重在引领大学生思想，占领网络新媒介阵地，全方位服务学生，推动学校党建进学生公寓工作长效机制建设，实现立德树人。"西邮下午茶"努力打造服务学生，贴近学生，积极传递正能量的校园新媒介。而"西邮科创平台"则以推进实践育人工作，加快学生科技创新活动发展为目标，培养学生的创新意识和实践能力。

中国地质大学（武汉）"微信小课堂"传递国防正能量。地质大学（武汉）利用手机微信开展国防教育。该校相关部门创建了国防教育微信公众平台，将政治理论和国防宣传编辑成小新闻、短消息，经保密审查后，定期更新并群发至国防生手机上，让国防生能够随时随地学习军政知识，加强了国防生的国防教育。

清华大学在人人网开设紫荆志愿信息平台，在微信平台创建公共账号等方式，每天推送校园志愿活动信息，将志愿者技能培训以"线上培训"的形

---

❶ 利用微信公众账号开展思想政治教育 [EB/OL]. (2013-10-22) [2016-08-15]. http://www.nit.edu.cn/content.jsp? urltype=news.NewsContentUrl&wbtreeid=1057&wbnewsid=12909.

式开展，让志愿者便捷有效地提升自身能力。

【案例分析】

　　本案例大量列举了各高校对于新媒介在思想政治教育中的大胆应用和尝试。麦克卢汉的"媒介即讯息"理论，表明了媒介本身具有宣传、鼓励、教育、引导、批评等思想政治教育功能，通过对于某一特定媒介的运用，把大学生欲知、应知、未知的信息传达给他们，使大学生的思想能跟得上时代发展的步伐，并不断地丰富和发展。"媒介的本质是人的延伸"理论也提醒我们应该正视新媒介给高校思想政治教育带来的负面影响，反思传统思想政治工作中的教育主、客体对于媒介大多处于被动、呆板、机械的状态，甚至常常被打上"政治化"的烙印，仅仅把媒介作为阶级宣传和统治的工具，无视媒介的人格化色彩。之所以可以依托新媒介搭建思想政治教育的平台，拓展大学生思想政治教育工作的空间，是因为利用新媒介开展大学生思想政治教育工作具有很多优势。比如，新媒介功能强大、应用广泛，在一定程度上摆脱了时间和空间的限制，为大学生思想政治教育工作提供了容量无限的新阵地；信息传播方式多样生动，符合大学生希望平等交流的心理特征和接受习惯，有利于增强大学生思想政治教育工作的针对性和吸引力。高校思想政治教育工作者应在坚持课堂教育、主题活动、社会实践、志愿服务等传统方式的基础上，把新媒介引入大学生思想政治教育工作，利用论坛、博客、微博和专业网站等对大学生进行思想政治教育，从而拓展思想政治教育工作的空间。

第六章　传播学视域下高校思想政治教育效果研究

第一节　高校思想政治教育效果现状概述

一、思想政治教育传播效果概念

传播效果有两重含义："第一，它指带有说服动机的传播行为在传播对象身上引起的心理、态度和行为的变化；第二，它是指传播活动，尤其是报刊、广播、电视、网络等大众传播媒介的活动，对传播对象和社会所产生的一切影响和结果的总体，不管这些影响是有意的还是无意的，直接的还是间接的，显在的还在潜在的。"❶

大学生思想政治教育作为一种特殊的传播活动，是通过政治、思想和道德等信息的传递，来指导受教育者的思想和行为。因此，实现教育信息传播效果的最大化，是大学生思想政治教育工作者追求的最终目标。大学生思想政治教育效果这一概念也有狭义和广义之分。狭义是指大学生思想政治教育者发出的信息经过媒介到达受教育者，并引起受教育者的心理、态度和行为

---

❶　胡正荣.传播学总论[M].北京:北京广播学院出版社,1997:209.

的变化。一般来说，这一传播活动在某种程度上实现了教育者的意图或目的。广义上指的是大学生思想政治教育活动对受教育者和社会所产生的一切影响和结果的总体，而无关乎这些影响是否有意的或无意的，直接的或间接的，公开的或潜在的。因此，从狭义角度来说，大学生思想政治教育效果是研究具体的大学生思想政治教育过程的具体效果，而广义上研究的是大学生思想政治教育传播过程形成的综合的、长期的效果。

思想政治教育的效果不仅关系到个人的成长、社会的和谐与发展，而且还关系到政治的稳定与文化的传承。通过对大众传媒视阈下思想政治教育功效果的探析，有利于挖掘大众传媒思想政治教育功能在发挥过程中的价值与不足，以便为国家政治稳定、经济发展和文化繁荣服务。

二、高校思想政治教育传播效果的要素分析

为什么研究高校思想政治教育传播效果？其实质是什么？高校思想政治教育传播效果体现在哪些方面？它受到哪些要素的制约？这是我们进行思想政治教育首先要明确的。思想政治教育传播效果并不是指思想政治教育的结果，它体现在思想政治教育传播的整个过程中。因此，研究思想政治教育传播效果的形成过程，就需要从研究思想政治教育的传播过程入手。思想政治教育传播过程模式由七个要素组成：教育者（传者）、信息、通道、受教育者（受者）、反馈、障碍和环境，这些都是影响思想政治教育传播效果的因素。下面主要从教育者和受教育者、传播渠道和媒介、传播环境几个方面因素进行分析。

（一）作为思想政治教育传播主体的教育者和受教育者

在这里，教育者特指思想政治教育传播者，是讯息的发出者，在传播过程中居于主导地位。传播者可以是个体，也可以是群体或组织。大学生思想政治教育工作队伍的主体是学校党政干部和共青团干部，以及思想政治理论任课老师、班主任或辅导员等。而对于同一个内容，通过不同的传播者所达

到的效果也是不一样的，因此教育者的特点也会影响教育的效果。其原因是：第一，教育者的可信性。如果思想政治教育者在长期的思想政治教育实践过程中不断树立的良好形象和积累的被人信任的感觉，就可以增强思想政治教育的可信性和传播效果。第二，思想政治教育传播者的权威性。权威就是让传播者具有被传播者相信、听从的力量。一个具有威望和影响力的教育者，其教育效果相对较强。第三，教育者的能力。在思想政治教育中，提倡什么，反对什么；弘扬什么，批评什么；宣传什么，抑制什么，这些指向性必须是鲜明的。教育者对于各种信息，要去粗取精，去伪存真，需要经过筛选和过滤才可以传授给受教育者。教育者只有根据受者的特点，将信息处理整合才能适合受者，才能引起受者的兴趣，提高其参与传播的积极性。

受教育者是信息的接收者和反应者。受教育者虽然是施教的对象，但也可以能动地作用于教育者，其对传播效果有着重要的影响。其原因是：第一，个体差异。人的心理、性格会因为成长环境和社会经历的不同而各有差异。大学生受众在性格、习惯、兴趣、智力、价值观等方面都存在着差异。大学生受众不可能对所有的教育信息都全盘接收，往往会选择并接受那些与本人观点、立场、接受能力相符合的内容。教育者要善于了解和利用受教育者的个体差异，并从尊重受教育者的角度出发进行传播活动。第二，社会关系。受众既非相互分离的个人，也非仅仅按照性别、年龄、文化程度等一系列可变因素而归类的社会群体。他们既有自己的生活圈子，又属于各种团体，而且还和别的团体打交道。他们的行为很大程度上受到内在的"群体"即群体规范的影响，从而这种效应也会制约着传播的效果。

（二）思想政治教育传播环境

任何思想政治教育活动都必须存在于一定的环境中。与传统社会相对稳定和封闭的环境不同，现代思想政治教育所处的环境更为开放、更具复杂性。其原因是：首先，开放性。在全球化和科学技术迅速发展的背景下，互联网扩大了人与人交往的空间。人们跨越区域、跨越国界的交往越来越密切、也越来越便捷，思想政治教育在空间上已经不存在固定的界限，在时间和空间上进一步打破了思想政治教育环境的封闭性。因此，受众会接触到社会上各种各样的信息，观念的影响既是潜移默化的，又是深刻而久远的。这种变化促使思想政治教育更具开放性，使得思想政治教育的平台和途径大为增加；反过来也使思想政治教育的环境变得更为复杂，进行思想政治教育的难度也随之增加。其次，复杂性。从受教育者的角度来看，其周围的一切情况，生活、学习、交往活动都作为环境因素对其产生影响，从而影响思想政治教育的实施。不同的环境其环境性质也不同，如良性的与恶性的、积极的与消极的、先进的与落后的等多种不同性质的环境，对于进行思想政治教育所产生的外在影响也是千差万别的。如果思想政治教育所传播的观念、价值取向与社会主流导向是相违背的，那么势必会导致人们的内心冲突和选择困惑。

（三）思想政治教育载体

所谓思想政治教育载体，是指在实施思想政治教育的过程中，能够承载和传递思想政治教育的内容或信息，能为思想政治教育主体所运用，促使思想政治教育主、客体之间相互作用的一种活动形式和物质实体。根据载体的基本物质样态分类，可以把载体划分为语言与行动载体；根据载体的历史发展来分类，可以把载体划分为传统载体和现代载体。语言是人类最重要的交际工具，是人类思想形成表达的最重要手段，语言是承载信息的最基本载体。行动与语言是一致的，都是对人的思想内容的一种反映，是一种有目的、有意识的活动，加上人的行为使其同时体现出教育主体的主观能动性，比语言更具有说服力。从历史发展的视角来看，传统载体主要包括谈话、开会、理论学习等。现代载体是随着科学技术的发展和广泛应用而逐渐兴起的一些新载体，如文化载体、管理载体、传媒载体等。大众传播媒介在现代社会对人的影响越来越大，包括报纸书籍、广播、电视、网络四大类。不同的传播媒介有不同的特点及规律，使用不同的传播媒介也会取得不同的传播效果。广播、电视、网络具有传播速度快、覆盖面广、实效性强的特点，而报纸的时效性就相对弱一些，但报纸也可扬自身之长，报纸表达清晰、准确性高，能对相关事件进行深度报道。广播、电视往往会受到播出时间的限制，网络载体也存在真实性、权威性差，网络安全得不到保障等劣势。总之，在思想政治教育传播过程中，要充分认识不同媒介的特点和规律，把各种媒介结合起来，使其互相加强、互为补充，以增强传播效果。

第二节　大众传媒思想政治教育功能及其效果分析

一、积极发挥大众传媒的思想政治教育功能的重要作用

从传播学角度看，思想政治教育是一种特定的信息传播活动，是以社会主义思想体系为核心内容的价值观念的传播，是以提高人们的思想政治品德水平为特定目的的思想政治教育信息的传递过程。随着信息时代的到来，信息将成为社会的核心资源。大众传媒得以广泛运用，为人们创造了一种崭新的生活环境，对国家的政治和文化都产生了重要的影响。借助大众传播理论和大众传播媒介进行思想政治教育，是思想政治工作与时俱进、顺应时代发展的客观要求。我们进行思想政治教育工作需要关注传播活动和传播学，思想政治教育工作者更要积极更新思想观念，提高自身素质，寻求与新媒体环境相适应的思想政治教育的路径和方法。

大众传播媒介是指在传播途径上"有用以复制和传播信息符号的机械和有编辑人员的报刊、电台之类的传播组织居间的传播渠道，具体可分为印刷媒介（报纸、杂志和书籍）和电子媒介（电影、广播、电视）"。❶ 我们可以利用大众传媒的积极影响进行思想政治教育。大众传媒作为基本载体，使人们在接受广泛信息的同时接受思想政治教育，向广大人民群众宣传马克思主义理论，以及党和政府的方针政策，提高全体人民的思想道德水平，形成

---

❶　郭庆光.传播学教程[M].北京:中国人民大学出版社,1999:147.

强大的社会舆论和良好的社会风气，服务于思想政治教育这个大局。

（一）大众传媒意识形态灌输功能

意识形态的概念最早出自法国哲学家德·特雷西，他在 1796 年使用"意识形态"一词试图创立一门新学科，"这门学科有关对观念和感知的系统分析，对它们产生、结合与后果的分析"。❶ 此后，这个词汇逐渐演变成政治学的重要词汇。马克思在《德意志意识形态》一书中指出："统治阶级的思想在每一个时代都是占据统治地位的思想。"也就是说，每个社会的统治阶级的意识形态，都是占社会统治地位的意识形态。它集中反映该社会的经济基础，表现出该社会的思想特征物质上占统治地位的阶级在精神上也占据统治地位，支配物质生产资料的阶级，也支配精神生产资料。

灌输理论是指无产阶级坚持把无产阶级思想灌注和输送到无产阶级和人民群众中，提高其政治意识和政治觉悟的学说，与自发是相对的。列宁在《怎么办》一书中指出："工人本来不可能有社会民主主义的意识。这种意识只能从外面灌输进去。各国的历史都证明，工人阶级单靠自己本身的力量只能形成工联主义的意识……它是完全不依赖于工人运动的自发增长而产生的，它的产生是革命的社会主义知识分子的思想发展的自然和必然的结果。"❷ 由于工人阶级的生活背景的局限性，所以人民群众几乎不可能自发地学习并接受社会主义理论的思想体系。因此，只有通过灌输社会主义的意识形态，才能把群众打造成为现代社会主义事业的建设者和接班人。我国很重视意识形态灌输的方式，沿袭了这一灌输理论。从幼儿园到大学、从社会到企事业单位、从城市到农村，都设有专门的机构和人员有组织、有计划地进行思想政治教育。

大众传媒的出现，如广播、电视，特别是互联网的发展日新月异，使得信息跨过时间和空间的阻隔而变得无孔不入。手机、电脑能够有效覆盖分散

❶ 约翰·汤普森.意识形态与现代文化[M].高铦，译.南京：译林出版社，2012：31.
❷ 中央编译局.《列宁选集》（第一卷）[M].北京：人民出版社，1995：317.

存在的、不计其数的潜在受众。虽然大众传媒不是进行思想政治教育的唯一场所，它以传播范围广、知识更新快、受众层次多而具有其他传播渠道难以比拟的优势。这是因为：一方面，大众传媒可以有组织、有意识地进行意识形态传播，通过传媒的专业性来满足不同教育对象的需要，增强教育效果。大众传媒既可以将同一内容、观点，通过不同的手段形成强大的影响效应，也可以对同一内容或观念反复传播、强调，造成持续性影响，进行持续性强化。中国共产党历来就极为重视利用大众传媒对群众进行思想政治教育，利用传媒大力宣传执政党的路线、方针和政策，用大量的内容对群众进行思想政治教育。无数的先进分子和人民大众都是通过这种方式激发出了崇高的爱国情怀，为革命事业甘愿献身，这就是传媒有意识的意识形态灌输的典型。另一方面，传媒的意识形态灌输可以将丰富多彩的各类信息通过渗透、感染和熏陶，将价值观念、生活观点隐藏在其中，潜移默化地影响教育对象。"一种公认的意识形态是能够自己长期存在下去的，不需要那些受益最多的人去进行什么有计划的宣传。当有人为了寻求传播某种信念的方法而煞费苦心的时候，就表明该信念早已奄奄一息了。"❶也就是说，在有些时候，大众传媒无意识的意识形态灌输的效果会优于有意识的灌输，常常取得事半功倍的结果。

（二）大众传媒的自我教育功能

新媒体实现了受教育者的自我教育功能。在当今时代，新媒体作为思想政治教育载体的能力得以进一步增强。新媒体自由、开放、直接、快速、广泛，特别是其受众高度的参与性、互动性无疑使其成为当代最具价值的公共空间之一。在校园、地铁等公共场所，甚至在家中，随处可以见到进行数字阅读的人群。最新版蓝皮书分析报告《中国新媒体发展报告（2014）》显示，中国的新媒体已进入"微"时代，微博用户的这一基本特征依然明显。微信用户已达6亿，覆盖全球二百多个国家和地区，发布超过二十种语言版

---

❶ 哈罗德·拉斯韦尔.政治学[M].杨昌裕，译.北京：商务印书馆，2011：19.

本，国内外月活跃用户超过 2.7 亿。其中，微信公众账号在最近 15 个月内增长到二百多万个，并保持每天 8000 个的增长速度，以及超过亿次的信息交互。而作为世界微博品牌第一大国，中国目前提供微博服务的网站共有 103 家，用户账号总数已达 13 亿。中国微博用户整体上呈现学历低、年龄低、收入低、集中在大中城市等特征。其中，男性高于女性，青少年是绝对主体，占比接近 8 成。其中，20~29 岁微博用户最多，为 8869.7 万人，大学本科以上学历用户活跃度高。❶

　　这些代表未来的大学生时时地被这些信息所塑造，大学生们通过新媒体能够及时了解和掌握到所学专业领域的最前沿的知识和信息，对深化课本知识、拓展自己的知识面，确实起到了很好的帮助作用。现在越来越多的大学生热衷于接受和实践"网络民主"，积极参与、伸张正义。他们在新媒体的影响下默默成长，成长为现代社会的合格的公民。大众传媒的教育功能远远超出学校教育所能涵盖的范围新媒体，即时性和广泛性使其传播力和话语权也大大超越传统媒体。官方微博、微信已经成为政府和媒体人发布资讯、人民获取新闻信息与沟通互动的重要渠道，提升了主流媒体的思想政治教育能力。那些在过去被认为与己无关，应该由政府来管的事情，在今天也激起了人们极大的参与热情。以往的媒体只是单向输出信息，而随着各种传播技术的发展，尤其是网络的出现，人们做到了随时随地与人对话和交流。一方面，媒体在塑造广大受众，同时受众也在通过"自媒体"进行着自我塑造。大众传媒所传播的不仅是故事、娱乐，其中还包含了价值、理念、政策等潜在的议题。任何人都可以随时在公开的站点上发表自己对有关事物的意见和建议。正是由于新媒体这种公共空间的发展，使多数人不再沉默。他们不仅不会被动地接受信息，而且还开始通过媒体平台发声，主动思考，参与国家政治生活领域当中，去凸显自身的主体性。可以说，在新媒体背景下，大众传媒的思想政治教育功能的实现不再是传媒单向传播为主，更多情况下则是受教育者主动选择信息，进行自我思考、自我传播和自我教育的结果。

---

❶ 唐绪军.中国新媒体发展报告（2014）［M］.北京;社会科学文献出版社,2014.

（三）大众传媒的舆论引导功能

在大众传媒时代，大众传媒对舆论的重要影响不言而喻。人们倾向于了解大众传播媒体所关注的问题，并依据媒体对各种问题的重视程度，确定自己看待事物的优先顺序。媒体的这种功能通常被称为议程设置（agenda-setting）功能，它既能影响人们思考些什么问题，又能影响人们怎样思考，❶ 这与思想政治教育工作的出发点和落脚点是一致的。通过反复播放报道某条新闻，可以强化该议题在大众心目中的重要程度。尽管媒介在使大众怎么想或怎么做上并不是那么奏效，但是媒介在影响大众的关注点，也就是使大众想些什么上十分有效。例如，每逢国家政治生活、社会生活的重要时刻，从中央到省、市、县的官方主流媒体，乃至民营的主流媒体，都要进行大规模的采访和报道，掀起大规模的宣传攻势，从而牢牢吸引住思想政治教育对象的注意力，也使广大受教育者知道国家关注什么、提倡什么、限制什么、反对什么。❷ 每个大学生对事物的认知存在差异，对问题的看法也会存在片面性，有时也会出现错误的观点。正如图式理论（scheme theory）提出的，大众总是习惯以固有的经验和图式来引导自身的行为模式。关于"图式"（scheme），学者们将之定义为"大众建构认知、表征事物的心理框架和知觉单位"。人的大脑中存在着各种不同的社会图式。不仅如此，图式还影响人们对信息的感知、注意、记忆、编码、推理和提取。当人们需要在同一时间内处理大量的社会信息时，人们就会求助图式。因为图式可以帮助人们简化社会认知过程，用较少的努力加工较多的信息。但很多时候，人类的这些图式或固有行为模式，往往也会把人们推向错误的、扭曲的社会认知中。此外，图式一旦形成，往往具有一定的稳定性，显示出较强的维持作用。即使面临与图式相矛盾的信息时，也可能会保持不变，于是产生了社会认知偏差。❸

---

❶ 斯坦利·巴兰，丹尼斯·戴维斯.大众传播理论:基础、争鸣与未来[M].曹书乐，译.北京:清华大学出版社,2004:389.

❷ 胡正荣.传播学总论[M].北京:清华大学出版社,2008:154.

❸ 俞国良.社会心理学[M].北京:北京师范大学出版社,2006:298-299.

因此，需要树立一个正确的"标尺"，影响或改变公众头脑中固有而刻板的认知图式，大众传媒就需要承担起引导公众舆论的重任。

传媒从业者凭借自己的专业能力发掘具有传播特质的事件，并凭借话语权的优势通过议程设置和强大的传播渠道迅速制造新闻焦点，进而迅速形成舆论热点。传媒的作用就在于吸引社会各个阶层对事件的关注，让传媒与大众之间、不同传媒之间引起话题并展开热烈的讨论。这种互动也是搞好思想政治教育传播的关键。将含有指向性思想通过社会舆论表现出来，让教育对象通过自己的理解、思考得出结论，使教育更贴近实际、贴近生活、贴近大众，避免思想政治教育呈单向灌输，有利于增强高校思想政治教育的效果。在一般情况下，社会总是暗含符合社会要求的思想或价值标准，让大众知道什么是正面的、获得肯定的，以及什么是相反的。社会通过舆论来干预大众的心理、塑造大众的思想，从而改变大众的行为。大众传媒"日积月累地报道事实和评判事实，传播信息和传播有关观念，以此方式形成新闻舆论并影响既有的社会公众舆论，以此日复一日地对公众发生无形的影响。这种影响，深入人们的精神和心理层面，润物无声、潜移默化、长期地发生作用，由此会在相当程度上导致人心聚或散、向或背。这种影响会日渐扩张、蔓延，会相互渗透、感染，最终会不同程度地波及社会统治的基础，使之更加巩固或趋于脆弱"。❶ 中国共产党也是极为重视大众传媒的舆论引导功能，提出了"以正确的舆论引导人"的命题，并将舆论引导作为大众传媒进行思想政治教育的重要方式。党始终掌握着对中央电视台、新华社、人民日报社等主流传播机构的话语权，足见党和国家对舆论引导的重视。

---

❶ 丁柏铨.执政党与大众传媒[M].南京：江苏人民出版社,2010:231.

二、大众传媒思想政治教育功能发挥过程中存在的问题和不足

（一）大众传媒对高校大学生主体的影响

1. 影响大学生价值观的塑造

大众传媒是一把"双刃剑"。作为思想政治教育有效工具的大众媒介，其大量的信息和素材对学校与家庭教育都产生着积极的作用，但泛滥的信息对思想政治教育也会产生一些消极影响，如大众传媒呈现出"三俗"倾向。"三俗"是指庸俗、低俗和媚俗。"庸俗，即平庸鄙俗，追逐蝇利，拜金尚物；低俗即趣味低级，言语猥琐，精神格调低下；媚俗即对庸俗、低俗之辈的趋炎附势，迎合屈就。"❶ 在新媒体环境下，信息的发布更加自由。某些传媒为了满足自身的商业利益，从抢新闻、挖新闻为出发点，炒作一些含有"黄、赌、毒"和"星、性、腥"的节目，用嘉宾的美貌、荒诞的想法、低俗的语言来提高节目的收视率，从而使这些节目显得庸俗化。此外，一些电影、电视剧充斥着媚俗的低俗之风，也不乏西方腐朽的价值观念和社会思潮等，使我国主流、传统价值观念受到不同程度的冲击与挑战。大学生的世界观、人生观和价值观还处在一个形成和发展的阶段，缺乏理性的判断力，好奇心、追求独特的心理极易受到传媒中"三俗"信息的影响。例如，某知名节目传出的"宁愿在宝马车上哭，也不愿在自行车上笑"的言论，所反映出来是拜金主义、扭曲的爱情观和目光短浅的人生选择。在广东省一次盛大的富豪相亲活动中，18个富豪居然吸引了五万多名女性踊跃报名。其中，多数还是青春靓丽的女大学生。从中可以看出，大学生从新媒体平台上获得信息具有难以控制性和不确定性。其中，大量的负面信息对大学生道德认知和思想观念造成了消极影响，抵消了一部分思想政治教育的教学效果。例如，

---

❶ 张雪琴. 抵制大众传媒中"三俗"现象——充分发挥思想政治教育意识形态功能[J].学理论,2011 (20).

2014 年 6 月，杭州下沙一家大型物流公司到下沙公安分局报案，称该公司 12000 张记载客户信息的物流面单被人在网上倒卖。经警方调查，嫌疑人是大学二年级的学生葛某，他是个"黑客"，一名计算机网络专业的学生。2016 年 3 月，他攻击国内两家大型物流网站，非法获取公民个人信息一千四百多万条。但是，他的目的并不是赚钱，而是"炫技"，这些信息最终以 1000 元的低价被葛某转卖。近日，杭州下沙警方历时两月，辗转多地，将葛某和同样涉嫌非法获取、出售公民个人信息的另一嫌疑人莫某缉拿归案。被抓时，葛某刚刚上完一堂"数据库理论"课。

2. 影响大学生的身心健康

新媒体不仅传递的信息量大，其发展受众的速度也是非常惊人的。李开复曾经说："一种传播媒体普及到 5000 万人，收音机用了 38 年，电视机用了 13 年，互联网用了 4 年，而微博用了 14 个月。"校园里不用网络的学生，可谓是凤毛麟角。虚拟空间为学生之间、学生与社会之间的交流提供了一种新的方式。在一个自由、平等、自主的空间里发声，符合现在学生追求自我主体的要求，大大促进了学生的学习兴趣，以及他们对知识的追求和未知信息探索的欲望。社交网络、网络课堂、微博……这些基于数字技术、移动通信技术和网络技术延伸出来的新媒体，几乎让当代大学生寸步不离。这种依赖性不仅仅是体现在对大众传媒传递信息快的优势，而且更体现在大众传媒能够满足大学生的需要。网络也因此让大学生越来越产生依赖，将个人束缚起来，其主体性意识也正在逐渐地消失。由于大学生自我意识的增强，但自我控制能力不强，根据媒介依赖理论，当我们身处在复杂的社会中，我们不仅需要依靠大众传媒来理解和认识社会，还需要依赖大众传媒指导我们做出选择和应对的方法，从而帮助我们放松精神和减轻压力。通过媒介途径，大学生容易效仿并以此来解决自身的问题，很容易受到大众传媒的引导，甚至在某种程度上加重了大学生对大众传媒的依赖程度。网络信息简短而迅速，大学生在浏览信息的同时，也极易随着媒体的倾向思维，缺乏独立思考，这使得大学生的日常生活越来越被大众传媒"殖民化"了。高校思想政治教育工作者有时难以及时进行引导，大学生从心理上很依赖大众传媒，从而将媒介所传播的内容奉为现实的生活，将媒介所传播的价值观、行为方式逐渐内化成自身的价值观和行为方式。而网络、手机等其他新媒体传播的信息的可信赖程度则是令人担忧的。因此，高校的思想政治教育工作者如何处理好新媒体技术和思想政治教育之间的关系，如何"治疗"新媒体的过度依赖者，是影响高校思想政治教育效果的重要问题。

3. 影响对民族传统文化的认同

中华民族传统文化是文明演化而汇集成的一种反映民族特质和风貌的民族文化，是民族历史上各种思想文化、观念形态的总体表征，是经过漫长的历史积淀形成的被历代人民所认同的优秀成果。它包括传统艺术、传统节日、各种民俗，以及各地区、各民族的特色传统文化等。大众传媒的发展使文化走向全球化，文化也具有了世界的特征。在新的国际形势下，以美国为首的西方发达国家凭借其强大的信息科技优势，利用市场来传播自由民主思想和价值观念，向第三世界销售它们的大众文化产品，进行文化渗透，从而来塑造这些国家人们的价值观念、行为模式等，以此来巩固其霸主地位。如今，我国传媒被西方大众文化占据了很多的时空，在这种情况下，对大学生的影响是不言而喻的。大学生很容易产生这样的错觉：西方人都像那些"大片""肥皂剧"中展现的那样"潇洒"地生活。西方物质的极大丰富是不可否认的，但是相当一部分大学生认为西方文化代表了人类的共同价值，西方文明是我们理想的发展方向。他们对外来文化盲目崇拜，对西方节日、饮食、服饰产生了浓厚的兴趣，不管是否有益，统统视为珍宝。吃过美国提子之后再去吃中国葡萄，就会嫌其皮厚、籽大，月饼、饺子没有麦当劳的汉堡好吃，民族戏剧、古典文学比不上好莱坞大片、欧美小说好看。他们对中国传统的春节、元宵节、端午节、中秋节越来越不感兴趣，反而热衷于过圣诞节、情人节等节日，认为中华民族的文化传统已经过时了。部分大学生对西方文化的认同，使得他们对本民族文化造成错误的认知。然而，文化的背后就是意识形态的入侵。一些国外媒体对我国长期采取敌视态度，运用各种各样的文化产品来传播他们的文化，达到意识形态同化的目的，这对高校大学生文化价值观产生了极为消极影响。另外，网络上又"创造"出一批网络流行语，粗俗的语言文化的传播损毁了中国传统文话阳春白雪的艺术。网络的隐匿性使很多大学生在网络上的不道德的行为也越来越多，例如，他们发表不负责、不道德的言论，甚至辱骂他人，这也是对中华民族传统语言文化的挑战和对中华民族传统文化的冲击。

（二）大众传媒对高校思想政治教育内容的挑战

1. 信息超量对思想政治教育内容造成干扰

在新媒体时代，大量的信息和素材丰富了高校思想政治教育的内容，传播内容呈现出多元化的特点。与以往大众传媒形式相比，新的媒体形式承载的信息量可以说呈几何级倍数增长。比尔·盖茨曾说过："信息在你指尖。"现在我们不需要打开书本，不需要收看电视，只需要打开电脑，点开手机，海量的信息就会走进我们的视野。由于信息传播速度快、范围广，高校思想政治教育内容有时与社会发展具有不同步性，造成了思想政治教育话语滞后于社会发展。受教育者可能与教育者同时获得信息，甚至先于教育者获得信息。这种话语的不对称使教育者和受教育者之间难以使用思想政治教育话语进行有效沟通。

在获得的大量信息中，也许有的信息是无用的，这样的信息就是"信息噪音"。这些信息不仅不能真正丰富高校思想政治教育的内容，反而碎片化的信息可能会给高校思想政治教育内容带来干扰。高校思想教育的内容是由教育者传授给受教育者，这就需要高校思想政治教育者在面对大量的信息时，要采用最新的信息进行思想政治教育，并对信息进行分类、净化和有效的管理。只有这样才能不断地补充思想政治教育教材内容的不足。而对其中无用信息的浏览，势必也会严重占用高校思想政治教育者的时间。更为严重的是，铺天盖地的信息还有可能干扰教育者的思维，麻木学生思辨的意识，并使他们因为依赖网络上已有的信息而失去独立思考的机会，而影响他们对信息内容的正确选择。受教育者因为接触更多的信息，甚至还会对高校思想教育内容产生怀疑，对事物的审美判断失去自我。对一直进行积极方面教育为主的高校思想政治教育而言，信息超量也会对其所传授的内容进行冲击。

2. 信息污染对思想政治教育内容造成干扰

信息污染是指"媒介信息中混入了有害性、欺骗性、误导性信息元素，或者媒介信息中含有的有毒、有害的信息元素超过传播标准或道德底线，"❶特别是随着新媒体的发展，一些别有用心的传播者，由于个人利益的驱使，在网络上传播一些娱乐、虚假的、不健康的信息。著名传播学者维尔伯·施拉姆在对美国大众传播媒介的实证研究基础上提出："大众传播主要被用于娱乐的占有的百分比大得惊人。几乎全部美国商业电视，除了新闻和广告（其中很大一部分也是让人消遣）；大部分畅销杂志，除了登广告那几页；大部分广播，除了新闻、谈话节目和广告；大部分商业电影；还有报纸内容中越来越大的部分——都是以让人娱乐而不是以开导为目的的。"❷ 这些不良的信息对"三观"正处于形成期的大学生来说，很容易使他们受到误导，对高校的思想政治教育产生了不良的影响。

污秽信息充斥在互联网上，包括淫秽色情、暴力、低级趣味的信息还有封建迷信等一些不健康的内容，都严重地腐蚀了人们的心灵。一网民在总结网上不良信息的危害时说："上网的毒害太大了，上一天网，我需要看一个月的正面信息才能消除；一个月只是一个疗程，假如消除不了的话，还需要再看一个月。"虽然此话有些夸张，但是它反映了媒介传播的信息中充斥着许多迎合人们低级趣味的内容。垃圾邮件也在互联网上肆虐，用户通过网络会收到很多商业广告的邮件，不经请求，就可以轻松而快速地传输到用户的

---

❶ 邵培仁.大众传播中的信息污染及其治理[J].新闻与写作,2007(3):22.

❷ 威尔伯·施拉姆.传播学概论[M].何道宽,译.北京:新华出版社,1984:37.

信箱中。垃圾邮件的数量可能比正常有用的邮件还要多，这往往使那些有用的信件都被埋没，既浪费时间，又影响用户查看有效邮件。此外，互联网上还有很多虚假信息。互联网的开放性让每一个人都可以成为信息的发布者。因为目前缺乏严格的审核和把关制度，很多虚假、错误的信息涌入互联网中，给了信息造假者许多可乘之机。很多捕风捉影甚至是主观臆测的东西大行其道。大量网络论坛中的观点并不是从实事求是与理性的视角中产生的，社会的阴暗面与人性的弱点被放大，从而导致部分网民心态由积极转为消极。这不仅影响着学生对于有效信息的选择与利用，还会让一些虚假的信息占用资源，误导学生的行为。互联网的自由性、互动性填补了以往传统媒体很少触及的信息和意见空白。互联网集中了社会上的大多数负面情绪，并给很多人留下了它们就是中国社会主流情绪的印象。互联网上经常关注低概率的负面事件，而"坏消息就是好新闻"几乎成为媒体公认的信条。而西方媒体更是如此。"他们从来不报道经济上的好消息，就如同他们从不报道伊拉克战争的好消息那样。"❶ 正面的、积极的消息被视为枯燥无味，不被大家注意，负面消息则更容易吸引大家的"眼球"。它们的低概率特征被忽略，不断制造出一个错觉：负面性被越说越像，越说越真，大家彼此印证。我们可以发现，随便打开一个门户网站都会发现大量的夸张标题，拿 2015 年 7 月 17 日人民网每日新闻排行榜前十条为例：

（1）警方调查试衣间视频来源 男女主角被"人肉"新京报。

（2）NASA 公布冥王星局部特写"冥王心"命名为汤博　人民网。

（3）母亲怀上二孩 大二女儿想不开半年对其不理睬　重庆晚报。

（4）"大师"王林被指涉绑架杀人 徒弟遭碎尸抛湖新京报。

（5）百元一斤的大虾竟是"注胶虾"三大疑问待解　今日早报。

（6）湖南一楼房满墙尽带"钢盔甲"　人民网。

（7）成都广场爆炸案犯狱中病亡 美借此指责中国人权　人民网–环球时报。

---

❶ Paul Krugman. The Conscience of a Liberal[M]. New York：Penguin Press,2007：200.

（8）信用卡透支6毛钱6年后欠费近万 买房才知进了"黑名单" 扬子晚报。

（9）打死都不能吃的"砒霜"食物排行榜 人民网。

（10）达州疑现水怪 形似牛头掀几十米巨浪 南方网。

从中不难发现，最正统的官方新媒体为了赢得受众都不得不迎合这种现状：社会负面新闻明显多于舆论引导新闻，五花八门的中国社会被互联网筛选成一个灰暗的模板，发表不同意见的人经常受到围攻和"制裁"……长此以往，大学生难免会形成一个负面的刻板印象。因此，高校思想政治教育工作者在进行思想政治教育时，必须加强对教育内容的判断与甄别，净化网络内容。但是，由于网络的开放性和传递信息的隐蔽性，教育工作者很难在网络的汪洋大海中挑选出尽善尽美的内容提供给大学生。新媒体对于思想政治教育工作存在的消极影响，使高校思想政治教育的舆论导向的难度增加，减弱了思想政治教育工作者利用有用信息的功效，给高校思想政治教育工作又一次敲响了警钟。

3. 对思想政治教育内容结构的挑战

当今高校思想政治教育效果受到影响，其中一个重要原因就是在大众传媒的影响下，大学生已经不满足于现行的思想政治教育内容。满堂的政治说教和伦理规范不再适用。内容陈旧，缺乏与时俱进，有的过于理想化，无法与社会实际相联系。由于内容结构的不完善，诱发了消极因素的产生，使高校思想政治教育工作表现为理论脱离实际，难以引起学生的兴趣。有一份关于对高校思想政治课学生满意度所做的调查，❶ 其中"内容新颖，能激发学兴趣"和"内容联系实际，贴近学生生活"两项满意度接近3.00（满分5分），代表的是一般满意见表3-5。这说明，现在的思想政治教育内容不能够满足学生的需求。在"使您收获最多的教学内容是什么"的调查中，有53.30%的学生选择"与生活联系紧密"，有45.50%的学生选择"能够学以

---

❶ 吝鑫娜.高校思想政治课学生满意度研究[D].武汉:武汉科技大学,2013.

致用"，有41.20%的学生选择"材料新颖，能激发学习兴趣"，见图3-3。这说明，学生把思想政治教育内容是否能够联系实际看成很重要的满意度因素。

表3-5 教学内容测量指标满意度

测量指标	满意度均值
内容联系实际，贴近学生生活	3.39
内容新颖，能激发学习兴趣	3.18
内容结构合理、紧扣主题、重点分明	3.57
能根据教材内容扩展，而非照本宣科	3.83
能掌握最新相关知识与动态	3.57

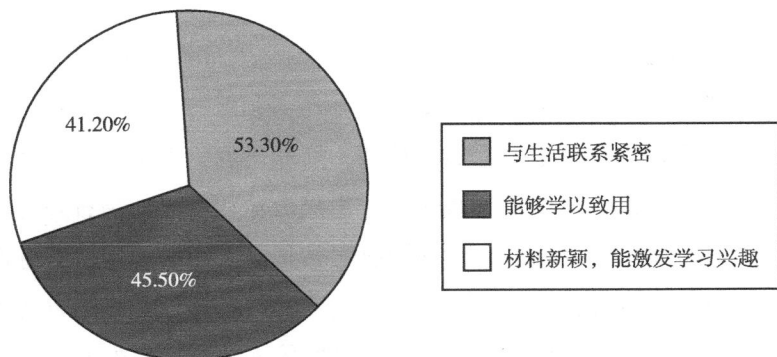

图3-3 学生收获最多的教学内容

因此，在高校思想政治教育中，应注意强调内容的政治主导，但不能以德行塑造等同于政治生活，不能与现实生活相脱节，不能背离大学生的生活实际；强调内容以知识为本，但不能偏离对人的全面发展的终极关怀；强调内容的统一性和规范性，不能忽略思想政治教育对象的层次性和差异性，更不能忽视思想政治教育内容的丰富多彩和生动形象。❶

新媒体时代对优化高校思想政治教育内容结构提出了迫切要求。高校思

---

❶ 季海菊.新媒体时代高校思想政治教育研究[D].南京:南京师范大学,2013.

想政治工作者应将新媒体的教育功能纳入思想政治教育体系中来。信息传播内容的多元性、开放性、资源的共享性相互交织，将新媒体环境下的舆论阵地、学习阵地和生活娱乐阵地作为思想政治教育工作的新切入点，不断创新，积极整合新媒体的优势资源。当然，高校思想政治教育内容结构的优化或创新，并不意味着否定过去，而是要在坚定正确的舆论导向的基础上，用先进的主流文化占领网络阵地，营造积极向上的网络舆论氛围，继承传统，紧密结合新媒体时代特征，不断优化和调整，为教育内容注入新的"血液"，使思想政治教育的内容更为大学生所喜爱和接受。

（三）大众传媒对思想政治教育者的挑战

1. 话语滞后使思想政治教育话语失效

传统的思想政治教育是以赫尔巴特的"三中心"（教师中心、课堂中心、书本中心）为典型代表。赫尔巴特认为："学生必须保持一种被动状态……教师讲课时实际上就是在决定学生们的精神，培养正确的思想；而正确的思想又导致与之相符合的行动。"[1] 总而言之，思想政治教育活动是教师对学生世界观、人生观和价值观的改造。大众传媒尤其是互联网的发展，信息可以超越时空的局限，深入社会的每个角落，受教育者与教育者在相同时间获得信息。甚至比教育者更先获取信息，由于信息的传递具有交互性的特点，信息的发送者既是发送者也可以成为接收者，这就改变了传统媒体在传播信息过程中受众的被动地位，同时也产生了高校思想政治教育活动中话语传播不对称的问题。新媒体时代，在虚拟空间里，每个主体都是平等的，双方都拥有平等的话语权，由于受教育者可以通过网络获取大量的信息，因此在课堂教育中教育者和受教育者在很大程度上处于同一个"信息平台"，受教育者的主体意识、创新意识和平等意识不断增强，他们注重个性和自我价值的实现。他们不再是被改造的客体，原来高校思想政治教育中"主体—客体"之间的

---

[1] S.E.佛罗斯特.西方教育的历史和哲学基础[M].吴元训,译.北京:华夏出版社,1987:458.

关系越来越弱化，加上大学生强烈的好奇心和对新鲜事物的敏感性，使他们成为最早的信息接收者和使用者。教育者可能会处于信息的劣势，其宣传教育的地位受到动摇，控制式或劝导式的话语传播方式失效，大大降低了教育者话语的权威性和影响力。

2. 对思想政治教育者传统素质的挑战

大众传媒使人们无时无刻不被信息所包围，但多元的大众传媒形态，互动性的虚拟世界，鱼龙混杂的传媒信息，都不可避免地给思想政治教育者带来影响。在传统的思想政治教育的环境中，高校思想政治教育工作者的逻辑思维往往是单向的灌输。教育信息一般也是经过教育者严格的筛选和整理后再传授给学生，学生完全按照教育者的意志达到预期的效果。在以前信息比较闭塞的年代，尽管这种思维十分机械，但不容否定的是，它对培养和教育那个年代的青年学生发挥过重要影响和作用。但随着大众传媒的发展，大众传媒市场化，为吸引大众"眼球"，为了获得更多的商业利润，在一些电视和网络中出现了猎奇媚俗、色情暴力的倾向，甚至还存在危害国家安全、社会稳定的信息。我们必须看到，西方国家的资产阶级意识形态正在通过各种渠道向社会主义国家传播和渗透，对社会主义国家的人们具有极大的腐蚀作用，对受众特别是青少年的心理健康、价值导向都产生了不容忽视的负面影响，消解了思想政治教育的效果。在互联网迅速发展的今天，人们的思维方式已经发生了深刻的变化，在这种大的社会背景下，传统的高校思想政治教育模式已经与现实社会脱节，而一些高校思想政治教育工作者却仍然固守传统的思维，习惯于用传统思维来分析和解决在新媒体环境下所出现的各种思想认识方面的问题。不重视大学生的情感体验，可能会事与愿违，往往会成为高校思想政治教育取得实效性的障碍。由于新媒体具有极大的互动性和融合性，因此它能够将不同形态的内容通过不同的媒体形态的融合并传播出去，大学生的主体意识极大地调动起来，对高校传统单一和封闭的教育模式产生了巨大的冲击，带来了思维的空前变革。

在新媒体时代，高校思想政治教育工作者必须认识到，传统的思想政治教育方式已经远远不能适应新时期高校思想政治教育的需要。面对新媒体所产生的种种消极影响，以及大学生群体出现的各种思想道德方面的问题，不能仅仅从一个角度去分析研究，而必须多角度地、多学科地进行思考，只有这样，才能打通思想政治教育的通道，实现思想政治教育的目的和要求。大众传媒带来复杂的环境和良莠不齐的传媒信息，网络化条件下西方价值观念的冲击，对思想政治教育者的传统素质提出了挑战。邓小平同志指出，"一个学校能不能为社会主义建设培养合格的人才，培养德智体全面发展、有社会主义觉悟的有文化的劳动者，关键在教师。"❶ 思想政治教育者的素质是做好思想政治教育工作的前提和基础。教育者如果做不到自我提高，不努力完善自己的知识结构，不提高政治素质、文化素质、专业知识素质和运用新媒体的能力，就谈不上教育者主导性的发挥。二十世纪九十年代以来，随着大众传媒的发展，尤其是网络的发展，教育者还要具备信息加工能力。如果教育者不了解媒介，不会使用最新的传媒技术，如利用网络来获取最新的信息和资源，那么在信息获取方面必然处于劣势。因此，教育者需要树立创新观念，增强创新意识，高校思想政治教育的内容和形式要不断与时俱进，思想政治教育工作必须体现时代性，引导大学生进行道德自律。

（四）大众传媒对高校思想政治教育环境的挑战

1. 传媒的开放性对高校思想政治教育环境的影响

随着互联网技术的不断发展，以及手机的普及，人们获取信息的渠道越来越多，人们可以快捷、方便地获取海量的信息。由于网络的开放性，也使信息的扩展能力远远超过了以往，使世界各国、各地区的社会文化可以在网络上广泛的传播。有专业人士称，新媒体的出现已经不再是工具，而是形成了一种环境。尤其是西方发达国家的文化，凭借其雄厚的经济实力、强大的科技优势和所掌握的信息优势，自然而然地成为网络上的流行文化，并且有

---

❶ 邓小平.邓小平文选(第2卷)[M].北京:人民出版社,1994:108.

意识地对其他国家进行意识形态和价值观念的渗透，使别人接受他们的信仰和价值观。尽管网络文化是多元的，但事实上，谁掌握着高科技的优势，谁就掌握着世界的霸权。统计表明，全世界 45 个国家的官方语言是英语，世界上 1/3 的人讲英语，75% 的电视节目是用英语传播的，80% 以上的科技信息用英语表达，几乎所有的软件源代码是用英语写成的。"语言总是浸润着意识形态的。它浸润着政治体制、价值体系和宗教文化的成分，如水化盐，不可不多加体察。"❶ 因此，在新媒体背景下，互联网技术的发展使非英语的国家也受到了网络文化的侵略。随着我国的开放，各种西方观念通过传媒不断涌入我国，导致部分大学生政治意识淡化。同时，互联网也带来了社会道德的开放性和多元性，往往会产生一些道德失范的内容，大学生对网络空间的重视程度远远要高于现实空间。再加上一些大学生的自我控制能力不强，对未知事情充满了好奇心，使他们有时会变得无拘无束，世界观、人生观和价值观出现混乱，甚至出现重大的偏离。大学生接收信息的渠道是多元的，有些来自思想政治理论课课堂上，有些来自公开媒介，但在这些信息渠道中，必须让思想政治理论课的课堂成为思想政治教育的"主渠道"。因为这是大学生所有的信息渠道中，唯——个以马克思主义为指导的，以培育正确的世界观、人生观和价值观为核心内容的，通过公开的灌输方式系统地进行信息传播的渠道。

高校思想政治教育一直是由主流优秀文化为根基，因而使思想政治教育工作能够得以延续。现在高校的文化环境已经发生了重大变化，在网络语言、亚文化氛围之中，传统的思想政治教育出现文化辅助断裂已成必然。所谓亚文化（subculture），又称小文化、集体文化或副文化，是指某一文化群体所属次级群体的成员共有的独特信念、价值观和生活习惯。与主文化相对应的那些非主流的、局部的文化现象，指在主文化或综合文化的背景下，属于某一区域或某个集体所特有的观念和生活方式。亚文化不仅包含与主文化相通的价值与观念，也有属于自己的独特的价值与观念，而这些价值观是散布在

---

❶　潘家云.软新闻的语言变异探悉[J].外语与外语教学,2005(6):59.

种种主导文化之间的。主流文化、优秀文化对大学生思想教育的辅助是必然需要的，并未过时，只是需要加以改进和调整，使之在内容上更加符合当今新媒体时代的发展要求，更好地体现与时俱进。因此，高校思想政治教育工作的有效开展，如果离开主流精英文化的辅助，就会使思政教育失去肥沃的土壤。各种亚文化大行其道，给正确的舆论导向造成了不小的冲击，弱化了高校思想政治教育的导向功能，影响高校思想政治教育的效果。

2. 传媒环境的虚拟性对高校思想政治教育环境的影响

李普曼认为，多数人都生活在一个"不可能、不可见、不可思议"的"脑海图景"之中，即生活在一定的拟态环境之中。这个虚拟环境是由传媒特别是网络为我们营造出来的。它并不是现实环境的镜子式地再现，而是传播媒介通过对象征性事件或信息进行选择和加工、重新加以结构化以后再向人们提示的环境。对高校学生来说，现实生活中不能满足的，可以在虚拟世界中得到。因此，高校学生越来越青睐网络，喜爱微博、微信等新媒体形式。新媒体打破了传统媒体在时间、空间、速度上的局限。在网络所营造的这个虚拟环境里，学生可以抛开平日的身份，摆脱学校、老师、家长约束和限制，塑造一个幻想中的自己。网络虚拟性往往使高校那些面临压力的学生可以暂时逃避现实生活的压力，他们可以宣泄、释放自己的感情，但是长久逃避现实世界的人，他们往往不愿与人真实地交流思想和情感，甚至会产生抗拒心理。尤其当他们在现实生活里遇到挫折时，就更倾向于虚拟的网络环境。比起现实的教育，他们更愿意在网络里寻找陌生人给予的慰藉和"心灵鸡汤"。他们认为，只有在网络中才能弥补自己对现实世界的失望。长此下去，一些学生会形成消极避世的态度，出现信任危机。同时，网络上不负责任的引导可能会将学生引向不正确的道路。例如，现在流行的微博，可能只有短短几十个字，却有着巨大的传播能量。面对微博，每一个人都可以是信息的传播者。微博的传播内容良莠不齐，有很多有价值的信息，也有不少不良信息。它在传播正能量的同时，也发布一些负面的、消极的内容。现在的大学生几乎每天都离不开微博。在校园里，几乎所有的同学都有微博。那么，对于世界观、人生观和价值观正在发展和形成的高校大学生来说，很容易给他们造成"信息污染"。学生沉溺于虚拟的网络环境，而教育者得不到反馈，对于高校思想政治教育工作来说提出了更高的要求。

在传统的大众传媒时代，我们大多依赖报纸、书刊、广播、电视等为主的媒体，传递信息量没有那么大，并且是传播的信息也是经过审核达到要求的。但是随着新媒体的发展，特别是网络技术的发展，信息的传播出现了很大的自由性和随意性。现在，在新媒体的背景下，高校的思想政治教育工作很难从众多的信息中甄选出尽善尽美的资料。在这个过程中，往往会产生一些道德失范的内容；再加上一些大学生的自我控制能力不强，对未知事情充满了好奇心，因此，对于在网民群体中占绝大多数，人生观、世界观和价值观尚未完全形成的高校学生，不良信息会产生不好的影响。在这种虚拟环境下，大学生利用网络与任何人任意进行平等的交流。这种随意性很容易使大学生接受，而他们中的一部分人却不愿意把自己的想法反馈给高校思想政治教育者，从而降低了反馈信息的真实性，使高校思想政治教育面临更加复杂的教育对象与教育环境，给高校思想政治教育带来了严峻的挑战。

3. 传媒自身的倾向性对高校思想政治教育环境的影响

在传统媒体传播环境下，高校思想政治教育者常常就是信息的传播者，而受众就是受教育者。教育者的这种一致性对于高校思想政治教育是非常有利的，因为受教育者的信息来源比较单一。然而，伴随着新媒体的发展，高校思想政治教育的这种传统优势被打破，各种传播主体各有目的地传播自己的信息。不同的价值观影响着受众，对青年思想政治教育工作的有效性造成了一定的冲击。由于大众传媒自身所具备的倾向性，因此传播的信息与实际存在的客观现实之间存在着很大的偏差。此外，这种影响还不是短期的，而是一个长期潜移默化的过程。它在不知不觉当中影响着人们对某些事件的认知。因为媒体传送给受众的不仅是信息，而且更重要的是对观点、导向的输入。

加拿大传播学者麦克卢汉曾经说："报纸是偏见的产物，小报是坦诚的偏见，严肃报纸是曲折的偏见。"我国现今新闻界也大量存在着受利益的驱使，为了突出新奇性、追求"眼球效应"，而主动或被动地淡化或放弃作为社会公器的责任。例如，媒体在一段时间内，对农民工犯罪问题进行了集中报道，使受众对农民工产生负面的刻板印象，自然而然会对这一群体产生歧视和偏见，拉大了农民工群体与社会其他群体的距离，使农民工群体无法融入主流社会。事实上，对于这种社会上早已存在的歧视，作为媒体没有去抵制，而是将这种影响有意无意地带到对农民工的报道中，使受众更是强化了这种观念。所以说，刻板印象的形成是媒介长期"培养"的结果。

道格拉斯·凯尔纳认为："媒体文化渐渐主宰了日常生活，成为我们的注意力和活动中的一种无所不在的背景，常常也是富有诱惑力的前景。对此，许多人认为，它们正在暗地里破坏着人的潜能和创造力。"[1] 在新的历史语境下，思想政治理论课区别于其他渠道的功能，就是要提供给大学生从正面整合其他信息渠道内容的工具，引导学生学会用马克思主义的立场、观点和方法分析问题，在面对纷繁复杂的传媒环境时，能对各种信息和问题做出正确的理解，增强对污染性信息的抵抗能力。高校思想政治理论课不能独立于社会信息环境之外，但是它又必须高于一般的信息渠道，保证其正面的主导价值、系统的方法论特征和从理论高度关涉现实的能力。

大众传媒是实现思想政治教育的重要渠道之一。一个自然人之所以能够接受民主意识、法制意识、平等意识、权利意识和责任意识，成为一名合格的、现代的社会主义建设者和接班人，离不开学校、家庭和社会的思想政治教育。而大众传播媒介在高校的思想政治教育中无疑发挥着不可替代的作用。尽管大众媒介存在一些弊端，但与其他思想政治教育渠道相比，大众媒介不仅以其超时空性、广泛性、丰富性和即时性体现出优势，而且在辅助其他教育手段上也发挥着重要作用，如空中课堂、电化教育、远程教学等。因此，在二十一世纪的今天，在我国高校进行思想政治教育，决不能忽视大众传媒的作用。

---

[1] 道格拉斯·凯尔纳.媒体文化:介于现代与后现代的文化研究、认同性与政治[M].丁宁,译.北京:商务印书馆,2004:12.

第三节　传播效果理论及其对高校思想政治教育的启示

效果是传播目的的体现，那么何为传播效果？简单来说，大众传播效果就是传播者发出的信息内容对于受众所产生的影响程度，体现在受众思想观念、行为方式等的变化。从狭义上说，它指的是传播者的传播行为在传播对象身上引起的心理、态度和行为的变化，是传播者实现其意图或目标的程度；从广义上说，它是指传播行为对于受众和社会客观上产生的一切影响和结果。一般来说，大众传播效果研究有两个层面：一是微观方面，大众传媒发出的信息对个人产生的效果分析；二是宏观方面，大众传媒对社会产生的综合影响分析。传播效果研究史上产生过许多经典案例，堪称传播研究的"里程碑"。美国学者希伦·A·洛厄里与梅尔文·L·德弗勒梳理了过去60年传播学者对大众传播效果研究的14个经典案例，他们认为这14个经典的效果研究直接揭示了大众传播的效果。这14个经典的大众传播效果研究分别是：① 佩恩基金研究：电影对儿童的影响；② 火星人入侵：广播如何使美国陷入恐慌；③ 人民的选择：政治宣传中的媒体；④ 日间广播连续剧的听众：使用与满足；⑤ 衣阿华杂交玉米种研究：创新的采用；⑥ 电影实验：第二次世界大战中对美国士兵的说服；⑦ 传播与说服：寻找魔力要素；⑧ 个人的影响：两级传播；⑨ 里维尔项目：作为最后一种诉求媒介的传单；⑩ 儿童生活中的电视：早期研究；⑪ 新闻的议程设置功能：思考什么；⑫ 暴力与媒体：动荡的二十世纪六十年代；⑬ 卫生局长报告：电视与社会行为；⑭ 电视与行为：十年科学研究的演进。❶ 传播效果研究的历史很短，但却经历了艰难曲折的过程。而在第二次世界大战之前，对于传播的研究就已经开始。在第一次世界大战期间，欧洲就开始利用传播进行政治宣传活动，对本

---

❶ 希伦·A·洛厄里,梅尔文·L·德弗勒.大众传播效果研究的里程碑(第三版)[M].刘海龙,译.北京:中国人民大学出版社,2009.

国政治进行鼓吹,称之为"宣传战"或"报纸战",取到了很好的劝服效果。第二次世界大战之后,传播的研究开始专业化,关于传播效果的研究也进行了多次翻新。其中,有代表性的研究人是赛弗林和坦卡特,他们将大众传播效果历程分为四个阶段,即早期的盛行于二十世纪二十年代至二十世纪四十年代的"枪弹论",二十世纪四十年代至二十世纪六十年代的"有限效果论",二十世纪六十年代至二十世纪七十年代的"适度效果论"及二十世纪七十年代之后的"强大效果论"。

一、枪弹效果论

枪弹效果论,即子弹论,也叫皮下注射论或刺激反应论,盛行于二十世纪二十年代至二十世纪四十年代。这一时期对传播媒介的利用达到空前的程度。这一理论认为大众传媒有不可抗拒的巨大力量,软弱的受众像射击场的靶子一样,无法抗拒子弹的射击。传播媒介所传递的信息在受传者身上就像子弹击中身体或者药剂注入皮肤一样,可以引起直接速效的反应。受众消极被动地接受媒介所灌输的各种思想、感情和知识,甚至被其所支配。受众对大众媒介的信息产生大致相同的反应。"子弹论"起源于第一次世界大战。当时,各交战国的宣传都起到了很大的作用。第一次世界大战之后很多有关研究宣传问题的著作问世。其中,拉斯韦尔的《世界大战时期的宣传技巧》一书在政界和学界都引起了不小的反响。在两次世界大战之间,人们对于大众传播媒介的重视和对于其威力的敬畏,可以说是与日俱增。随着广播技术的发展和成熟,其影响力也是越来越大。1933 年 3 月 12 日美国总统罗斯福通过广播向美国人民发表了"炉边谈话",最大限度地利用了媒介,推动其"新政"的实施。二十世纪三十年代,媒体广告业的迅速发展,引领了全世界的生活消费风尚,使美国经济渐渐复苏,广告成为其经济振作的"助推器"。1938 年 10 月 30 日,美国哥伦比亚广播公司电台播放了根据英国著名科幻小说家威尔斯的小说《星际大战》改编的《火星人进攻地球》,震惊了当时的很多听众。该广播剧尚未播完就引起了民众的恐慌。尽管电台一再说明这是在演戏，但是仍然有大批听众信以为真，以为火星人正在进攻地球，纷纷向外地逃亡，造成一片混乱。这一经典案例在一定程度上验证了传播的巨大影响力。当然，这一理论还缺乏科学认证，只是一种记者的"发明"。这一理论体现了唯意志论观点，过分夸大了大众传媒的作用。它一方面忽视了影响传播效果的其他因素，以偏概全；另一方面也忽视了受众的积极作用，否定了受众对信息的选择和使用能力。因此，这一理论逐渐被其他理论所代替，从主观认识逐步转向系统的社会学实证研究。

二、有限效果论

有限效果论又称为最低效果法则。这一理论产生于二十世纪四十年代。有限效果论否定了早期枪弹论的观点。它认为，大众传播媒介是可以产生效果的，但它的力量是有限的。传播活动是传受互动的过程，受众是具有不同特点的个体，而不是应声而倒的靶子。大众媒介的效果由于媒介性质及其在社会中的地位而大受影响。大众传播没有力量直接改变受众对于事物的态度。媒介不是影响受众的直接和唯一的因素，许多其他因素起着重要的作用。这一理论的研究者主要是拉扎斯·菲尔德（P. Lazarsfeld）、凯兹（E. Katz）、克拉珀（J. T. Klapper）。克拉珀在其《大众传播效果》一书中说，大众传播在通常情况下不是促使受众产生效果的必要和充分原因，它只不过是众多的中介因素之一，而且只有在各种中介因素相互影响下才发挥作用。他认为：① 传播媒介不像一般人认为的那么万能，没有任何研究能够显示注意传播信息与态度行为改变之间的因果关系；② 许多研究发现，传播信息的确对受众产生了一些效果，知识效果都非常有限；③ 信息能够产生效果的情况，比早先社会科学家所假设的要复杂得多。❶ 拉扎斯·菲尔德等人在1940年的美国大选中对媒介如何影响选民投票意愿进行了研究，并将调查报告写成著作《人民的选择》（*People's Choice*）。调查结果表明，只有约8%的人由于竞选活

---

❶　S.A.劳沃瑞,M.L.德福勒.传播研究里程碑[M].王嵩音,译.台北:台湾远流图书出版公司,1993:178.

动改变了投票态度，而其中只有少数人是受到大众传播的影响。那么是什么因素决定选民的投票呢？经过研究发现，大众媒介的影响通常经过中介因素产生，而这个中介因素就是指"意见领袖"。所谓"意见领袖"是指在传播过程中，信息并不是直接被受传者所接受，受传者也并不是直接受传播内容的影响，中间还要经过一个在某方面有权威的人，即"意见领袖"去影响他周围的或集团里的其他人。凯兹和拉扎斯·菲尔德认为，大众媒介传递的信息首先经过"意见领袖"，然后再传递到其周围的其他人。人们一般会听取"意见领袖"的看法再进行判断，实际上传播就经过了两个阶段，"二级传播"由此而来。在拉扎斯·菲尔德之后，也有些学者认为"意见领袖"理论并不符合实际。作为"意见领袖"的这个人可能在某一方面具有权威性，但在别的方面他可能就没那么出色，而处于一般群众的位置。处于这个角色的人必须具备一定的地位，拥有渊博的知识，并且受人尊敬。同时，还有人提出传播的过程不只是两级，而是"多级传播模式"。

三、适度效果论

适度效果论是在二十世纪七十年代提出的。这一理论认为，大众传播对于受众虽然没有枪弹论所认为那样直接的、立竿见影的效果，但是也不像有限效果论说的那么不堪。它仍然是具有一定影响的。它认为，大众传播的效果在不同条件下有时威力巨大，有时效果微弱或不明显，有时介于这两者之间。该理论认为，过去的研究只注意了"大众传播对受众成员做了什么"，太单一化。因为受众态度、思想、行为等方面都是各不相同的，因此不可绝对而论。该理论开始从受众这个角度来衡量，关注"受众对大众传播做了什么"，同时认为影响应从长期效果来衡量。它主要包括"信息寻求"范式、"使用与满足"模式、"文化规范论""议题设定"等。"信息寻求"一词是1959 年美国学者卫斯特莱和小巴洛在名为《新闻信息寻求行为的调查》中首次提到的。这一范式来源于社会心理学中"态度一致性理论"。它是指一个人具有某种心理倾向，就希望找到一些与自己观点相一致的信息支持自己固有的观点和立场，而回避与自己不一致的观点，来获得某种心理平衡。该范式研究的焦点放在受众在传播活动过程中的行为上。一些研究表明，信息接收者会寻求信息佐证自己的观点，选择的信息受个人特效和内在兴趣的影响。"使用与满足"理论与"信息寻求"范式是密切相关的。这一理论也是着眼于受传者，由研究媒介如何影响受众转向研究人们如何达到自己的需要而使用媒介。媒介传播的信息必须加上受众的配合才能产生效果，媒介的效果只有在满足受众的需要时才能体现出来。从这个意义上说，媒介的效果是有限的。"文化规范论"认为，大众传播经常报道或突出某一事物，会在受传者之间形成一种印象或概念，认为媒介传播的现象符合社会文化规范，或成为一种社会准则，从而便去效仿，这样大众传播媒介便简洁地影响受传者的行为。

四、强大效果论

从有限效果论到适度效果论，其实是对大众传媒影响力的逐步肯定。一些传播学者在研究中发现，如果媒介的运作按照一定的条件运作，那么大众传播就会产生强大的效果。1973 年，德国学者诺埃尔·纽曼在《重归大众传媒的强力观》一文中最早明确提出了这一观点。她认为，以往的研究低估了大众传媒对舆论的强大效果，实际上大众传媒的累积性、普遍性、和谐性的有机结合，能够有力地影响或塑造社会舆论。前两个特性容易理解。所谓和谐性是指运用不同的大众传播媒介长时间报道同一个内容，就每一个问题采取一致的行动。该理论重要原则是在一定的社会、历史、文化境况中，如果能够顺应事态的客观发展和公众普遍的内在需求；如果能够抓住时机，控制局面，规导受众的感知、认识、情绪和行为；如果能够根据传播理论的原则，谨慎地筹划节目和传播运动，确立明确的传播目标，妥善重复有关信息，那么大众传媒就可以产生强大的效果。它主要的理论有"议程设置"理论和"沉默的螺旋"理论。1968 年，"议程设置"理论由美国学者麦康姆斯（M. Mclomds）和唐纳德·肖（D. Shaw）进行了首次实证性研究。他们所研究的内容是：在美国大选期间，对北卡罗来纳州查波希尔地区的选民进行调查，该地区选民最关注的新闻事件是什么，选民使用哪些大众传播媒介及注意哪些内容。通过分析研究，他们在后来发表的《大众传播的议程设置作用》一文中得出这样的结论：大众传播媒介对所调查的选民具有议程设置作用，传播媒介所报道的新闻与选民们所关注的主要问题之间有着密切的联系，媒介对认知有长期的效果。麦康姆斯还将"议程设置"理论分为三种不同的效果模式，第一种是知晓模式，即大众传播媒介报道或不报道某个议题，是影响公众是否知晓这一议题的主要因素。第二种是显著模式，即传播媒介对某些议题突出报道和反复报道，会引起公众对这些问题的突出重视。第三种是优先模式，即传播媒介对一些议题按优先顺序加以报道，会影响公众同样按媒介安排的顺序认定这些议题的重要性。原西德学者诺埃尔·纽曼对大众传播和舆论的关系进行了研究，提出了"沉默的螺旋"理论。经研究发现，人们在公开场合发表意见的时候，会自然地观察舆论环境，然后根据环境再表达自己的意见。这一理论的观点就是人们当发现自己属于"少数"或"劣势"意见时，一般人会由于环境压力而转向沉默或附和。在"劣势意见的沉默"和"优势意见的疾呼"的螺旋式扩展中，占优势的"多数意见"就产生了。当然，也有学者指出，这一理论存在缺陷，认为它夸大了人们对于被孤立的恐惧，忽略了个体的差异性，但这一理论对于如何做好舆论导向仍有重要的意义。

第四节　案例分析

案例一"别笑，我是思修课"❶❷ ——看中国人民大学思修课怎么上

　　"别笑，我是思修课"，是中国人民大学思想政治课团队推出的微信公众

---

❶　"别笑，我是思修课"——看中国人民大学思修课怎么上[N].光明日报,2015-06-18.
❷　以核心价值观引领青年担负时代重任[J].瞭望,2016(18).

号，成为运用"网言网语"讲说"大道理"的成功范例。浏览这个公众号可以发现，尽管其中发表的文章大多紧扣思政课教材内容，却更加注重表现形式和使用效果，以学生熟悉的语言讲述。比如，其中一篇名为《为了信仰，向死而生》的文章，从热播电影《风声》说起，与大学生讨论和平年代的信仰问题，引发广泛共鸣。

提起思修课，你会想到什么

《思想道德修养与法律基础》，在不少人眼中，漫长的上课时光、考前划重点时忽然爆满的课堂便是听到这长长书名后的第一反应。

但在中国人民大学，思修课是另外一番景象。"在大学的第一个学期，思修课就成了我每周最期待的课程，每次都有新的疑惑被解答、新的思想被激活、新的技能被'get'，特别享受这种'脑洞'大开的感觉。"这是中国人民大学一名大一的本科生在上完邱吉教授讲授的思修课后发来的短信。

这是一个怎样的课堂？为什么这门"大课"受到如此"追捧"？

"思修课是让人快乐的课"

"别笑，我是思修课"微信公众号图标是一张大大的笑脸。

中国人民大学学生孙艳说："原来思修课也是一门能让人忍不住微笑的课程，是让人快乐的课程。"

中国人民大学马克思主义学院教授、思修课教师王易告诉记者，用微信公众号的形式传播思想、吸引学生关注，这种尝试在全国还是第一次。

思修课助教张智说："很多刚刚升入大学的学生有先入为主的认识，认为大学思修课和高中思想政治课一样，以背诵为主。因此，我们的老师在上这门课的时候，总是力求有新意，希望引起他们的注意。"

王易说："思修课和大学生活息息相关，除了打好理论基础，还是大学生认识社会的方法论。"

于是，在这里，思修课从"远处的殿堂"上被请了下来，真正走入了学生中间。学生们排演小品、辩论、演讲，还组成各种学习小组，并给学习小组起了很有趣的名字，"思想自由奔放"的就叫"思奔小组"。

上学期，在"别笑，我是思修课"的微博上，开展了三个活动："爱国随手拍""道德那些事"和"这就是幸福"。学生们拍照片、发微博都是作业内容，于是，同学们兴趣高涨，不断刷新微博的点击量。

之所以把深奥理论融入新技术，张智这样解释："很多'90后'甚至'95后'的学生离不开微信微博，这已经是他们生活的一部分。我们认为，与其告诉大家上课关掉手机或者把手机上交，不如把大家的吸引力吸引过来，用他们喜闻乐见的方式，用符合他们的语言，用他们愿意听的话讲述这门科学。"

深究"大道理"，力拨"思想霾"

"实际上同学们愿意听理论，愿意听'道理'，就看你能不能说服他们。"王易说。

而这其中关于人生、关于信仰的"大道理"，要讲清楚谈何容易。人大思修课的老师们以科研促教学，对"大道理"进行了深入的研究，先后编写《信仰书简》《信仰追问》《因为祖国》《道德书简》等一批深受学生追捧的理论读物。

翻开已经荣获国家通俗理论读物奖的《信仰书简》，关乎信仰的问题扑面而来：什么是科学的信仰？信仰的力量来自何处？马克思主义的信仰与宗教信仰的区别在哪里？这些都是正处在精神世界塑造过程中的莘莘学子内心深处的困惑。在一封封情真意切的回信中，老师们围绕学生在学习、生活、就业等方面遇到的现实问题，回应和探讨信仰。

而很多道理就是在这师生情理互动、教学相长的过程中，悄然入脑入心。

除了深入研究"大道理"外，人大的思修课老师们密切关注和高度重视社会思潮对大学生思想的影响。近几年，历史虚无主义、普世价值、民主社会主义、新自由主义和消费主义等社会思潮泛起，许多学生被其中的一些观点和理念所裹挟。

王易说："社会思潮是社会生活的晴雨表，社会变迁的风向标，而高校历来是各种社会思潮最活跃的地方。社会思潮能够映衬出大学生的主要思想特征，也能够反映出大学生普遍关注的理论与实践问题。思想政治理论课教学需要正视社会思潮，让学生在深入学习思考的过程中逐步提高鉴别、甄辨的能力。"

"浸润心田的思修课"

尽管已荣获教育部"长江学者"等很多殊荣，刘建军教授却依然活跃在人民大学思修课教学一线。在刘建军的课堂上，每周 3 个学时，前两个学时讲理论，后一个学时重互动。诗歌、朗诵、话剧、小品，同学们在一起，讲爱国主义，讲理想信念。

刘建军班上互动小组组长阚磊说："为了做好互动，我们讨论过、争执过，甚至产生过矛盾，但最终都化作美好的回忆，感谢思修课让我们领略到理论的魅力，体会到成长的责任。"

《你的努力，就是国家未来的方向》就是学生在思修课结束后根据自己的感悟和成长拍摄的一部微电影。

微博、微信、微电影，思修课不再囿于课本、论文、试卷，而是以更新更快的方式融入大学生的圈子。

于是，很奇妙地出现了反转，运用最新的技术、方法来教授的课程，在学生上交的作业中，很多学生却没有用电脑，而是像小学生那样，一笔一画地手写。很多同学也许把这个当作与老师交流的小窗口，学生倾诉，老师解答。

就像他们的微博微信名称一样"别笑，我是思修课"，课程给同学们带来的精神愉悦，"想起来就要微笑"。而人大思修课老师们认为，这发自内心的、浸润心田的微笑是最可宝贵的。

【案例分析】

人民大学通过公众号来与学生沟通，辅助思修课教学，在国内思想政治类课程中，也算是个新鲜事物，但是微信微博对于大学生来说已是离不开的一部分，建立课程公众号就是一个"接地气"的行为，借助于大众媒介，将思想政治教育信息以鲜活立体的方式传递给学生受众。微博和公众号里，不仅有摘录的经典文段，还有互动活动，还会有一些关于大学生心理健康、求职技巧等实用的经验分享，并不是单纯地把"教学大纲"搬运到手机上，内容自然针对学生的需求，学生乐于接受，自然兴趣高涨，学习的氛围特别好。

案例二 "扶不扶"❶

2015 年 9 月 21 日，安徽淮南女大学生扶老人自称被讹一事，经过多天的持续舆论发酵，终于尘埃落定。淮南警方经过多方调查取证，认定这是一起交通事故，女大学生骑车经过老人时相互有接触，女大学生承担主要责任，老人承担次要责任。

一起普通的交通事故，由于关键视频缺失及事件双方各说自话，一度让真相陷入罗生门，最终经警方调查还原，认定双方"相互有接触"。然而，这一结论不免让当初坚信女大学生被讹的人们大跌眼镜。我们不禁要问，一起交通事故，因何在一开始就演变成一边倒式的舆论讨伐战？反观整个事件，暴露出的问题值得深思。

在真相不明，核心证据欠缺的情况下，是谁导演了"被讹"假象？

网友发帖寻证人

"@袁大宸"在微博上说："我是淮南师范学院一名大三学生，今早扶了

---

❶ 关注"扶不扶"：安徽女大学生连发多问"我做错了吗?"［EB/OL].（2015-09-24)［2016-12-12].http://jingji.cntv.cn/2015/09/24/VIDE1443056515336476.shtml.

一个摔倒老太太，看到情况严重就给她拨了120，结果老太太家属赖上我了要我全权负责，寻求今早路过师院大门口对面的目击证人，请给大学生一个公道吧。谢谢了"。

微博一发就迅速引起了广泛的关注，很多网友评论，力挺"@袁大宸"，认为她是善良的，做得对，谴责摔倒老太的家人；有的网友建议，如果一时找不到证人，"@袁大宸"也不必急着证实清白，既然人家说是她撞的，也得拿出相应证据才行。

网友"@任梵僮"在微博上表示，她是目击证人，可以作证。她发微博称："我觉得换作别人也一样会站出来维护正义，我们也是在外地上学的学生，看到做好事反被别人讹心里也是说不出的难受，只愿现在法律会公平公正，还好人一个说法。"正是这条微博，让舆论开始质疑并谴责"老太太碰瓷女大学生"，"扶还是不扶"再一次成为舆论热议的焦点。

女学生没撞人为何垫钱

而老人及其家属则对小袁的说法提出质疑。面对媒体采访，今年69岁的老人称，自己是被一名女学生骑着自行车撞的。被撞后，这名学生还将自己扶了起来。

老人的儿媳徐女士告诉记者，事发后，小袁是当着她面给她道歉，承认是自己不小心撞到了老人，周围还有围观者也听到了。但在之后，小袁又不承认是自己撞的，让他们心里很不舒服。

老人的家属还称，小袁到医院还把同学叫来，付了2000元医药费。如果不是她撞的，她会这样做吗？

老人一方请人拍视频作证 证人称女大学生曾承认撞人

出人意料的是，事件在9月13日开始陡转急下，网友"磊磊0324"在微博发布了3段视频，指证女生撞人，舆论哗然，女大学生成为舆论谴责的对象。3段视频，其中两段是目击者的口述，另一段是事发路段的一段监控视频。他称自己是"站在老人这边的"。

在一段视频中，一位女性面对镜头说自己叫朱道华，她说自己是"撞过人以后才到现场"。虽然没有亲眼看到小袁撞人，但她表示当时小袁承认过是自己撞的人。"我问大学生，是不是你撞的？她回答："是我撞的，是我撞的"，讲了两声。然后她说，"阿姨我不是故意撞的，我会给老奶奶的腿瞧好，我一直会负责到底的。"另一段视频中的女士董秋芬也表示，女大学生曾经对自己承认老太太是自己撞的。

事实上，官方的调查结论还未发布，网络上已经按照"扶老人被讹"的定式思维做出预设。在事件的起初阶段，部分媒体报道将重心集中在女大学生的说辞上面，极力渲染女大学生"无辜""被讹"的悲情故事，却缺乏目击者的有力证词，以及事件受害者对于该事件的详细陈述，媒体为了追求所谓的轰动效应，背离了新闻报道的原则，也从一个侧面诱导舆论放大"好人没好报"的不良情绪，撕裂社会向善的基本面。

【案例分析】

扶老人事件一再被标签化，"扶老人被讹"事件虽然感觉在身边不断出现，但其实是个小概率事件。然而，随着媒体和舆论的放大，让社会公众产生了"刻板印象"，认为扶老人会吃亏，导致老人跌倒需要帮助时，会出现围观、迟疑。而当老人没有受到救助造成更大悲剧时，舆论又会跳出来指责社会冷漠。从"彭宇案""外国小伙撞大妈"，到"高中生扶老人被讹"，再到这起"女大学生扶老人被讹"事件，公众无一例外的都是先入为主，媒体为了追求所谓的轰动效应，放大了社会的负面情绪，使得现在一些大学生遇到亟待救助的事件时，往往抱着"事不关己，高高挂起"的消极心理，这与思想政治教育的目的是相违背的。作为一种公众舆论的载体、一种"社会公器"，表达社会主流道德信息是大众媒体主要功能之一。如果媒介一味追求商业化操作：其教育功能必将被削弱，也必将影响思想政治教育的效果。

参考文献

[1] 苗力田.亚里士多德全集(第九卷)[M].北京:中国人民大学出版社,1994.

[2] 中央编译局.马克思恩格斯全集(第一卷)[M].北京:人民出版社,1995.

[3] 中央编译局.马克思恩格斯全集(第四卷)[M].北京:人民出版社,1995.

[4] 中央编译局.列宁选集(第一卷)[M].北京:人民出版社,1995.

[5] 毛泽东.毛泽东选集(第四卷)[M].北京:人民出版社,1991.

[6] 毛泽东.毛泽东新闻工作文选[M].北京:新华出版社,1983.

[7] 邓小平.邓小平文选(第三卷)[M].北京:人民出版社,1993.

[8] 郭庆光.传播学教程[M].北京:中国人民大学出版社,1999.

[9] 邵培仁.传播学导论[M].杭州:浙江大学出版社,1997.

[10] 张耀灿,陈万柏.思想政治教育学原理[M].北京:高等教育出版社,2001.

[11] 陈卫星.传播的观念[M].北京:人民出版社,2004.

[12] 邵培仁.传播学导论[M].杭州:浙江大学出版社,1997.

[13] 霍克海默,阿多诺.启蒙的辨证法[M].重庆:重庆出版社,1993.

[14] 马尔库塞.单向度的人[M].重庆:重庆出版社,1993.

[15] 宋黎明.中国共产党政治传播机制研究[D].北京:中共中央党校,2007.

[16] 纪程.话语政治[M].北京:中国社会科学出版社,2011.

[17] 查尔斯·J.福克斯,休·T.米勒.后现代公共行政[M].楚艳红,曹沁颖,吴巧林,译.北京:中国人民大学出版社,2002.

[18] 陈晓明.解构的踪迹:历史、话语与主体[M].北京:中国社会科学出版社,1994.

[19] 福柯.知识考古学[M].北京:三联书店,2007.

[20] 马歇尔麦克卢汉.理解媒介——论人的延伸[M].何道宽,译.南京:译林出版社,2011.

[21] 丹尼斯·麦奎尔.大众传播模式论[M].祝建华,译.上海:上海译文出版社,1987.

[22] 麦克斯韦尔——麦库姆斯.议程设置理论概览:过去,现在与未来[J].郭镇之,邓理峰,译.新闻大学,2007(3).

[23] BERNARD COHEN. The Press and Foreign Policy[M]. Princeton:Princeton University Press,1963:13. cited in Maxwell McCombs. Setting the Agenda:The Mass Media and Public Opinion[M]. Cambridge:Polity Press,2004:2-3.

[24] 曼纽尔·卡斯特.网络社会的崛起[M].夏铸九,等,译.北京:社会科学文献出版社,2001.

[25] 保罗·莱文森.手机:挡不住的呼唤[M].何道宽,译.南京:南京大学出版社,2004.

[26] 马歇尔·麦克卢汉.理论媒介——论人的延伸[M].何道宽,译.上海:商务出版社,2004.

[27] ROY C. MACRIDIS. Contemporary Political Ideologies:Movements and egimes[M]. London:Pearson Longman,1980.

[28] 迈克尔·亨特.意识形态与美国外交政策[M].褚律元,译.北京:世界知识出版社,1999.

[29]《中共中央国务院关于进一步加强和改进大学生思想政治教育的意见》(中发〔2004〕16号).

[30] 宫承波.传播学史[M].北京:中国广播电视出版社,2014.

[31] 拉斯韦尔.世界大战中的宣传技巧[M].北京:中国人民大学出版社,2003.

[32] 段京肃.传播学基础理论[M].北京:新华出版社,2003.

[33] 邱柏生.思想政治教育接受学[M].太原:山西人民出版社,1992.

[34] 李彬.传播学引论(增补版)[M].北京:新华出版社,2003,8.

[35] 欧阳林.思想政治教育传播学[M].北京:北京交通大学出版社,2005.

[36] 威尔伯·施拉姆.传播学概论[M].北京:新华出版社,1984.

[37] 王学俭,刘强.新媒体与高校思想政治教育[M].北京:人民出版社,2012.

[38] 希伦·A·洛厄里,梅尔文·L·德弗勒.大众传播效果研究的里程碑[M].(第三版).刘海龙,译.北京:中国人民大学出版社,2009.

[39] 约翰·汤普森.意识形态与现代文化[M].高铦,译.南京:译林出版社,2012.

[40] 哈罗德·拉斯韦尔.政治学[M].北京:商务印书馆,2011.

[41] 唐绪军.中国新媒体发展报告(2014)[M].北京:社会科学文献出版社,2014.

［42］胡正荣.传播学总论［M］.北京:清华大学出版社,2008.

［43］俞国良.社会心理学［M］.北京:北京师范大学出版社,2006.

［44］丁柏铨.执政党与大众传媒［M］.南京:江苏人民出版社,2010.

［45］威尔伯·施拉姆.传播学概论［M］.北京:新华出版社,1984.

［46］PAUL KRUGMAN. The Conscience of a Liberal［M］. New York:Penguin Press,2007.

［47］S. E. 佛罗斯特.西方教育的历史和哲学基础［M］.北京:华夏出版社,1987.

［48］道格拉斯·凯尔纳.媒体文化:介于现代与后现代的文化研究、认同性与政治［M］.丁宁,译.北京:商务印书馆,2004.

［49］赫伯特·阿特休尔.权力的媒介［M］.黄煜,裘志康,译.北京:华夏出版社,1989.

［50］W. JAMES POTTER. Media Literacy（second edition）［M］. London:Sage Publication,2001:260.

后　记

本课题 2011 年开题以来，课题组成员进行了认真严谨地探索，相关同事、学生为该课题的研究给予了大量的、积极的支持。

付长海副研究员撰写了本书的第一章，并对全书进行了文字疏理；李静霞副教授撰写了第二章，并负责全书的技术处理和印制等工作；张傅教授撰写了第三章，并负责全书的提纲编撰和组织研讨；毛明华副教授负责第四章的编写；王晓丽副研究员负责第五章的编写；刘东建教授和王思琦同学负责第六章的编写。中国传媒大学新闻传播学部任金州教授、李智教授从传播学的视角对本书给予了积极的支持，项目开题得到了时任中国传媒大学党委副书记的刘利群教授的大力支持，并就如何确立传播学视角给予了充分的意见。本书的编辑刘晓庆老师等对本书的出版付出了辛苦的劳动。此外，中国传媒大学马克思主义学院的 2013 级、2014 级研究生也积极参与了项目的资料搜集，他们是：展姿、刘英、侯思源、林敏、王博等。在此书付梓之际，我们向所有关心、支持过该书的同事、学生和编辑人员表示衷心的感谢！

该书虽有积极的立意和不懈的努力，但是交叉学科的难度和研究人员的局限性，都难免使该书存在着这样或那样的不足，恳请读者朋友批评指正。